应用型高等院校校企合作创新示范教材

会计学原理

主　编　杨怀宏

副主编　李雪芬　粟　恒

中国水利水电出版社
www.waterpub.com.cn
·北京·

内 容 提 要

作为校企合作课程教材，本书将工业企业经营流程与会计原理结合，注重加强对学生“知识、能力、实践”的综合素质提升，融合知识和职业技能；每一章节通过知识框架实现知识整合和构建，以企业真实情境下所产生的问题为背景导入学习，并进行案例分析，以会计核算工作的流程为基础重构内容体系，实现产、学、研的融合。

本教材的主要内容包括 10 个章节，分别为：总论、会计要素和会计等式、会计科目和账户、借贷记账法、借贷记账法的应用、会计凭证的填制和审核、会计账簿的设置和登记、财产清查、账务处理程序、财务会计报告。同时，本书附有实训小册，全面结合华钢股份生产业务流程，融合会计核算方法和账务流程，加强学生将理论与实践融合的能力。

本教材可作为应用型本科以及高职高专院校经济管理类专业会计基础的教学用书，也可以作为会计实践工作的指导用书。

本书配有免费电子教案，读者可以从中国水利水电出版社网站以及万水书苑下载，网址为：http://www.waterpub.com.cn/softdown/或 http://www.wsbookshow.com。

图书在版编目（CIP）数据

会计学原理 / 杨怀宏主编. -- 北京 : 中国水利水电出版社, 2017.8

应用型高等院校校企合作创新示范教材

ISBN 978-7-5170-5732-1

Ⅰ. ①会… Ⅱ. ①杨… Ⅲ. ①会计学－高等学校－教材 Ⅳ. ①F230

中国版本图书馆CIP数据核字(2017)第192074号

策划编辑：周益丹　责任编辑：李　炎　加工编辑：高双春　封面设计：梁　燕

书　名	应用型高等院校校企合作创新示范教材 会计学原理 KUAIJIXUE YUANLI
作　者	主　编　杨怀宏 副主编　李雪芬　粟　恒
出版发行	中国水利水电出版社 （北京市海淀区玉渊潭南路 1 号 D 座　100038） 网址：www.waterpub.com.cn E-mail：mchannel@263.net（万水） sales@waterpub.com.cn 电话：（010）68367658（营销中心）、82562819（万水）
经　售	全国各地新华书店和相关出版物销售网点
排　版	北京万水电子信息有限公司
印　刷	三河市鑫金马印装有限公司
规　格	184mm×260mm　16 开本　17.75 印张　392 千字
版　次	2017 年 8 月第 1 版　2017 年 8 月第 1 次印刷
印　数	0001—3000 册
定　价	38.00 元

编 委 会

前　　言

《会计学原理》作为湖南人文科技学院校企合作教材之一，旨在注重遵循基础会计的教学规律，增强会计教学的可操作性和实用性。全书分为10章，深入浅出地阐述了会计的各种核算方法和会计理论。本书的主要特色：

1．在每一章节之前，编者整理了本章节的知识框架，有助于初学会计的学生对本章节有个初步了解，让学生站在宏观角度把握微观知识点之间的联系，再由微观知识点整合到宏观架构。

2．依据会计教学规律和初学会计专业学生的特点，引入了大量的案例，通过案例由浅入深地阐述会计基本理论和基本知识。

3．全书的案例分析和练习题都是以湖南华菱钢铁有限责任公司（全书简称“华钢股份”）的业务流程为基础编制，更贴近真实工业生产和生活。帮助巩固所学知识，对每一知识点从不同角度设计练习题，加深对所学知识点的理解。

4．全书每一章都附有中英文专有名词互译，帮助会计初学者与国际会计惯例接轨，实现在财会语言上的互通。

5．本书附有会计实训小册，帮助会计初学者从实务的角度提高学生的动手能力，尽量缩短从书本到实践的距离。

本书既可以作为高等院校工商管理、会计学、财务管理等经济管理类专业本科生的教材，尤其是作为校企合作实训教材，也可以作为实务界财务、会计和企业管理人员在职学习、培训的教材或参考书。

本教材充分吸收高校转型改革的成果，本着校企融合的设计理念，充分结合会计人员职业岗位和学生的特点，运用案例引领理论学习。本书由杨怀宏主编，利用工业企业、行业的丰富案例，并负责全书整体框架的设计，初稿的修改、补充。具体分工如下：李芳老师编写第一章；杨怀宏老师编写第二、三章；欧玲老师编写第四章；李雪芬老师、粟恒老师编写第五章；肖玲老师、朱建明部长编写第六章；郑清华老师、李谷民所长编写第七章；吴献中老师编写第八章；王玉老师编写第九章；邓楚瑶老师编写第十章。本书参编的企业专家有湖南龙兴咨询集团董事长李谷民，主要参与会计账簿的设置与登记的编写，华菱涟钢财务部副部长朱建明，主要参与会计凭证的填制和审核的编写，同时，他们提供了丰富的教学案例。

本书编写过程中，参考和借鉴了国内外大量的教材与文献，在此向有关作者表示衷心感谢。同时，本书的编写和出版也得到了湖南人文科技学院教务处羊四清处长、商学院朱强院长的帮助与支持，在此一并表示诚挚的谢意。

本书得到湖南人文科技学院教材专项资金的资助，是应用型高等院校校企合作创新示范教材。

由于编者水平所限，书中难免存在不妥和疏漏之处，殷切期待各位专家同仁批评指正，以便我们不断完善，为读者提供更好的服务。

编　者

2017年6月

目　录

第一章　总论

学习目标

1. 了解会计的起源、发展过程和计量原则。
2. 掌握会计的含义。
3. 掌握会计核算的基本假设。
4. 解释会计对象、基本职能、任务和作用。
5. 熟悉会计方法。
6. 明确会计信息质量要求。

知识框架

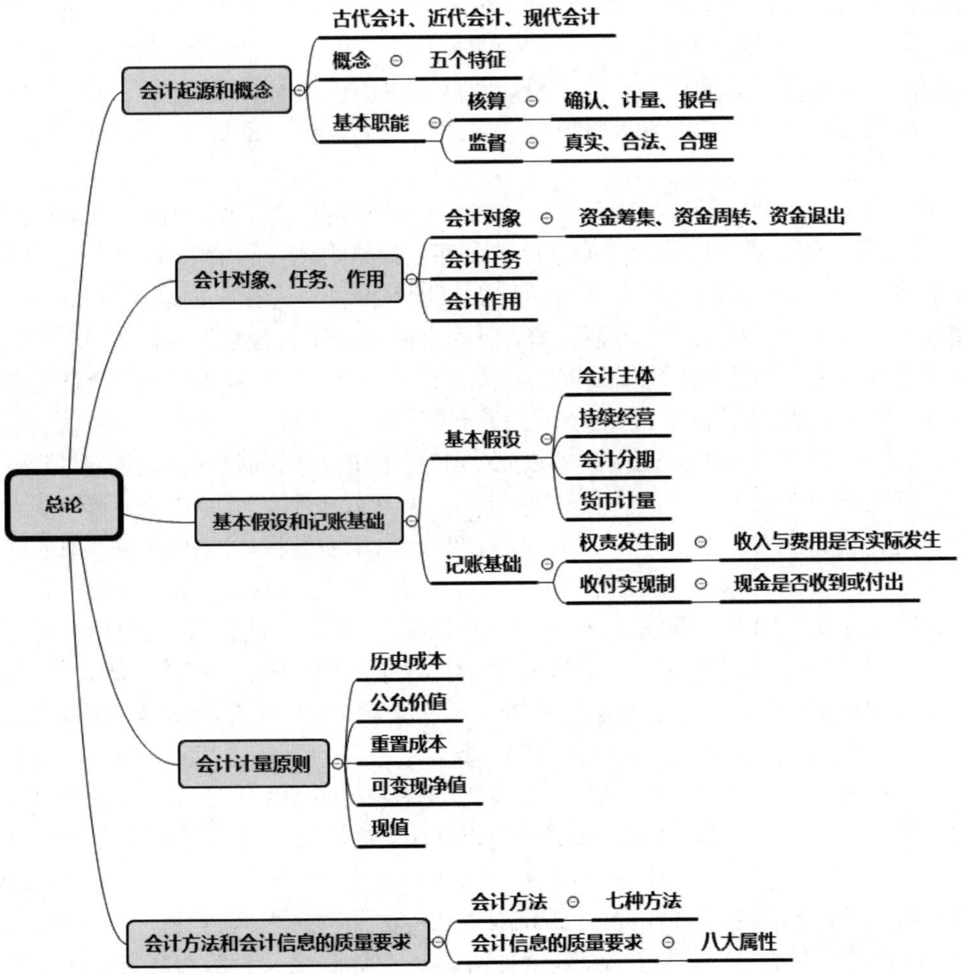

导入案例

案例：从古到今，从国内到国外，从宏观到微观，在漫长的历史长河中，会计无处不在，无时不用，我国古代原始社会就有结绳记事、刻木为记，西周时产出官厅会计，唐代出现了“四柱清册”式会计方法，到了明末清初西山商人傅山设计出“龙门账”会计核算方法等等。在资本主义社会，意大利出现了复式记账法。随着经济发展，社会进步，会计在人们日常生活中应用越来越广泛，变得越来越重要。

案例思考：1. 什么是会计？

2. 会计的目的是什么？

第一节 会计的起源和会计的概念与职能

一、会计的起源

会计产生于社会生产实践即物质资料生产过程中，由于人类社会发展对物质资料的需求，使人们在经济事项发展前后要进行统筹规划，对人、财、物的消耗和产出所取得的收益进行计量、计算和比较，以尽可能少的投入，获取尽可能多的产出，来满足社会生产和人们生活的需求，于是便产生了会计。会计作为一门学科，随着人类历史的发展而发展，经历了古代会计、近代会计、现代会计这些不同的发展阶段。

（一）古代会计

由于生产和生产力的发展，中国早在远古时期——原始社会早期，就有“结绳记事”“刻木为记”，作为原始的计量、记录行为的会计的萌芽；到原始社会的中后期，生产力不断发展，有了剩余产品，出现了商品生产和以某商品为“一般等价物”进行以物易物的物物交换行为，从而使会计逐渐从生产职能工作中分离出来，成为由专人操作的独立职能的特殊工作。中国有关会计事项记载的文字，最早出现于商朝的甲骨文；而“会计”称号的命名、会计的职称则均起源于西周，其含义是通过日积月累的零星核算和年终的总合核算，达到正确考核王朝财政经济收支的目的。据《周礼》记载，西周国家设立“司会”一职对财务收支活动进行“月计岁会”，“司会”就相当于现在的主管会计一职。“会计”一词从奴隶制的西周开始一直沿用至今。

到了封建社会，随着社会和生产力的发展，会计也相应发展，战国时期鲁国的孔子，做过相当于现代“会计”的官职，唐宋时期，为了办理钱粮移交，逐步形成了一套记账、算账的古代会计结算法，即“四柱结算法”，亦称“四柱清册”。所谓“四柱”，是指旧管、新收、开除和实在四个栏目。这种结算法把一定时期内财物收付的记录，通过“旧管+新收–开除=实在”这一平衡公式加以总结，相当于现在会计中的“期初余额+本期收入–本期支出=期末余额”公式，既可检查日常记录的正确性，又可分类汇总日常会计记录，使之起到系统、全面和综合的反映作用，可以说，“四柱结算法”的发明把我国的簿记发展提到一个较为科学的高度。到了明末清初，随着手工业的发展，我国商人进一步设计了“龙门账”，将账目划分为“进”（收入），“缴”（费用），“存”（资产），“该”（负债）四大类，以“进–缴=存–该”作为试算平衡公式，等式两边左右相等，称之为“合龙门”，结账时“进”大于“缴”或“存”大于“该”即为赢利，这些会计方法已具有复式记账的雏形。到了清末，会计制度又有新的突破，即在“龙门账”

的基础上设计发明了“天地合账”，即“四脚账”，对所有的经济业务都要在账簿中记录“来账”和“去账”，来反映其来龙去脉，而且来账和去账所记金额必须相等，形成了复式记账法。

古代会计在欧洲的产生和发展，也经历了从无到有，从简单到复杂的过程，它主要起源和集中于庄园经济之中的庄园主和所雇用的管家之间的“委托代理关系”。庄园主委托管家对庄园进行日常管理，需要了解管家对庄园财产管理的有效性和忠诚度，而管家需要对管理过程和成效，包括收入、支出、利润向庄园主进行述职报告。

（二）近代会计

近代会计是指从 15 世纪产生于意大利的复式记账开始，到 20 世纪 30 年代末出现的第一份代表美国“公认会计原则”的研究公报为止，这一时期的会计理论与实务。

从 12 世纪到 15 世纪，地中海沿海的一些城市商业手工业迅速发展，呈现了资本主义萌芽状态，如意大利的佛罗伦萨、威尼斯等地出现了借贷资本家，他们将贷入的钱记入贷主名下，将借出的钱计入借主名下，以“借”“贷”两字，作为借贷复式记账法的记账符号。1494 年意大利数学家、会计学家卢卡•帕乔利的著作《算术、几何、比及比例概要》一书公开出版，该书中一个章节系统地论述了借贷复式记账的基本原理及运用，介绍了日记账、分类账和总账三种账簿为基础的会计制度，标志着近代会计的产生，是会计发展史的一个重要里程碑，为现代会计的发展奠定了基础。

19 世纪初，第一次产业革命完成，以资本所有权和经营权分离为特点的股份公司出现，要求经济活动和财务活动中以“自由职业”身份出现的注册会计师产生了。1854 年，英国成立了爱丁堡会计师公会，这是会计发展史上又一里程碑。

（三）现代会计

从 20 世纪 50 年代至今，这一时间段会计发展极为迅速，自第二次世界大战后，随着科学技术迅猛发展，科技成果大量应用于生产和竞争中，需要广泛集中资本，企业组织规模日益扩大、生产力水平不断提高，管理科学也不断发展。会计分解为财务会计和管理会计两大分类，其应用与职能范围越来越广，同时现代电子技术与会计融为一体，使会计核算的手段现代化，从而使会计发展为具有既核算又管理的现代含义。

综上所述，会计是在生产活动中，适应经济管理的需要而产生，随着生产力水平的提高和生产关系的变革而发展的，人类社会发展过程中的产物。所有者和经营者通过会计信息来了解企业的经营状况，更好地履行职责，作出切合实际的判断，相应地决策。经济越发展，会计越重要。

二、会计的概念及其基本职能

会计的基本职能

（一）会计的概念

会计是以货币为主要计量单位，以凭证为主要的依据，借助于专门的技术方法，对一定单位的资金运动进行全面、综合、连续、系统的核算与监督，向有关方面提供会计信息、参与经营管理、旨在提高经济效益的一种经济管理活动。

（二）会计的核算职能及其特点

职能是指某一事物本身所固有的功能。会计职能是指会计在经济管理中客观存在的功能。《中华人民共和国会计法》规定：“会计机构、会计人员必须依照本法规定进行会计核算、实行会计监督。”可见，会计的职能主要是“核算”与“监督”。

会计的核算职能是指会计通过确认、计量、记录和报告，从数量上反映社会生产过程中能以货币表现的经济活动，为经济管理提供经济信息的功能。其特点有：

1. 会计的核算职能是以货币作为主要计量单位

会计是从数量方面反映经济活动的，它有一定的计量单位，如劳动量、用工日、工时等表示，实务量用度、量表示；货币量用人民币或其他币种表示。这些计量分别反映经济活动中的不同数量。然而劳动量和实务量计量的数量不能综合，也不可以简单地比较，而会计核算要求对经济活动过程和结果进行全面、系统的综合，只有货币量才具有一般等价物的功能，能够将各种经济业务转换，综合为统一的价值指标，以便于综合、比较、分析、进行核算和监督。因此，会计要以货币作为主要的计量单位进行核算，辅以劳动量和实物量。

2. 会计的核算职能是以合法的原始凭证作为核算依据

《会计基础工作规范》中规定，各单位在对会计事项办理会计手续、进行会计核算时，“必须取得或者填制原始凭证，并及时送交会计机构”。原始凭证是证明经济业务已经发生或完成的文字凭证，而且还明确了经济活动的责任。因此，会计以合法的原始凭证作为核算的依据，保证了会计记录有凭有据，从而取得真实可靠的会计信息。

3. 会计核算运用一系列科学的专门方法

会计对在发展过程中，顺应生产发展和经济管理要求，经过长期的不断实践、会计方法得以改革创新，用其自己的专业术语加以记载，形成了一系列相互联系、相互配合的科学、系统、严密、完整的方法。会计运用这些方法对经济活动进行连续、系统、全面的核算和监督，为经济管理提供必要的会计信息。

（三）会计的监督职能及其特点

会计的监督职能是指会计按照一定的目的和标准，利用会计所提供的会计信息，对单位的经济活动进行检查和督促，使之达到既定目标。“会计法”规定“各单位应当建立、健全本单位内部会计监督制度”。同时，还规定“财政、审计、税务、人民银行等部门应当依照有关法律法规规定的责任，对有关单位的会计资料实施监督检查”。其主要特点有：

1. 会计监督以特定的标准为依据

它是以国家的财经法规、财经法律为准绳，具有强制性和严肃性。会计监督的依据是国家的财经法规、财经纪律。《会计法》赋予会计机构与会计人员实施会计监督的权力和法律责任，具有强制性和严肃性。

2. 会计监督贯穿于企业单位经济活动的全过程

会计对企业单位经济活动监督包括：

（1）事前监督，即根据监督标准和目标，预测分析企业未来发生的经济活动事项可能达到的预期结果，使实际结果与预期结果力求一致。

（2）事中监督，主要采用控制和审核方法，对经济活动全过程进行检查和分析，及时发现问题找出原因，督促有关部门采取措施，予以整改，按既定目标进行经济活动。

（3）事后监督，即对已经完成的经济活动进行合法性、合理性、有效性考核和评价，分析其是否达到预期效果，总结经验，吸取教训，以有利于可持续发展。

3. 会计监督包括合法性、合理性和有效性

（1）合法性监督，指监督企业的一切经济活动都要符合国家的法律法规，保证其在法律法规允许的框架内进行，不得违法违规，这是会计监督的首要任务。

（2）合理性监督，指监督企业经济活动要依据客观规律，贯彻增产节约原则，加强经济管理，提高经济效益，发现、揭露企业管理中存在问题和薄弱环节，为提高企业管理水平献计献策。

（3）有效性监督，在某些特殊条件情况下，企业的经营活动发生合理不合法、合法不合理，合法合理不合算的情况，这时会计就要监督企业在合法合理的前提下，注意效益性，从全局与局部统筹规划，考虑国家利益、社会效益和企业效益以决定取舍。

4. 会计监督是集单位内部监督、社会监督、国家监督三位于一体的监督

（1）单位内部监督，《会计法》规定："各单位应当建立、健全本单位内部会计监督制度。"其目的旨在保证单位经营目标实现；保证单位财产安全完整；资产保值增值；保证会计信息可靠真实及时；保证单位各项经济活动合法、合理、有效。

（2）社会监督，《会计法》规定："有关法律、行政法规规定，须经会计师事务所进行审计的单位，应当向受委托的会计师事务所，如实提供会计凭证、会计账簿、财务报告和其他会计资料以及有关情况。"这就使各种不同类型的社会中介机构，如会计师事务所、资产评估所、注册税务师事务所等，以特有的中介性和公平性对单位的会计监督得到法律认可，而且具有很强的权威性、公正性。

（3）国家监督，这是指政府有关部门依据法律、法规的规定和部门的职能权限对有关单位的会计行为，会计资料所进行的监督、检查，在社会主义市场经济条件下，国家必须加强对各单位会计行为的监督，这是外部监督。《会计法》对有关职能部门如财政审计、税务、人民银行、证券监管、保险监督等有明确规定：应当依照有关法律法规规定，在职责范围内，对有关单位的会计资料，实施监督检查。

会计的核算职能和监督职能相辅相成，不可分割。如实核算是监督的基础，认真履行监督职能是如实核算的保证。没有核算，会计监督则失去了存在的基础和前提；没有监督，会计核算就失去了保障，降低了会计信息的价值。

第二节　会计任务、作用和对象

一、会计任务

社会在不断前进，经济越来越发达，会计越来越重要，在社会主义市场经济下，会计担负着极其重要的任务。主要有：

（1）正确及时完整地进行会计核算以反映企业经营活动资金运动情况，财务收支状况，所取得的经营成果，为会计信息使用者提供有用信息，为国民经济综合平衡提供依据。

（2）监督企业对会计法规、制度以及各项财经政策的执行情况，检查企业单位经济活动的合法性、合理性、合规性及效益性，维护财经纪律。

（3）为管理者提供所需的会计信息，帮助其作出最优决策。

二、会计的作用

会计的作用与任务密切相关，而作用要充分发挥，受各种因素制约，在当前形势下，会计的作用主要有：

（一）保证国家政策法规、财经纪律、财经制度的贯彻执行

国家的各项政策方针制度，是企业单位经济活动的约束和规范，各单位都必须认真贯彻执行，而会计从中起着重要的作用。会计是以合法的会计凭证为依据，记录着企业单位的经济事项的发生和完成情况，反映财经纪律、制度的贯彻执行情况，核算、监督企业单位的财物收支的来龙去脉。

（二）加强经济管理，提高经济效益

在社会主义市场经济中，企业要生存、要发展，要在竞争中立于不败之地，就必须提高市场竞争能力，不断提高盈利水平，积累更多财富，扩大再生产。企业必须加强经济管理。会计作为企业管理的重要组成部分，理应提供更多真实可靠的经济信息。利用这些信息分析企业经济运行情况，发现问题，提出建议，参与管理，对企业经济进行预测、控制、决策，以提高企业经济效益。

（三）加强经济核算，促进增产节约

会计核算在企业经济核算中起着举足轻重的作用，企业的收支盈亏会计都记录在案，而且有根有据。企业的财产，从什么地方来，用到什么地方去，哪些该用，哪些不该用，利用会计资料进行经济活动分析，就能一清二楚。这就有利于充分利用人力、物力，以尽可能少的投入，争取最多的产出，降低成本，增产增收。

（四）保护国家企业财产安全完整

企业的财产物资是国家财产物资的组成部分，是社会再生产的物资基础。会计对企业财产物资有严格的管理制度。会计记录真实地反映其收、发、存情况。而且会计对财产物资定期、不定期进行盘点清查，能防止和揭露不法分子图谋不轨和企业管理中存在的缺陷。如物资超储积压、浪费损坏现象，以保护财产安全完整。

三、会计对象

会计对象小结

（一）会计对象的定义

会计对象是会计职能发挥作用的领域和范围，就是会计所要核算和监督的内容，是社会再生产过程中能够用货币表现的经济活动，即资金运动。

社会再生产过程中，需要劳动力、劳动工具、劳动对象，从使用价值形态上看它们具有不同的实物形态，从价值形态上看它们是社会再生产过程中能用货币表现的资金。这些构成了社会的财产物资，在社会生产过程中，劳动者利用劳动工具，作用于劳动对象，生产出劳动产品来满足社会再生产和人们生活的需要，形成了在社会的生成过程中生产、交换、消费和分配这些不同环节的资金运动，这整个过程的资金运动，都是会计核算和监督的内容，即会计的对象。

（二）会计对象的具体表现

在社会再生产过程中，不同环节资金运动表现不同，会计的对象具体表现也有所不同，就制造企业而言，其资金运动按其运动程序可分为资金筹集、资金周转、资金退出三个基本环节。而资金周转过程又可以分为供应过程、生产过程、销售过程。资金在循环周转过程中由货币资金转化为固定资金、储备资金，再转化为生产资金、成品资金，最后又转化为货币资金。

1. 资金筹集

企业要经营活动就必须有一定数量的营运资金，势必要通过不同渠道和方式去取得。企业的筹资渠道一是投资者投入资金形成所有者权益资金，二是向金融机构借入资金。筹集的资

金形态各异，有货币形态、实物形态、专利技术形态等，整个过程都离不开会计的核算与监督。

2. 资金周转

制造企业将筹集到的资金，投入生产经营过程中，随着生产经营过程不断进行，企业资金从货币形态经过产、供、销三个阶段，转化成储备资金、生产资金、成品资金，通过销售又转化为增值了的货币资金。如此循环往返周转，企业的资金实现保值增值，达到企业生产经营的目标。在不断提高企业的经济效益的过程中，同样也需要会计的核算与监督。

3. 资金退出

企业通过生产经营活动，取得收益，补偿生产经营过程中的耗费，上缴各种税费，收支相抵后剩余部分就是企业的净利润，按规定企业净利润要提取一定数额的留存收益，多余部分要偿还企业的债务，按投资比例分配给投资者。偿债资金、分红资金等退出企业的过程也需要会计的核算与监督。

综上所述，企业生产经营过程中资金的筹集、周转、退出三个环节的资金运动构成了会计的对象。企业资金运动过程如图 1-1 所示。

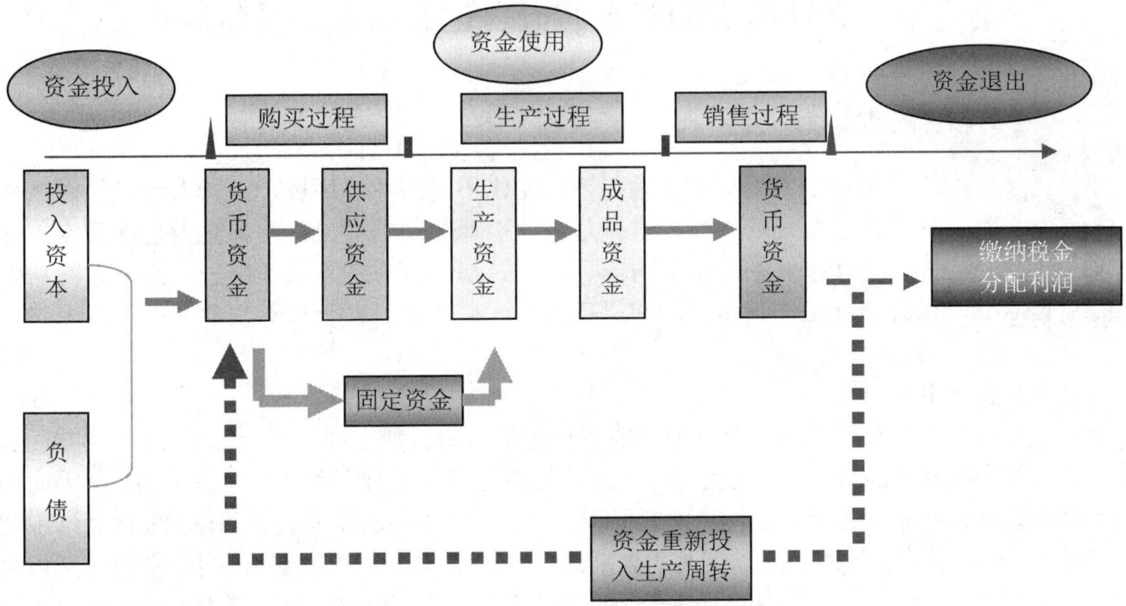

图 1-1 企业资金运动过程图

社会再生产过程中资金运动有两种状态：相对静止状态和显著变动状态，如图 1-2 所示。

资金运动的相对静止状态表现为企业在一定时日所拥有的各种不同存在形式的资产及这些资产的各种不同来源途径。即企业在某一特定时日所拥有的资产及其对这些资产所拥有的权益形式（负债和所有者权益）。

资产=负债+所有者权益

资金运动的显著变动状态表现为企业经营的目的是追求利润，即企业在某一特定期间所取得的收入扣除费用，即为企业的盈利。

利润=收入−费用

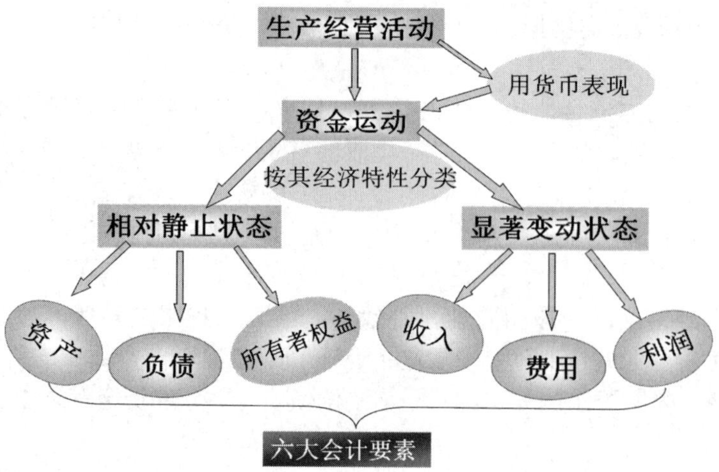

图 1-2 企业资金运动状态

第三节 会计核算的基本假设、记账基础、计量属性

一、会计核算的基本假设

会计基本假设

会计核算面临着极为复杂、变化不定的经济环境，会计人员必须对这种环境作出合理的判断，这就是会计核算的基本假设，也称之为会计假设。这样对会计核算的范围、内容、时间、基本程序和方法作出一定的限定，从而保证会计工作正常进行和提高会计信息质量。会计核算主要有以下四个基本假设：

（一）会计主体

会计主体是指具有独立的资金、独立地进行经济活动、独立地进行全部会计核算的单位，即会计工作为其服务的特定单位或组织。首先这样规定就为会计工作规定了空间范围。因此企业在会计核算时要划清各会计主体之间的界限。例如甲企业向乙企业收回货款，根据会计主体这一前提，甲企业的会计服务对象就是甲企业这个会计主体，会计核算的内容是将商品交付给乙企业，并向其收回货款。不能记录成乙企业支付货款和收到商品。第二要求每个会计主体的财务活动必须与业主个人的财务活动区分开来，例如私营企业主个人的家庭开支不能在企业账上反映，尽管法律承认这个企业是为业主个人所有，然而会计主体是独立性概念，只有从会计主体整体考虑，会计才能正确计算并在经营决策中提供真实可靠的信息。否则若会计主体不明确，会计核算就无从谈起。

会计主体与法律主体是有区别的。会计主体可以是法律主体，也可以不是法律主体，但法律主体必须是会计主体；会计主体可以是独立法人，也可以不是法人；可以是一个企业，也可以是企业内部的某一单位或企业内部的某一部分，如企业的分公司；可以是一个企业，也可以是几个企业组成的集团。故会计主体的基本特征必须是一个独立核算的经济实体，需要单独核算经营成果，要编制独立的会计报表。

（二）持续经营

持续经营是指会计主体的生产经营活动将按既定经营方针和预定经营目标无限期地延续下去，在可以预见的未来，会计主体不会清算、解散、倒闭而面临破产。这界定了会计的时间范围，中华人民共和国企业会计准则（以下简称“企业会计准则”）规定：“企业会计确定、计量和报告应当以持续经营为前提。”持续经营假设确定会计主体目前可利用的资源在未来的经营活动中可以继续使用。从而会计人员以此为前提，选择会计程序和会计处理方法，进行会计核算，为企业的财产计价和收益确定提供了理论依据，同时企业才有可能对其承担的债务，按原来的条件去偿还。确保稳定的会计核算方法，也保证了会计记录、会计报表所提供的会计信息真实、可靠。

（三）会计分期

会计分期是指对一个会计主体在连续不断的经营活动过程中，规定在一个较短的等距的会计期间，以分期结算账目并对其经营成果进行考核和报告。

从理论上说，会计主体的盈亏计算和生产经营成果的结算，只有到会计主体所有生产经营活动结束时，即持续时间末尾时，将会计主体存续期间内所有收入减去相应的全部成本费用才能准确计算盈亏和经营成果，但在现实中是不能做到的。一般来说，一个会计主体的存续期间，少则几年、几十年，多则百年、几百年。而投资者、债权人、财税部门及与会计主体有利益关联的部门、单位需要及时了解会计主体的经营状况和财务成果。对此，企业会计准则规定：“企业应当划分会计期间，分期结算账目和编制财务报告。”还规定“会计期间分为年度和中期”。中期是指短于一个完整的会计年度的报告期间。《会计法》规定，企业的会计期间按照年度划分，以日历年度为一个会计年度，即从公历 1 月 1 日至 12 月 31 日为一个会计年度。

这就要求会计人员人为地将持续经营的企业生产活动按相关规定划分为若干时距相等的会计期间，及时反映会计主体的经营成果和财务状况及其变动情况。

会计期间的划分对会计核算有着重要作用。正因为如此，才有了本期和非本期的区别，从而产生了权责发生制，不同类别的会计主体有了记账的基础。对收入和费用按照权责发生制关系在本期和后续会计期间进行分配。确定它们的归属期间，正确处理应收、应付、预收、预付等一些会计事项。

（四）货币计量

货币计量是指在会计核算中，以货币作为主要计量单位来确认、计量、记录和报告会计主体的经营活动及其成果。这明确了会计核算的计量尺度和计量条件。

会计主体在生产经营活动中，要购买不同使用价值的商品、消耗各种原材料、生产和销售不同品种的产品。它们大多表现为实物量形态，不能综合加总和比较；而劳动量由于各单位生产经营情况各异，制定的劳动量标准也各不相同，同样无法加总、比较。而会计核算需要一种统一的计量单位作为计量尺度。货币是一种理想的统一计量尺度，它是所有不同使用价值的商品和经营活动的一般等价物。会计主体的所有经济事项都可以用货币计量来反映，从而会计核算有了通用的统一计量标准，对会计主体发生的会计事项进行综合汇总比较。

《会计法》规定，我国以人民币为记账本位币，会计主体所有经济活动一律通过人民币进行核算；但允许某些企业的业务收支以外币为主组织会计核算，选定某种外币作为记账本位币，但对外提供会计报告时，必须折合成人民币反映；我国在境外设立的企业，一般用其所在地币种进行会计核算，而在向国内报送会计报表时，应当折合成人民币。

会计基础小结

二、记账基础

会计基础是指会计主体在进行会计业务处理时对有关会计要素的确认所采用的原则。

如前所述，由于会计期间的划分，产生了本期与非本期。在会计实务中，经常有许多会计事项发生的会计期间与相关货币收支的会计期间不一致。有些货币收支与以前会计期间的经济业务相关联，也有些货币收支与以后会计期间的经济业务有关联。类似这种情况，货币的收支确认为本期还是作为非本期？在会计实务中，有两种确认方法。一种作为本期收支确认，另一种作为非本期确认。便产生了会计上确认收支的两种记账基础，即权责发生制和收付实现制。

（一）权责发生制

权责发生制是指收入与费用的确定不以款项的实际收入与付出为标准，而是以收入与费用是否实际发生为标准。即凡是当期已经实现的收入和已经发生或应当负担的费用，无论款项是否收付，都应当作为当期的收入和费用。反之，凡是不属于当期的收入和费用，即使款项已在当期收付，也不应当作为当期的收入和费用。如本期实现销售的商品，货款尚未收到。但该交易事项行为发生在本期，应当确认为本期的收入。又如计提本期银行借款利息，虽然本期没有实际交付，但本期生产经营活动是受益期，应当承担借款利息的责任，确认为当期的费用。

在我国，《企业会计准则》规定“企业应当以权责发生制为基础进行会计确定、计量和报告”。这样处理可以正确反映各个会计期间所实现的收入和为实现收入所承担的费用，将各期的收入与之相关的费用、成本相配比，正确计算各期的财务成果，以利于提供完整、准确的会计信息。权责发生制的特点如图 1-3 所示。

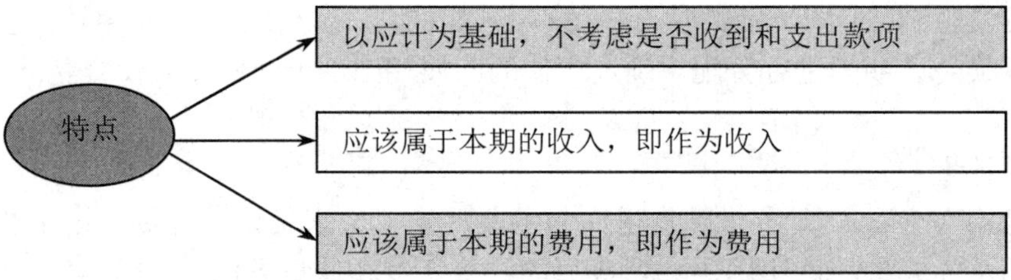

图 1-3　权责发生制特点

（二）收付实现制

收付实现制是指收入与费用按照现金是否收到或付出确定其归属期，即凡是实际收到的款项，不论其是否属于当期的收入，也应作为本期收入处理，凡是本期实际支付的款项，不论其是否应由本期负担，亦作为本期费用处理。如预收货款、收到现金就作为本期收入处理；又如预付下一会计期间的保险费，支付了现金就作为本期费用处理。这种处理方式没有销售实现的收入与成本费用配比的概念。我国会计准则规定不允许任何类型的企业采用收付实现制。我国的行政单位会计采用收付实现制，事业单位会计除经营业务可采用权责发生制外，其余大部分业务采用收付实现制。收付实现制的特点如图 1-4 所示。

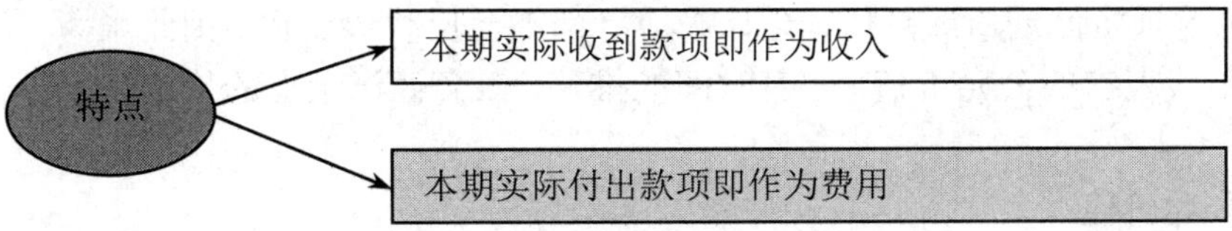

图 1-4 收付实现制特点

（三）会计基础应用举例

华钢股份 20×6 年 6 月发生了如下交易或事项，分别从权责发生制和收付实现制两种记账基础来确认收入和费用，并比较两种记账基础的盈亏结果，如表 1-1 所示。

表 1-1 权责发生制和收付实现制的比较

交易或事项简要	权责发生制			收付实现制		
	收入	费用	盈亏	收入	费用	盈亏
1．收到上月销货款 8 000 元，存入银行	0			8 000		
2．本月销售产品 2 000 元，款尚未收到	2 000			0		
3．本月销售产品 4 000 元，款存入银行	4 000			4 000		
4．本月销售产品 9 000 元，其中 5 000 元已收到存入银行，4 000 元尚未收到	9 000			5 000		
5．预收某企业货款 1 450 元存入银行	0			1 450		
6．收到下半年机器设备的租金 1 200 元，存入银行	0			1 200		
7．用存款支付上个月水电费 2 500 元		0			2 500	
8．本月购买办公用品 400 元，已交付使用，款未付		400			0	
9．本月发生的水电费 3 200 元，其中以现金支付 3 000 元，余款尚未支付		3 200			3 000	
10．以银行存款支付行政管理人员本月报销的差旅费用 800 元		800			800	
11．估算本月负担的管理用租入资产租金 600 元		600			0	
12．以存款支付下月管理用房租 500 元		0			500	
合计	15 000	5 000	10 000	19 650	6 800	12 850

三、会计要素的计量属性

会计计量是指将符合确认条件的会计要素，登记入账，列入财务报表确定其金额和过程。会计计量属性是指反映会计要素金额的确定基础，其主要包括历史成本、公允价值、重置成本、可变现净值和现值五种。

（一）历史成本

企业的资产有货币性资产和非货币性资产。在会计上，所有的资产从最初取得时候支付的价格入账。即以历史成本来登记入账。对非货币资产，历史成本概念延伸到资产取得后的会计处理。无论这项资产增值或贬值，会计账簿上都不会反映该变化。因此账簿上所记录此项资产的价值并不代表它的公允价值，随着时间的推移，在会计记录上的价值越来越偏离其当前的公允价值。

（二）公允价值

公允价值亦称公允市价、公允价格，指熟悉市场情况的买卖双方在公平交易的条件下和自愿的情况下所确定的价格，或无关联的双方在公平交易的条件下一项资产可以被买卖或者一项负债可以被清偿的成交价格。在公允价值计量下，资产和负债按照在公平交易中，熟悉市场情况的交易双方自愿进行资产交换或者债务清偿的金额计量。购买企业对合并业务的记录需要运用公允价值的信息。在实务中，通常由资产评估机构对被并企业的净资产进行评估。

（三）重置成本

重置成本是指当前市场条件下，企业重新取得与其拥有的某项资产相同或与其功能相当的资产需要支付的现金或现金等价物，亦即现在重新购买同样资产或重新制造同样产品所需要的全部成本，它是一种现行成本，表示日前取得同一资产或等价物需要的交换价格。

（四）可变现净值

可变现净值是指在日常活动中，以预计售价减去进一步加工成本和预计销售费用及相关税费后的净额。即资产按照在正常对外销售所能收到现金或现金等价物的金额扣减该项资产至完工时估计将要发生的成本、估计销售费用及相关税费后的金额计量。

（五）现值

现值是指对未来现金流量以恰当的折现率进行折现后的价值，考虑货币时间价值因素等的一种计量属性。它通常用于非流动资产可收回金额和以摊余成本计量的金融资产价值的确定等。

四、会计计量属性应用的原则

企业会计准则规定，企业对会计要素进行计量时，一般应当采用历史成本（实际成本），若采用重置成本、可变现净值、现值、公允价值计量的，应当确保所确定的会计要素金额能够取得并可靠计量。

采用历史成本计量，发生物价变动时，除国家另有规定外，一律不得调整其账面价值，因为历史成本是市场上通过交易所确定的价格，具有客观性，有发票合同、账单等依据，具有可验证性，而且数据容易取得，具有可操作性。

第四节　会计核算方法和会计信息的质量要求

一、会计方法

会计方法是人们在会计实践中长期积累的经验总结，在特定的社会经济环境中，它受特定会计原则的约束，又指导与监督会计工作的开展，是进行经济管理和完成会计活动的重要手段。

会计方法包括会计核算方法和会计管理方法，其中，会计核算方法是对企业单位已发生的经济活动进行连续、系统、完整的核算和监督所应用的方法，包括设置账户、复式记账、填制和审核会计凭证、登记账簿、成本核算、财产清查和编制财务会计报告。

（一）设置账户

设置账户是指对会计对象具体内容进行分类核算的专门方法。它是对经济活动具体内容分类，连续、系统记录、核算，满足管理上所需要的经济信息，为编制会计报表积累资料。

（二）复式记账

复式记账是对企业发生的每一项经济业务都要以相等的金额在两个或两个以上相互联系的账户中进行登记，通过双重记录，反映经济业务中资金运动的来龙去脉及经营成果，检查会计处理的正确性。

（三）填制和审核会计凭证

填制和审核会计凭证是为了保证会计记录客观、真实、及时对所发生的经济业务进行核算监督的一种专门方法。会计凭证是具有一定的格式来记录经济业务发生和完成情况的书面证明，对其真实性、正确性、合法性进行严格的审核后，才能登记入账，为会计监督、审核检查提供系统完整的资料。

（四）登记账簿

会计账簿是由具有一定格式的账页组成的簿籍。它是以经过审核无误的会计凭证为依据全面、系统、连续地记录一个单位经济业务发生完成情况的一种专门方法。通过登记账簿，将分散的会计资料分门别类地记录，并定期进行结账对账，加工整理成系统完整的会计数据，为会计信息使用者提供有用的分析资料。

（五）成本核算

成本核算是按照一定的成本对象，对生产经营过程中发生的成本费用进行归集和分配，计算其对象的总成本和单位成本的一种专门方法。在生产经营过程中要耗用各种不同的原材料、人工，正确地进行成本计算，了解成本费用水平，考核成本计划执行情况，促进增产节约，降低成本，提高企业经济效益。

（六）财产清查

财产清查是对企业各项财产物资采用科学的方法进行盘点、核对，对往来账款进行询查、清算，保证账实相符、账账相符的一种专门方法。通过财产清查，了解企业财产物资使用、保管中的薄弱环节、存在问题、堵塞漏洞。防止财产物资被盗、浪费、超储积压，对往来账款清理、核对，保护国家、企业财产安全完整、不受侵蚀。

（七）编制财务会计报告

财务会计报告是指企业对外提供反映企业某一特定日期的财务状况和某一会计期间的经营成果、现金流量等会计信息的文件，为会计报告使用者提供决策预测的会计信息，为国民经济综合平衡提供依据。

上述各种会计核算方法相互联系、密切配合构成一个完整的方法体系，在会计核算中，必须正确地运用这些会计核算方法。当企业发生经济业务后，要填制和审核凭证，根据审核无误的原始凭证，按照设置的会计科目和账户，采用复式记账的方法编制记账凭证，根据记账凭证结合原始凭证登记账簿，依据账簿记录资料和相关资料进行成本计算和财产清查，并按规定定期编制财务报告。

在会计核算过程中，填制和审核会计凭证是开始环节，登记会计账簿是中间环节。编制财务报告是终结环节。会计核算方法间的关系如图 1-5 所示。

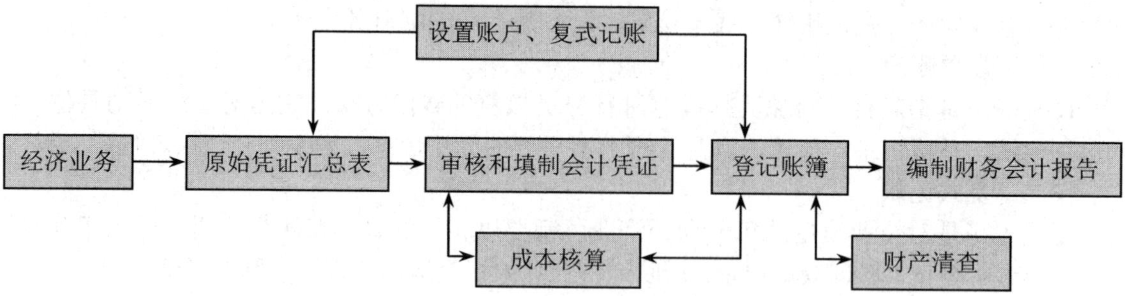

图 1-5 会计核算方法关系图

二、会计信息的质量要求

会计信息质量高低，直接关系到会计信息的真实与否，财务会计信息为外部关系人服务，应当满足反映管理层受托关系的履行情况和有助于会计信息使用者作出经济决策的需要。因此企业要按照有关规定组织会计核算，提供符合质量要求的会计信息。

（一）真实性

《企业会计准则》规定："企业应当以实际发生的交易或者事项为依据进行会计确认、计量和报告，如实反映符合确认和计量要求的各项会计要素及其他相关信息，保证会计信息真实可靠、内容完整。"真实性是对会计核算工作和会计信息最基本的质量要求。这样才能为国家宏观经济管理、企业内部微观管理和投资者决策提供内容真实、数字准确、资料可靠的会计信息，会计工作不受提供信息个人偏见或判断的影响，以客观事实为依据，经得起检验。

（二）相关性

《企业会计准则》规定："企业提供的会计信息应当与财务会计报告使用者的经济决策相关，有助于财务报告使用者对企业过去、现在或未来的情况作出评价或者预测。"相关性原则要求会计信息既要符合宏观管理需要，也要满足企业内部加强经营管理的需要，充分发挥会计核算工作的作用，提高会计信息的质量和使用价值，与有关各方保持高度相关关系，要求企业会计工作在收集、加工处理和传递会计信息过程中，充分考虑会计信息使用者对会计信息需求的不同特点，以满足他们的要求。

（三）明晰性

《企业会计准则》规定："企业提供的会计信息应当清晰明了，便于财务会计报告使用者理解和使用。"这样有利于有关各方理解会计报告，利用会计信息，对企业会计工作审查，准确完整地理解会计信息所说明的问题，要求会计信息的记录书写清楚、语言通俗易懂、简单扼要，使会计信息为各方使用者所理解和接受，提高其使用价值。

（四）可比性

《企业会计准则》规定："企业提供的会计信息应当具有可比性。"这是要求同一企业不同时期发生的相同或者相似的交易或事项所反映的会计信息相互可比。采用的会计政策不得随意变更，确需变更，应在财务报告附注中说明，保持会计信息口径一致；同时要求不同企业提供相同或相似交易或事项的会计信息也应具有可比性，以扩大会计信息的使用范围，便于比较分析，总结经验，发现问题，加强经营管理，提高效益。

（五）实质重于形式

此处所讲的实质是指经济实质，形式是指法律形式。《企业会计准则》规定："企业应当按照交易或者事项的经济实质进行会计确认、计量和报告。不应仅以交易或者事项的法律形式为依据。"这就要求会计处理时应当优先考虑会计事项的经济实质，因为法律制度在制定过程中存在主观性和实施时间上的滞后性。而且在会计实践中，交易或事项在法律形式上并不能完全真实地反映经济实质。因此在处理会计事项时必须考虑实质重于形式，避免导致会计信息使用者在决策时出现错误。

（六）重要性

《企业会计准则》规定："企业提供的会计信息应当反映与企业财务状况、经营成果和现金流量等有关的所有重要交易或者事项。"即要求对企业所发生的经济业务或会计事项应当区别重要程度，采用不同的处理方法，对重要的会计事项应当充分揭示披露，而相对次要的事项在不影响客观性前提下，可简化手续，以简便方法和程序进行会计处理。

重要性的判断依赖于职业判断能力和按会计事项所处的经济环境和实际情况、会计事项的性质和金额大小加以判断。同一会计事项在不同企业间，其重要性的判断也有所不同。

（七）谨慎性

《企业会计准则》规定："企业对交易或事项进行会计确认、计量和报告时，应当保持应有的谨慎，不应高估资产或者收益、也不应低估负债或者费用。"要求企业在会计处理中含有不确定因素时，保持谨慎小心的态度，充分估计可能发生的损失和风险，并计量确认其可能发生的损失，而可能发生的收益，则不予确认和计量。

会计人员在处理经济业务时，在不影响真实性前提下，不虚增利润和夸大所有者权益，合理核算可能发生损失和费用的会计处理方法与程序来进行会计处理。

（八）及时性

《企业会计准则》规定："企业对于已经发生的交易或事项，应当及时进行会计确认、计量、记录和报告，不得提前或延后。"及时性原则要求会计核算工作讲究时效，及时进行会计处理，及时向会计信息使用者提供会计信息。同时要求企业会计工作不得随意提前或推迟进行会计确认计量，导致会计信息失真。

在上述会计信息质量要求中，真实性、相关性、明晰性和可比性是会计信息应具备的基本质量要求；而实质重于形式、重要性、谨慎性和及时性是会计信息相对次要的质量要求。这些质量要求在提供会计信息中相辅相成，形成完整的会计信息质量要求体系。

名词互译

Accounting 会计学

Financial Accounting 财务会计

Managerial Accounting 管理会计

Accounting assumption 会计假设

Going-concern Assumption 持续经营假设

Monetary Unit Assumption 货币计量假设

Time Period Assumption 会计期间假设

Business Entity Assumption 会计主体假设

Accrual Basis 权责发生制

Cash Basis 收付实现制

Historical Cost 历史成本

Fair Value 公允价值

Replacement Cost 重置成本

Net Realizable Value 可变现净值

Present Value 现值

本章小结

会计作为一门学科，随着人类历史的发展而发展，经历了古代、近代和现代不同的发展阶段，从古代“结绳记事”开始，发展到近代复式记账的出现，会计核算进一步规范，再发展到现代会计工作细化，核算手段现代化，会计在社会经济生活中扮演着越来越重要的角色。

会计是以货币作为主要计量单位，以合法的原始凭证作为依据，采用专门的程序和技术方法，对一定会计主体的经济活动进行全面、综合、连续、系统的核算和监督，并向有关方面提供会计信息的一种经济管理活动。它以社会再生产过程中能用货币表现的资金活动（包括资金筹集、周转和退出）为会计对象（会计对象是社会再生产过程的资金运动），对其进行核算和监督，客观完整地反映企业单位财务状况和经营成果，为会计信息使用者提供有用信息，同时监督企业对会计法规、制度以及各项财经政策的执行情况，检查企业单位经济活动的合法性、合理性、合规性及效益性，维护财经纪律。在会计工作中进行计量时，可选用历史成本、公允价值、重置成本、可变现净值和现值五种计量属性。

会计核算以会计主体、会计分期、持续经营、货币计量四个会计假设为基本前提，这样对会计核算的范围、内容、时间、基本程序和方法作出一定的限定，从而保证会计工作正常进行和提高会计信息质量。由于会计期间的划分，产生了本期与非本期的区别，由此产生了会计上确认收支的两种记账基础，即权责发生制和收付实现制。

企业通过设置账户、复式记账、填制和审核会计凭证、登记账簿、成本计算、财产清查和编制财务会计报告等方法对会计要素进行核算和监督，企业提供的会计信息要求满足真实性、相关性、明晰性、可比性、实质重于形式、重要性、谨慎性、及时性的质量要求，从而满足反映管理层受托关系的履行情况和有助于会计信息使用者作出经济决策的需要。

导入案例分析

1．什么是会计？会计是一本书，是企业领导的参考书；会计是一支笔，能写出各种文章的大手笔；会计是计算器，能把企业资产、负债、所有者权益算得清清楚楚，谁以权谋私，谁执政为名，会计都能准确地算出。会计究竟是什么？可以定义为：会计是以货币为计量单位，采用专门的程序和方法，对社会在生产过程中能够用货币表现的经济活动进行核算和监督，旨在通过提供会计信息以实现最优经济效益的一种管理活动。

2．会计的目的指会计活动应达到的境地或标准，指明会计实践活动的目的和方法。具体讲，是向会计信息使用者提供有关财务状况、经营成果、现金流量的，并有助于会计信息使用者作出经济决策的会计信息。

知识测试与能力训练

一、单项选择题

1．会计的基本职能是（　　）。

A．反映监督 B．核算和控制 C．核算和反映 D．核算和监督

2．下列会计核算的基本假设中，属于会计工作空间范围的假设是（ ）。

A．会计分期 B．会计主体 C．货币计量 D．持续经营

3．对应收账款计提坏账准备，是为了满足会计信息质量的（ ）。

A．可比性要求 B．实质重于形式要求

C．及时性要求 D．谨慎性要求

4．权责发生制主要强调（ ）。

A．资产的合理计价 B．收入和费用的合理确认

C．及时性要求 D．谨慎性要求

5．会计以（ ）作为主要计量单位。

A．劳动量 B．实物量 C．货币 D．实物量和货币

6．在可预见的未来，会计主体不会破产清算，所持有的资产将正常营运，所负有的债务将正常偿还，这属于（ ）。

A．货币计量假设 B．会计分期假设

C．持续经营假设 D．会计主体假设

7．从会计核算的具体内容看，（ ）由填制和审核会计凭证、设置会计科目和账户、复式记账、登记会计账簿、成本计算、财产清查、编制财务会计等组成。

A．会计基础 B．会计循环

C．会计基本假设 D．会计对象

8．（ ）是会计确认、计量和报告的前提。

A．会计基本假设 B．会计要素

C．会计基础 D．会计等式

9．企业在对会计要素进行计量时，一般应当采用（ ）。

A．历史成本 B．重置成本 C．可变现净值 D．公允价值

10．按照权责发生制原则的要求，下列货款应确认为主营业务收入的是（ ）。

A．本月销售产品货款未收到 B．上月销货款项本月收到，存入银行

C．本月预收下月货款存入银行 D．收到本月仓库租金存入银行

二、多项选择题

1．下列属于会计基本前提的有（ ）。

A．持续经营 B．受托责任 C．会计主体 D．会计分期

2．会计核算中属于会计信息质量要求的有（ ）。

A．真实性 B．相关性 C．可比性 D．重要性

3．下列属于会计核算方法的有（ ）。

A．复式记账 B．编制会计报表

C．登记账簿 D．财产清查

4．下列各项中属于会计信息使用者的（ ）。

A．债权人 B．投资者

C．政府及其相关部门 D．企业管理者

三、判断题

1．会计主体就是法人主体。（　）
2．会计核算的基本前提包括会计主体、货币计量、收集资料和经济效益。（　）
3．权责发生制指以实收实付为计量标准来确定本期收入和费用的一种方法。（　）
4．《企业会计制度》制定的依据是会计法。（　）
5．所有单位必须一律设置会计机构。（　）

四、简答题

1．什么是会计？它有那些职能和任务？
2．会计核算有哪些基本前提？
3．会计核算有哪些方法？会计信息的质量要求有哪些？

第二章　会计要素和会计等式

学习目标

1. 熟悉会计对象的基本分类。
2. 熟悉会计六要素的含义、特征。
3. 掌握会计六要素之间的关系及其两个会计等式的表达。

知识框架

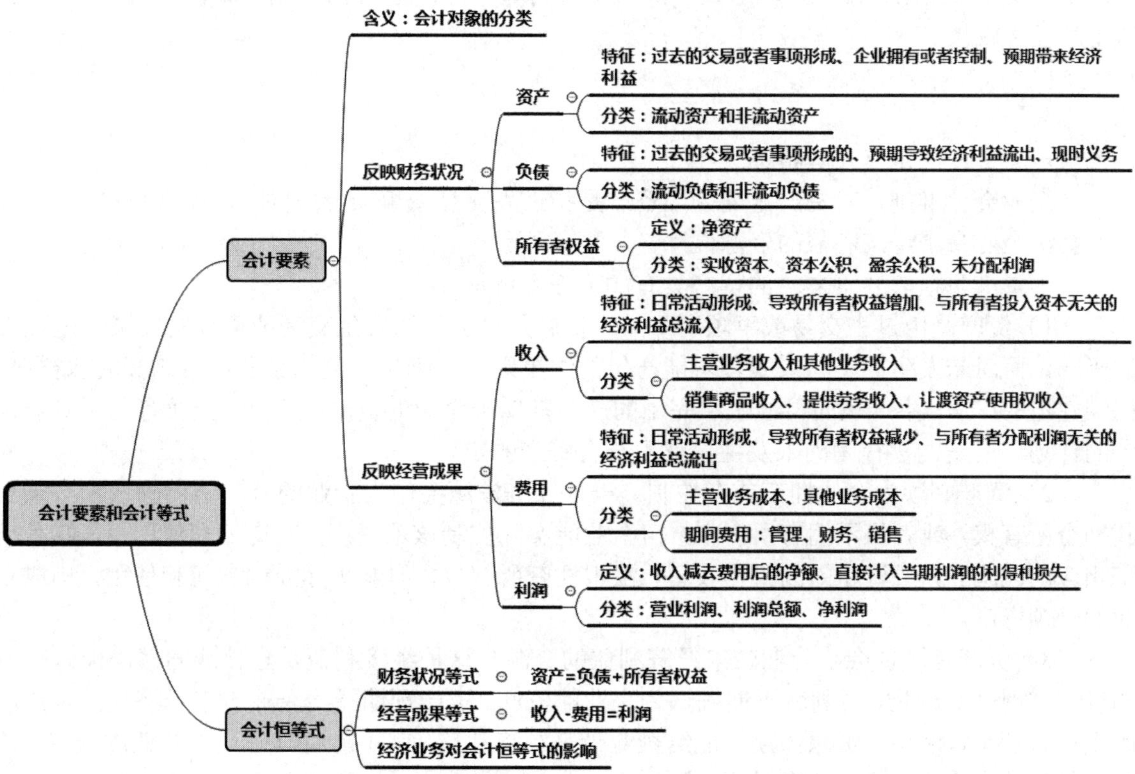

案例导入

案例：华钢股份20×6年3月的部分经济业务如下：①从洞口矿业有限公司购入A01材料支付银行存款117万元；②收到泰瑞科技有限公司销售商品款936万元存入银行。③银行存款支付员工工资150万元。④银行存款支付水电费8万元。

案例思考：案例中华钢股份业务涉及到哪些会计要素呢？

第一节 会计要素

会计对象是社会再生产过程的资金运动。会计对象是按一定的标准进行的基本分类，称为会计要素。会计要素的界定和分类可以使财务会计系统更加科学严密，为投资者等财务会计报告使用者提供更加有用的信息，也为会计分类核算提供了基础并为编制会计报表构筑了基本框架。

我国《企业会计准则》将会计要素划分为六大类：资产、负债、所有者权益、收入、费用、利润。其中，资产、负债和所有者权益三项会计要素是组成资产负债表的会计要素，也称为资产负债表要素，资产是资金的占用形态，负债和所有者权益是与资产相对应的取得途径，他们是反映企业财务状况的会计要素；收入、费用和利润三项会计要素是组成利润表的会计要素，也称为利润表要素。收入是经济活动中经济利益的总流入，费用是经济活动中经济利益的总流出，收入与费用相配比，即形成经济活动的利润，利润是资金运用的成果，它们反映企业的生产经营成果。

一、资产

（一）资产的定义及其特征

《企业会计准则》对资产定义为“资产是指过去交易或事项形成的，由企业拥有或控制，预期会给企业带来经济利益的资源”。

作为资产负债表要素之一的资产具有如下三个特征：

（1）资产是由过去交易或事项所形成。资产是过去已经发生交易或事项的结果，是现实的资产，而对未发生的交易或事项可能产生的结果则不予确认。例如企业已经购买的原材料、已经建造的厂房、生产车间已经生产完工的产品都属于企业的资产；而有些企业有购买机器设备的计划，但是购买行为尚未发生，就不符合资产的定义。

（2）资产必须为企业拥有或者控制。一项经济资源要作为企业的资产予以确认，必须对其拥有所有权，或者虽不拥有所有权，但企业能实际控制该项资产，有支配和使用权，并承担了相应的风险。如融资租入的机器设备，虽不拥有所有权，但能实际控制支配和使用，构成企业的一项资产。

（3）资产是预期会给企业带来经济利益的资源。这种经济利益是直接或间接净流入企业的现金和现金等价物，否则就不能确认为企业的资产。资产预期能给企业带来经济利益是资产的主要特征。如果某一资源预期不能给企业带来经济利益，就不能将其确认为企业的资产。前期已经确认为资产的项目，如果不能再给企业带来经济利益，也不能再确认为企业的资产。例如，商品、机器设备是企业的资产；如果是不能继续使用的变质或毁损材料、报废的设备，已经无法用于生产经营过程，在市场上也不能变现，不能给企业带来经济利益，就不能作为企业的资产。

（二）资产的分类

资产包括各种财产、债权和其他权利，可以按照不同的标志进行分类，而最主要的是按其流动性分为流动资产和非流动资产。

（1）流动资产。《企业会计准则》规定：资产满足下列条件之一的，应当归类为流动资产：

1）预计在一个正常的营业周期内变现、出售或耗用。

2）主要为交易的目的而持有。

3）预计在资产负债表日起一年内变现。

4）自资产负债表日起一年内，交换其他资产或清偿负债的能力不受限制的现金或现金等价物。

流动资金主要包括库存现金、银行存款、其他货币资金、交易性金融资产、应收账款、其他应收款、预付账款、原材料等。

（2）非流动资产。《企业会计准则》规定："流动资产以外的资产应当归类为非流动资产，应当按其性质分类列示。"非流动资产主要包括：长期股权投资、固定资产、无形资产、投资性房地产、在建工程和其他资产。

二、负债

（一）负债的定义及其特征

《企业会计准则》规定："负债是指企业过去的交易或事项形成的，预期会导致经济利益流出企业的现时义务。"

作为资产负债表要素之一的负债具有如下三个特征：

（1）负债是现时存在的，由过去交易或事项形成的经济责任或经济义务。主要有：企业通过某种形式取得资产后对债主或债权人所承担的经济责任，如银行借款、应付账款；从事经济活动后法律规定而产生的经济责任，如应交税费。而该类经济责任在企业发生经济业务之前并不存在，未来经济业务发生可能引起的经济责任或经济义务，现时并不存在，不是会计上所说的负债。

（2）负债是企业承担的现时义务。负债必须是企业承担的现时义务，它是负债的一个基本特征。现时义务，是指企业在现行条件下已承担的义务。未来发生的交易或者事项形成的义务，不属于现时义务，不应当确认为负债。例如，某年 1 月，企业拟于 2 个月后购入一台机器，价款 20 万元。该年 1 月不能将未来应付的 20 万元作为企业负债。

现时义务可以是法定义务，也可以是推定义务。其中，法定义务是指具有约束力的合同或者法律，法规规定的义务，通常在法律意义上需要强制执行。例如，企业购买原材料形成应付账款，企业向银行借入款项形成借款，企业按照税法规定应当缴纳的税款等，均属于企业承担的法定义务，需要依法予以偿还。推定义务是指根据企业多年的习惯做法，公开的承诺或者公开宣布的政策而导致企业将承担的责任，这些责任也使有关各方形成了企业将履行义务解脱责任的合理预期。

（3）负债预期会导致经济利益流出企业。负债与其形成现时义务有关的经济利益很可能流出企业，而且在未来流出企业。预期会导致经济利益流出企业也是负债的一个本质特征，只有企业在履行义务时会导致经济利益流出企业的，才符合负债的定义；如果不会导致企业经济利益流出的，就不符合负债的定义。在履行现时义务清偿负债时，导致经济利益流出企业的形式多种多样。如用现金偿还或以实物资产形式偿还；以提供劳务形式偿还；部分转移资产、部分提供劳务形式偿还；将负债转为资本等。

（二）负债的分类

企业的负债按流动性或归还期的长短分流为流动负债和非流动负债。

（1）流动负债。《企业会计准则》规定：满足下列条件之一，应当归类为流动负债：

1）预计在一个正常的营业周期中清偿。

2）主要为交易目的而持有。

3）预计在资产负债表日起一年内到期予以清偿。

4）企业无权自主将清偿推迟到资产负债表日一年以上。

流动负债包括短期借款、应付账款、预收账款、应付利息、应付股利、应交税费，将在一年内到期的长期负债等。

（2）非流动负债。非流动负债指流动负债以外的偿还期在一年以上的债务。主要包括长期借款、应付债券、长期应付款。

三、所有者权益

（一）所有者权益定义及其特征

《企业会计准则》规定："所有者权益是指企业资产扣除负债后由所有者享有的剩余权益。"所有者权益的确认，计量主要取决于资产、负债、收入、费用等其他会计要素的确认和计量。所有者权益在数量上等于企业资产总额扣除债权人权益后的净额，即为企业的净资产，反映所有者（股东）在企业资产中享有的经济利益。

作为资产负债表要素之一的所有者权益具有如下三个特征：

（1）永久性。企业不需要偿还所有者权益，除非发生减资清算或分派现金股利。

（2）滞后性。当企业清算时，只有在清偿完所有负债后，才返还所有者的所有者权益。

（3）收益性。所有者的所有权益能够参与企业利润的分配。

（二）所有者权益的分类

《企业会计准则》规定："资产负债表中的所有者权益类至少应当单独列示，反映下列信息项目——实收资本、资本公积、盈余公积、未分配利润。即所有者权益包括的内容。"

1. 实收资本（或股本）

实收资本指投资者按照企业章程或合同、协议约定，实际直接投入的认缴资金额度，是企业承担民事责任的财力保证。所有者通过购买企业发行的股票而直接投资于公司的股票面值称为股本。

2. 资本公积

资本公积指企业收到投资者的超过其在注册资本中所占份额的投资部分和其他资本公积，包括存货、自用房地产转为投资性房地产时，其公允价值大于账面价值的差额；可供出售金融资产公允价值的变动部分等直接计入所有者权益的利得与损失；股本溢价等部分。资本公积按照法定程序可以转增资本（股本）。

3. 盈余公积

盈余公积是指企业按有关法规规定或类似权力机构批准，从当年税后利润中提取一定比例的企业资金积累。我国企业的盈余公积包括法定盈余公积和任意盈余公积。企业盈余公积可以用于弥补亏损、转增资本、扩大再生产经营。

4. 未分配利润

未分配利润是企业未作分配的利润。它在以后年度可继续进行分配，在未进行分配之前，属于所有者权益的组成部分。从数量上来看，未分配利润是期初未分配利润加上本期实现的净利润，减去提取的各种盈余公积和分出的利润后的余额。

所有者权益与负债的区别

四、收入

（一）收入的定义及其特征

《企业会计准则》规定：“收入是指企业在日常活动中形成的，会导致所有者权益增加与所有者投入资本无关的经济利益的总流入。”还规定：“准则中所涉及的收入，包括商品销售收入、提供劳务收入和让渡资产使用权收入。”

作为利润表要素之一的收入具有如下三个特征：

（1）收入从企业日常活动中产生，而不是从偶发的交易或事项中产生。所谓日常活动是指企业为完成经营目标所从事的经常性活动及与之相关的其他经营活动，从中形成的经济利益总流量。而日常经营活动以外的交易或事项带来的经济利益流入的利得，不是收入。如企业处置固定资产和无形资产，不是为完成企业经营活动目标而从事的经常性活动。收入是对企业费用的补偿，是获取盈利的源泉，是企业经营活动取得的总成果。

（2）收入能导致企业所有者权益增加。收入的取得，按配比原则计算企业的损益，一般一项经济活动取得的收入大于与之相配比的付出，会增加所有者权益。反之，会导致所有者权益减少。但企业为第三方代收的款项，如销售商品时，向购货方收取的增值税销项税等税费不能作为企业的收入，而是形成的负债。

（3）收入是与所有者投入资本无关的经济利益的总流入。

收入应当会导致经济利益的流入，从而导致资产的增加。如企业销售产品，应当收到现金或者在未来有权收到现金，才表明该交易符合收入的定义。但是在实务中，经济利益的流入有时是所有者投入资本的增加所导致的，所有者投入资本的增加不应当确认为收入，应当将其直接确认为所有者权益。

（二）收入的分类

（1）收入按企业从事日常活动的性质不同，分为销售商品收入、提供劳务收入和让渡资产使用权收入。

（2）收入按企业经营业务的主次不同，分为主营业务收入和其他业务收入。

1）主营业务收入。由企业日常经营中的经常性活动所形成的收入。

2）其他业务收入。由企业日常经营中的与之相关的其他经营活动所产生的收入。

五、费用

（一）费用的定义及其特征

《企业会计准则》规定：“费用是指企业在日常活动中发生的，会导致所有者权益减少与向所有者分配利润无关的经济利益的总流出。”费用是与收入相对应的概念，是企业取得收入与之相配比所付出的代价，并从收入中获得补偿。

作为利润表要素之一的费用具有如下三个特征：

（1）费用发生于日常经营活动中，而非偶发的交易或事项。费用包括：生产费用、劳动成本、营业税费、销售费用、管理费用、财务费用、无形资产使用权成本摊销、出售多余原材料与出租包装物成本。而企业偶发事项的损失等，则不是费用，应计入营业外支出。

（2）费用发生的本身会导致所有者权益减少，但与向所有者分配利润无关。企业在会计期间内发生的费用，要以与之相配比的收入来抵补。收入增加会增加所有者权益，同时费用的发生会导致所有者权益减少。而向所有者分配利润，也会减少所有者权益，这是属于利润分配的范畴，并不是费用。

（3）费用是与向所有者分配利润无关的经济利益的总流出。费用的发生应当会导致经济利益的流出，从而导致资产的减少或者负债的增加（最终也会导致资产的减少）。其表现形式包括现金或者现金等价物的流出，存货、固定资产和无形资产等的流出或者消耗等。虽然企业向所有者分配利润也会导致经济利益的流出，而该经济利益的流出显然属于所有者权益的抵减项目，不应确认为费用，应当将其排除在费用的定义之外。

（二）费用的构成

这里所说的费用其实包括两个方面内容，即成本和费用。

（1）成本是指企业为生产产品、提供劳务而发生的各种耗用，包括为生产产品、提供劳务而发生的直接材料费用、直接人工费用和各种间接费用。企业应当在确认收入时，将已销售产品或已提供劳务的成本等从当期收入中扣除即计入当期损益。

（2）费用一般是指企业在日常活动中发生的营业税金、期间费用和资产减值损失。

第一，营业税金，也称销售税金，是指企业营业活动应当负担并根据销售收入确定的各种税费，如消费税、城建税和教育费附加等。

第二，期间费用包括销售费用、管理费用和财务费用。

销售费用是指企业在销售商品的过程中发生的各项费用，包括企业在销售商品的过程中发生的运输费、装卸费、包装费、保险费、展览费和广告费，以及为销售本企业的商品而专设的销售机构（含销售网点、售后服务网点等）的职工薪酬等经营费用。

管理费用是指企业为组织和管理生产经营活动而发生的各项费用，包括企业的董事会和行政管理部门的职工工资、修理费、办公费和差旅费等公司经费，以及聘请中介机构费、咨询费（含顾问费）、业务招待费等费用。管理费用的受益对象是整个企业，而不是企业的某个部门。

财务费用是指企业为筹集生产经营所需资金而发生的各项费用，包括应当作为期间费用的利息支出（减利息收入）、汇兑损失（含汇兑收益）以及相关的手续费等。

第三，资产减值损失是指企业计提的坏账准备、存货跌价准备和固定资产减值准备等形成的损失。

费用与成本既有联系又有区别。费用是和期间相联系的，而成本是和产品相联系的；成本要有实物承担着，而费用一般没有实物承担着。但二者都反映资金的消耗，都意味着企业的经济利益减少，也都是由过去已经发生的经济活动引起或形成的。

上面所定义的费用亦是狭义上的概念。广义的费用还包括“损失”即营业外支出和所得税费用，其中：

营业外支出是指企业发生的与其生产经营活动无直接关系的各项支出，包括固定资产盘亏、处置固定资产净损失、处置无形资产净损失、罚款支出、捐赠支出和非常损失等。所得税费用是指企业按税法规定向国家缴纳的所得税。

值得注意的是，费用只有在经济利益很可能流出企业，而且流出额能够可靠计量时才能确认为费用。

六、利润

（一）利润的定义及其特征

《企业会计准则》规定："利润是指企业在一定会计期间的经营成果，利润包括收入减去费用后的净额、直接计入当期利润的利得和损失等。"

作为利润表要素之一的利润具有以下三个特点：

（1）收入和费用要素配比的结果是利润。当一个会计期间的收入大于与之相配比的费用，则为盈利，反之则表现为亏损。

（2）利润的界定不完全是收入与费用配比的结果，《企业会计准则》界定的利润，除了包括收入与之相配比的费用相抵后的差额，还包括计入当期利润的"利得"和"损失"，但不包括直接计入所有者权益的"利得"和"损失"。

（3）利润的形成将最终导致所有者权益的变动，盈利的取得会使所有者权益增加。若亏损，会导致所有者权益减少。

（二）利润的分类

（1）营业利润。营业利润为营业收入减去营业成本、营业税金及附加、三项期间费用、资产减值损失、公允价值变动净损益、投资净收益金额。

（2）利润总额。利润总额指营业利润加上营业外收支净额。

（3）净利润。净利润指利润总额减去所得税费用后的金额。

会计要素分类

第二节　会计等式

会计等式，又称会计平衡式或会计方程式，它是表明会计要素之间基本关系的表达式。会计的六大基本要素反映了资金运动的静态和动态两个方面，具有紧密的相关性，它们在数量上存在着特定的平衡关系，这种平衡关系用公式来表示，我们称其为会计等式。

会计对象是指社会再生产过程中的资金运动，具体表现为会计要素的增减变化。企业发生的每一项交易或者事项，都是资金运动的一个具体过程；资金运动过程必然涉及相应的会计要素。在资金运动过程中，会计要素之间存在一定的相互关系，会计要素之间的这种内在关系，可以通过会计平衡式表现出来。从形式上看，会计等式反映了各项会计要素之间的内在联系；从本质上看，会计等式揭示了会计主体的产权关系和基本财务状况。会计等式是设置账户、进行复式记账和编制财务报表的理论依据。

一、会计等式的表现形式

会计等式的表现形式

（一）财务状况等式

任何企业要从事生产经营活动，就必须拥有或控制一定数量的资金，作为从事生产经营活动的基础。这些资金分布在经营活动的各个方面，表现为不同的存在形态，如房屋建筑物、机器设备、原材料、库存商品、银行存款、库存现金等资产。企业所拥有的资产均来源于资产的提供者，而资产的提供者来自两个方面，一是企业的投资者，即企业的所有者，二是企业的债权人。所有者和债权人不会将资产无偿地提供给企业，而是对所提供的资产保留一定的要求权。资产所有者的这种要求权，在会计上被称为权益。资产与权益是同一事物的两个不同的表现方面，二者相互依存，没有无权益的资产，也没有无资产的权益，而且在客观上也必然存在着相等的关系。即从数量上看，有一定数额的资产必然有一定数额的权益；反之，有一定数额的权益也必定有一定数额的资产。也就是说资产与权益在任何一个时点都必然保持永恒的关系。这种恒等关系用公式表示为：

资产=权益

由于企业的资产来源于企业的债权人和投资者两个方面，所以权益由债权人权益和所有者权益两部分构成。债权人权益在会计上被称为负债；所有者权益是企业投资人对企业的资产减去负债后的净资产的所有权。由于权益是由负债和所有者权益组成，因此会计恒等式可以进一步分解为：

资产=负债+所有者权益

资产、负债和所有者权益的平衡关系是最基本的会计等式，这一等式反映企业资金运动过程中某一时点上资产的分布和权益的构成，资产、负债和所有者权益是企业资金运动在相对静止状态下的基本内容，是资金运动的静态表现，所以其构成的会计等式通常称为静态会计等式。资产与权益的恒等关系是复式记账法的理论基础，也是企业会计中设置账户、处理试算平衡和编制资产负债表的理论依据。

（二）经营成果等式

企业作为营利组织，其经营的目的主要是为了实现利润。收入是实现利润的前提。企业在其生产经营活动中，为了取得一定的收入，还要发生相应的费用。从某一会计期间来看，收入与费用的差额就是企业的利润，通常可用公式表示为：

收入–费用=利润

这一等式体现了收入、费用、利润三项会计要素之间的数量关系。由于这三项会计要素均是企业资金运动在同一会计期间的动态表现，所以其构成的会计等式通常称为动态会计等式。运用这一会计等式，企业可以编制利润表，反映企业一定会计期间的经营成果。如果收入大于费用，经营成果表现为利润；反之，如果收入小于费用，经营成果表现为亏损。

全部会计要素之间的会计等式全面、综合地反映了企业资金运动的内在规律。企业的资金总是采用动静结合的方法持续不断地运动。从某一时点上看，可以看出资金运动的静态规律；从某一时期看，可以总结出资金的动态规律。

二、经济业务对会计恒等式的影响

经济业务，是指发生于企业生产经营过程中，引起会计要素增减变化的事项，又称会计事项。会计事项具有两个特征，第一是经济业务能够用货币表示；第二是能引起资金发生增减变动。由于企业生产经营活动的复杂性，企业的经济业务也是复杂多变的。其引起的企业的资金运动及其会计要素无论怎样增减变化，在一定会计日期企业的资产总额总是等于权益总额。任何经济业务的发生都不会破坏会计等式的平衡关系。也就是说，无论经济业务引起资产、负债和所有者权益发生怎样的增减变化，都不会破坏会计等式的平衡关系。

企业经济业务按其对财务状况等式的影响不同可以分为以下九种基本类型：

（1）一项资产增加、另一项资产等额减少的经济业务；

（2）一项资产增加、一项负债等额增加的经济业务；

（3）一项资产增加、一项所有者权益等额增加的经济业务；

（4）一项资产减少、一项负债等额减少的经济业务；

（5）一项资产减少、一项所有者权益等额减少的经济业务；

（6）一项负债增加、另一项负债等额减少的经济业务；

（7）一项负债增加、一项所有者权益等额减少的经济业务；

（8）一项所有者权益增加、一项负债等额减少的经济业务；

（9）一项所有者权益增加、另一项所有者权益等额减少的经济业务。

上述九类基本经济业务的发生均不影响财务状况等式的平衡关系，具体分为三种情形：基本经济业务（1）（6）（7）（8）（9）是财务状况等式左右两边的金额保持不变；基本经济业务（2）（3）使财务状况等式左右两边的金额等额增加；基本经济业务（4）（5）使财务状况等式左右两边的金额等额减少。

下面举例说明。

【例 2-1】假设华钢股份 20×6 年 3 月初资产总额是 7 700 万，负债总额 6 100 万，所有者权益总额 1 600 万。3 月份发生以下经济业务：

（1）从洞口矿业有限公司购入 A01 材料一批，价值 80 000 元，款项已支付，材料已经入库。

该笔经济业务的发生，使公司的一项资产（原材料）增加了 80 000 元，另一项资产（银行存款）减少了 80 000 元，即会计等式左边资产要素内部的金额有增有减，且增减金额相等，其平衡关系保持不变。

（2）向工商银行星城支行申请取得长期借款 4 000 000 元。

该笔经济业务的发生，使公司一项资产（银行存款）增加了 4 000 000 元，一项负债（长期借款）同时增加了 4 000 000 元，会计等式两边同时等额增加，等式的平衡关系不变。

（3）收到追加投资 5 000 000 元。

该笔经济业务的发生，使公司一项资产（银行存款）增加了 5 000 000 元，一项所有者权益（实收资本）同时增加了 5 000 000 元，会计等式两边同时等额增加，等式的平衡关系不变。

（4）用银行存款偿还工商银行短期借款 2 000 000 元。

该笔经济业务的发生，使公司一项资产（银行存款）减少了 2 000 000 元，一项负债（短期借款）减少了 2 000 000 元，会计等式两边同时等额减少，等式的平衡关系不变。

（5）向投资者发放现金股利 800 000 元。

该笔经济业务的发生，使公司一项资产（银行存款）减少了 800 000 元，一项负债（应付股利）同时减少了 800 000 元，会计等式两边同时等额减少，等式的平衡关系不变。

（6）向银行申请取得短期借款 90 000 元，直接用于支付以前所欠货款。

该笔经济业务的发生，使公司的一项负债（短期借款）增加了 90 000 元，另一项负债（应付账款）减少了 90 000 元，即会计等式右边负债项目内部金额有增有减，且金额相等，负债总额不变，等式的平衡关系不变。

（7）经研究，决定进行利润分配，应付投资者现金股利 150 000 元。

该笔经济业务的发生，使公司的一项负债（应付股利）增加 150 000 元，一项所有者权益（未分配利润）减少 150 000 元，会计等式右边一个项目的增加，一个项目的减少，且金额相等，因此，等式右边金额未变，等式的平衡关系不变。

（8）经批准将其盈余公积 1 000 000 元转增资本。

该笔经济业务的发生，使公司的一项所有者权益（实收资本）增加了 1 000 000 元，另一项所有者权益（盈余公积）减少 1 000 000 元，会计等式右边所有者权益项目内部的金额有增有减，且金额相等，所有者权益总额未变，等式的平衡关系不变。

从上述经济业务可以看出，每一项经济业务的发生，都必然引起会计等式的一边或者两边有关项目相互联系地发生等量变化，即当涉及会计等式的一边时，有关项目的金额发生相反方向的等额变动；当涉及会计等式的两边时，有关项目的金额发生相同方向的等额变动；但始终不会影响会计等式的平衡关系。

名词互译

Assets 资产
Liabilities 负债
Equity 所有者权益
Revenues 收入
Expenses 费用
Costs 成本
Profits 利润
Accounting Equation 会计恒等式

本章小结

会计对象是社会再生产过程的资金运动。对会计对象按一定的标准进行的基本分类，称为会计要素，我国企业会计准则将会计要素划分为六大类：资产、负债、所有者权益、收入、费用、利润。其中，资产、负债、所有者权益称为资产负债表要素，反映企业某一时点的财务状况；收入、费用、利润称为利润表要素，反映企业某一时期的经营成果。会计工作是围绕着会计要素的确认、计量、记录和报告展开的。

导入案例分析

（1）这项经济业务的发生，一方面使得银行存款减少了 117 万元，另一方面使得原材料增加了 117 万元，银行存款和原材料均属于资产。

（2）这项经济业务的发生，一方面使得银行存款增加了 936 万元，另一方面使得应收账款减少了 936 万元，银行存款和应收账款均属于资产。

（3）这项经济业务的发生，一方面使得银行存款减少了 150 万元，另一方面使得应付职工薪酬减少了 150 万元，银行存款属于资产，应付职工薪酬属于负债。

（4）这项经济业务的发生，一方面使得管理费用增加了 8 万元，另一方面使得银行存款减少了 8 万元，管理费用属于费用。

知识测试与能力训练

一、单项选择题

1．下列各项中，会导致会计等式左右两边同时增加的经济业务是（　　）。

A．用资本公积转增资本
B．签发商业汇票支付前欠货款
C．从银行提取现金
D．从银行借入短期借款

2．下列各项中，属于表现企业资金运动状态的会计要素是（　　）。

A．收入　　B．资产　　C．所有者权益　　D．负债

3．下列各项中，不会引起企业资产总额和所有者权益总额发生变动的是（　）。

A．引起资产和负债同时增加的经济业务

B．引起资产和所有者权益同时减少的经济业务

C．引起资产项目之间此增彼减的经济业务

D．引起负债和所有者权益之间此增彼减的经济业务

4．某项经济业务的发生引起资产的减少，则可能引起（　）。

A．负债增加　　B．所有者权益增加

C．收入增加　　D．费用增加

5．华钢股份 20×6 年初资产总额 5 000 000 元，负债总额 2 000 000 元，当年接受投资者投资 500 000 元，从银行借款 1 000 000 元。该公司 20×6 年末所有者权益应为（　）元。

A．2 500 000　　B．1 500 000　　C．3 500 000　　D．5 000 000

6．收入、费用和利润三要素是企业资金运动的（　）。

A．静态表现　　B．动态表现　　C．综合表现　　D．ABC 均正确

7．（　）是复式记账的理论基础，也是编制资产负债表的理论依据。

A．会计科目　　B．账户

C．资产=负债+所有者权益　　D．收入–费用=利润

8．关于利润，下列说法不正确的是（　）。

A．利润是指企业在一定会计期间的经营成果

B．企业实现了利润，标明企业的所有者权益将增加

C．利润是评价企业管理层业绩的指标之一

D．企业发生了亏损，所有者权益不一定是减少的

9．下列不属于期间费用的是（　）。

A．管理费用　　B．制造费用　　C．销售费用　　D．财务费用

10．负债是指企业过去的交易或者事项形成的，预期会导致经济利益流出企业的（　）。

A．现时义务　　B．潜在义务　　C．过去义务　　D．未来义务

11．下列项目不属于流动资产的是（　）。

A．货币资金　　B．交易性金融资产

C．存货　　D．固定资产

12．华钢股份 6 月初的资产总额为 15 万元，负债总额为 5 万元。6 月份发生下列业务：取得收入共计 6 万元，发生费用共计 4 万元，则 6 月底该企业的所有者权益总额为（　）。

A．12 万元　　B．17 万元　　C．16 万元　　D．10 万元

13．企业所有者权益在数量上等于（　）。

A．企业流动负债减去长期负债后的差额

B．企业流动资产减去流动负债后的差额

C．企业全部资产减去全部负债后的差额

D．企业长期负债减去流动负债后的差额

14．银行将短期借款转为对本公司的投资，这项经济业务将引起本公司（　）。

A．资产减少，所有者权益增加　　B．负债增加，所有者权益减少

C．负债减少，所有者权益增加　　D．负债减少，资产增加

15．下列不属于企业非流动资产的是（　）。

A．交易性金融资产　　B．可供出售金融资产

C．长期股权投资　　D．无形资产

16．下列各项会引起企业收入增加的是（　）。

A．销售原材料　　B．出售专利技术

C．出售无形资产　　D．取得银行长期贷款

17．下列项目中属于所有者权益的是（　）。

A．长期股权投资　　B．应付股利

C．盈余公积　　D．投资收益

二、多项选择题

1．下列各项中，属于反映企业财务状况的会计要素有（　）。

A．资产　　B．所有者权益　　C．收入　　D．利润

2．下列各项中，属于资产的基本特征的有（　）。

A．资产应为企业拥有或控制的资源

B．资产预计会给企业带来经济利益

C．资产是由企业过去的交易或者事项形成的

D．资产是由企业将要发生的交易或者事项形成的

3．下列各项中，属于企业所有者权益组成部分的有（　）。

A．资本公积　　B．盈余公积　　C．应付股利　　D．股本

4．下列各项中，构成企业收入的有（　）。

A．取得罚款收入 350 元　　B．销售低值易耗品收入 1 000 元

C．销售商品一批，价款 80 万元　　D．出租包装物，租金收入 700 元

5．下列选项中，正确的有（　）。

A．资产与权益同时增加，总额增加

B．资产与负债一增一减，总额不变

C．资产内部同时减少，总额减少

D．权益内部的一增一减，总额不变

6．下列关于收入的表述中，正确的有（　）。

A．可能带来资产的增加　　B．可能使负债减少

C．一定会导致所有者权益增加　　D．可能会引起费用的减少

7．期间费用是指企业在日常活动中发生的，应当计入当期损益的费用，包括（　）。

A．管理费用　　B．销售费用　　C．财务费用　　D．制造费用

8．下列属于所有者投入的资本的有（　）。

A．企业拥有的固定资产　　B．资本溢价

C．盈余公积　　D．实收资本

9．下列属于流动负债的有（　）。

A．预收款项　　B．预付款项　　C．应交税费　　D．应付职工薪酬

10．下列各项属于会计要素的是（　　）。
A．利润　　B．利得　　C．费用　　D．损失
11．下列项目中，属于费用要素特点的有（　　）。
A．与向所有者分配利润无关
B．企业在日常活动中发生的经济利益的总流入
C．经济利益的流出额能够可靠计量
D．会导致所有者权益减少
12．下列关于负债的表述中，正确的有（　　）。
A．负债预期会导致经济利益流出企业
B．负债表现为债权人对企业净资产的索取权
C．负债是企业过去的交易或事项形成的
D．负债按流动性分类可分为流动负债和非流动负债
13．下列关于会计要素变动的表述中，正确的有（　　）。
A．资产增加，费用增加　　B．费用增加，负债减少
C．费用增加，负债增加　　D．费用增加，资产减少
14．下列属于会计等式的有（　　）。
A．资产=权益　　B．资产=负债+所有者权益
C．收入–费用=利润　　D．资产+所有者权益=负债
15．下列各等式属于会计等式的有（　　）。
A．本期借方发生额合计=本期贷方发生额合计
B．本期借方余额合计=本期贷方余额合计
C．资产=负债+所有者权益
D．收入–费用=利润
16．直接计入当期损益的利得和损失，是指（　　）的利得或损失。
A．应当计入当期损益　　B．最终会引起所有者权益发生增减变动
C．与所有者投入资本无关　　D．与向所有者分配利润无关
17．下列各项中，应确认为企业资产的有（　　）。
A．购入的无形资产　　B．经营性租出的固定资产
C．计划下个月购入的材料　　D．已霉烂变质无使用价值的存货
18．下列各项中，仅引起资产项目一增一减的经济业务有（　　）。
A．从银行借款 7 万元
B．将现金 210 元存入银行
C．以现金 6 万元支付职工薪酬
D．以银行存款 50 000 元购入固定资产（假定不考虑增值税因素）

三、判断题

1．资产、负债与所有者权益的平衡关系式，是企业资金运动处于相对静止状态下出现的，如果考虑收入、费用等动态要素，则资产与权益的平衡关系必然被破坏。（　　）

2．如果资产要素不变，则必然发生负债和所有者权益一增一减的情况。（　　）

3．收入减去费用后的金额如果为正数，则代表盈利；如果为负数，则代表亏损。（ ）

4．“资产=负债+所有者权益”是最基本的会计等式，是复式记账的理论基础，是试算平衡和编制会计报表的理论依据。（ ）

5．企业承担了现实义务，但是导致企业经济利益流出的可能性很小，也应将其作为负债予以确认。（ ）

6．如果根据编制财务报表时所取得的证据，判断与企业所拥有的资源有关的经济利益很可能流入企业，那么就可能将其作为资产予以确认；反之，不能确认为资产。（ ）

7．收入等于商品销售收入与提供劳务收入之和。（ ）

8．损失即费用，计入损失即入当期费用。（ ）

9．利润包括收入减去费用后的净额、直接计入当期损益的利得和损失等。（ ）

10．权益就是指所有者权益。（ ）

11．会计要素是对财务会计对象的基本分类，是根据交易或者事项的经济特征所确定的。（ ）

12．“收入–费用=利润”这一会计等式，体现了企业一定时期内的经营成果，是编制利润表的基础。（ ）

13．经济业务的发生，可能引起资产与权益总额发生变化，但是不会破坏会计基本等式的平衡关系。（ ）

14．债权人权益和所有者权益同属于所有者权益。（ ）

15．收入是指企业在经营活动中形成的经济利益的总流入，包括主营业务收入、其他业务收入和营业外收入。（ ）

16．若某一项目预期不能给企业带来经济利益，就不能将其确认为企业的资产。（ ）

17．负债是指企业过去的交易或者事项形成的，预期会导致经济利益流出企业的永久业务。（ ）

第三章　会计科目和账户

学习目标

1. 掌握会计科目的概念、分类、设置原则。
2. 熟悉常用的会计科目。
3. 掌握账户基本结构、分类。
4. 掌握会计科目与账户的关系。

知识框架

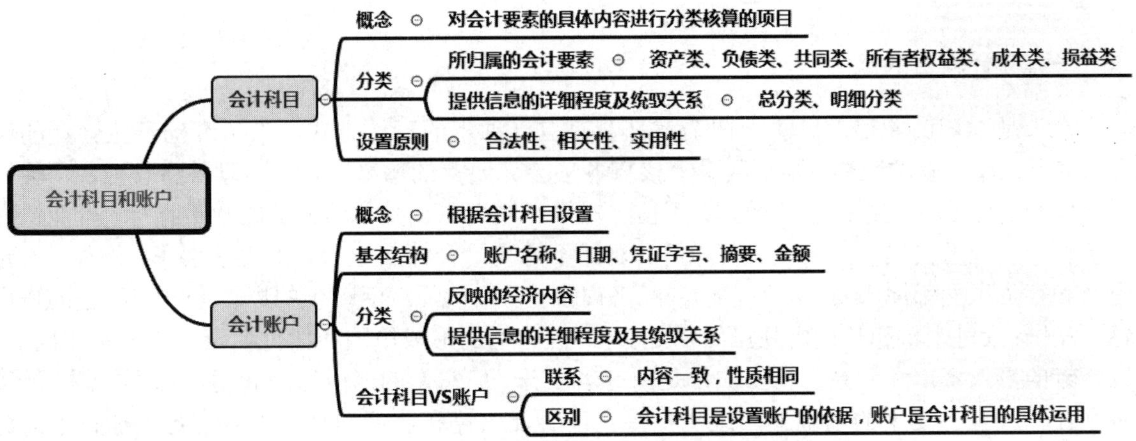

案例导入

案例：华钢股份20×6年3月的部分经济业务如下：①从洞口矿业有限公司购入A01材料支付银行存款117万；②收到泰瑞科技有限公司销售商品款936万元存入银行；③银行存款支付员工工资150万元；④银行存款支付水电费8万元。

案例思考：同学们在第二章已经弄懂了这些业务涉及到的会计要素，但是如果要把业务过程记录下来，应该用什么名称和结构呢？（提示：见表3-1）

表 3-1 收款凭证

收 款 凭 证

借方科目 年 月 日 ______字第______号

摘要	贷方			金额										过账页次
	科目	子目	细目	千	百	十	万	千	百	十	元	角	分	
附原始凭证		张	合计											

会计主管 记账 审核 出纳 制单

第一节 会计科目

一、会计科目的概念

会计是一门商业语言。每一门语言都会有自己独特的表达方式。为了准确表达会计的语言，实现会计的基本职能，要从数量上核算各项会计要素的增减变化，不但需要取得各项会计要素增减变化及其结果的总括数据，而且要取得一系列更加具体的分类的数量指标。企业错综复杂的经济业务仅仅用六要素进行核算，显然不能满足会计商业语言的表达要求。例如，固定资产和存货虽然都属于资产，但它们的经济内容，以及在经济活动中的周转方式和所起的作用各不相同；应付账款和长期借款虽然都是负债，但它们的形成原因和偿付期限也是各不相同的；投资者的投入资本和盈余公积虽然都是所有者权益，但它们的形成原因和用途却不一样。所以必须在六大会计要素的基础上，进一步将会计所要核算和监督的具体内容进行更加详细的分类。会计科目就是对会计要素的具体内容进行分类核算的项目。

通过设置会计科目，可以分门别类地核算各项会计要素具体内容的增减变化，能够为企业内部经营管理和外部有关各方提供一系列具体的数量指标。因此，会计科目为企业进行财产管理提供了前提条件；为企业进行账务处理提供了标准名称，为会计这门商业语言提供了基本语言元素。

会计对象

二、会计科目的分类

（一）会计科目按其所归属的会计要素分类

会计科目按其所归属的会计要素分为资产类、负债类、共同类、所有者权益类、成本类、损益类六大类。

1. 资产类科目

资产类科目是指用来核算和监督企业拥有或者控制的、能以货币计量的经济资源的增减变化及结余情况的会计科目，是对资产要素的具体内容进行分类核算的项目。

2. 负债类科目

负债类科目是指用于核算和监督企业承担的能以货币计量、需以资产或劳务偿付的债务的增减变动和结余情况的会计科目，是对负债要素的具体内容进行分类核算的项目。

3. 共同类科目

共同类科目，是既可能具有资产的性质，又可能具有负债的性质。它的性质完全取决于其核算的结果，如果其核算的结果为借方余额，则其性质为资产类科目；如果其核算的结果为贷方余额，则其性质为负债类科目。如清算资金往来等。

4. 所有者权益类科目

所有者权益类科目是指用于核算和监督企业投资者对企业净资产所有权的增减变动和结余情况的科目。

5. 成本类科目

成本类科目是用于核算成本的发生和归集情况，提供成本相关会计信息的会计科目。

6. 损益类科目

损益类科目是指用于核算收入、费用的发生或归集，提供一定期间损益相关的会计信息的会计科目。

（二）按提供信息的详细程度及统驭关系分类

会计科目按所提供信息的详细程度及其统驭关系，分为总分类科目和明细分类科目。

（1）总分类科目是对会计要素具体内容进行总括分类、提供总括信息的会计科目。

（2）明细分类科目是对总分类科目作进一步分类、提供更详细更具体会计信息的科目。对于明细科目较多的总账科目，可在总分类科目与明细科目之间设置二级或多级科目。

（3）总分类科目与明细分类科目的关系是：既有联系又有区别，总分类科目是概括地反映会计对象的具体内容，提供的是总括性指标。而明细科目是详细地反映会计对象的具体内容，提供的是比较详细具体的指标。总分类科目对明细分类科目具有统驭控制作用，而明细科目则是对总分类科目的补充和说明（见表 3-2）。

表 3-2 华钢股份对生产成本的设置

总分类科目（一级科目）	明细分类科目	
	二级科目	三级科目
生产成本	基本生产成本	钢坯
		无缝钢管
	辅助生产成本	供电供水
		机修劳务

三、会计科目的设置

（一）会计科目的设置原则

会计科目是设置账户、处理账务所必须遵守的规则和依据。一般来说,会计科目名称的规范、会计科目的多少、会计科目的分类、会计科目的解释口径等，决定着各单位提供会计信息的详细程度,决定着各单位编制会计报表的需求和内容,因此会计科目的设置应努力做到科学、合理、适用，且必须遵循以下原则：

1. 合法性原则

合法性原则，指所设置的会计科目应当符合国家统一的会计制度的规定。在不影响会计核算质量和对外提供统一的会计报表的前提下，企业也可以根据自身特点增补或合并会计科目，做到统一性与灵活性相结合。

2. 相关性原则

相关性原则，指所设置的会计科目应提供相关各方所需要的会计信息，满足对外报告与对内管理的要求。

3. 实用性原则

实用性原则指所设置的会计科目应符合单位自身特点，满足单位实际需要。企业的组织形式、所处行业、经营内容及业务种类不同，在会计科目的设置上亦有所区别。

（二）常用会计科目

常用的会计科目如表3-3所示。

表3-3 会计科目的设置

顺序号	编号	会计科目名称
		一、资产类
1	1001	库存现金
2	1002	银行存款
3	1012	其他货币资金
4	1101	交易性金融资产
5	1121	应收票据
6	1122	应收账款
7	1123	预付账款
8	1131	应收股利
9	1132	应收利息
10	1221	其他应收款
11	1231	坏账准备
12	1401	材料采购
13	1402	在途物资
14	1403	原材料
15	1404	材料成本差异
16	1405	库存商品
17	1406	发出商品
18	1407	商品进销差价
19	1408	委托加工物资
20	1411	周转材料
21	1471	存货跌价准备
22	1501	持有至到期投资

续表

顺序号	编号	会计科目名称
23	1502	持有至到期投资减值准备
24	1503	可供出售金融资产
25	1511	长期股权投资
26	1512	长期股权投资减值准备
27	1521	投资性房地产
28	1531	长期应收款
29	1601	固定资产
30	1602	累计折旧
31	1603	固定资产减值准备
32	1604	在建工程
33	1605	工程物资
34	1606	固定资产清理
35	1701	无形资产
36	1702	累计摊销
37	1703	无形资产减值准备
38	1711	商誉
39	1801	长期待摊费用
40	1811	递延所得税资产
41	1901	待处理财产损溢
		二、负债类
42	2001	短期借款
43	2101	交易性金融负债
44	2201	应付票据
45	2202	应付账款
46	2203	预收账款
47	2211	应付职工薪酬
48	2221	应交税费
49	2231	应付利息
50	2232	应付股利
51	2241	其他应付款
52	2401	递延收益
53	2501	长期借款
54	2502	应付债券
55	2701	长期应付款

续表

顺序号	编号	会计科目名称
56	2801	预计负债
57	2901	递延所得税负债
		三、共同类
58	3101	衍生工具
59	3201	套期工具
60	3202	被套期项目
		四、所有者权益类
61	4001	实收资本
62	4002	资本公积
63	4101	盈余公积
64	4103	本年利润
65	4104	利润分配
66	4201	库存股
		五、成本类
67	5001	生产成本
68	5101	制造费用
69	5201	劳务成本
70	5301	研发支出
		六、损益类
71	6001	主营业务收入
72	6051	其他业务收入
73	6101	公允价值变动损益
74	6111	投资收益
75	6301	营业外收入
76	6401	主营业务成本
77	6402	其他业务成本
78	6403	营业税金及附加
79	6601	销售费用
80	6602	管理费用
81	6603	财务费用
82	6701	资产减值损失
83	6711	营业外支出
84	6801	所得税费用
85	6901	以前年度损益调整

说明：本表所列会计科目为常用科目，其他科目和特殊科目请参照《企业会计准则——应用指南》。

第二节　账户

一、账户的概念

账户是根据会计科目设置的，具有一定格式和结构，用于分类反映会计要素增减变动情况及其结果的载体。设置账户是会计核算的重要方法之一。

账户使原始数据转换为初始会计信息，通过账户可以对大量复杂的经济业务进行分类核算，从而提供不同性质和内容的会计信息。

会计科目仅仅是对会计要素的具体内容进行分类核算的项目和标志，它不能反映交易事项的发生所引起的会计要素各项目的增减变动情况和结果。各项核算指标的具体数据资料，只有通过账户记录才能取得。因此，在设置会计科目后，还必须根据规定的会计科目开设相应的账户，以便对各类交易或事项进行系统、连续的记录，向有关各方提供有用的会计信息。

二、账户的基本结构

账户的基本结构是由会计要素的数量变化情况决定的。账户的结构分为左方（记账符号为“借”）和右方（记账符号为“贷”）两个方向。一方登记增加，另一方登记减少。至于哪一方登记增加、哪一方登记减少，取决于所记录经济业务和账户的性质。账户的具体结构包括账户名称（会计科目）、记录经济业务的日期、所依据记账凭证编号、经济业务摘要、增减金额、余额等。

为了在教学中说明问题，常把账户的典型结构简化，即用一水平线和一条平分的垂直线来表示账户，即“T”字型账户或“丁”字型账户，如图 3-1 所示。

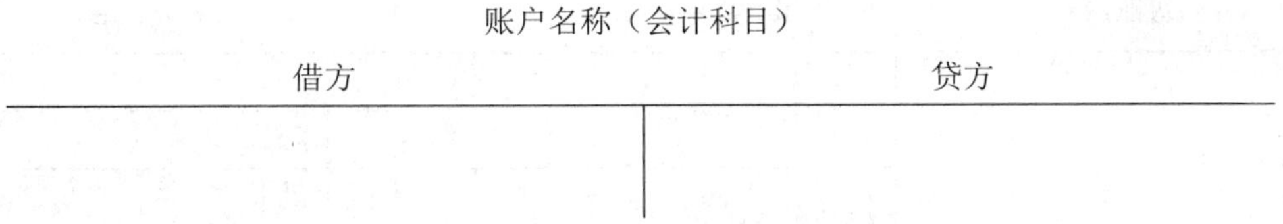

图 3-1　“T”字型账户结构

在实际工作中，最基本的账户格式是三栏式账户。以借贷记账法为例，其格式如表 3-4 所示。

表 3-4　三栏式账户结构

账户名称（会计科目）

年		凭证		摘要	借方	贷方	借或贷	余额
月	日	字	号					

其中，日期栏反映记账时间；凭证号数反映记账依据；摘要栏反映会计事项的内容；借方金额栏和贷方金额栏记录本期发生额；余额栏记录账户增减变化结果。

每个账户一般有四个金额要素，即期初余额、本期增加发生额、本期减少发生额和期末余额。账户如有期初余额，首先应当在记录增加额的那一方登记，会计事项发生后，要将增减内容记录在相应栏内。账户登记本期增加的金额称为本期增加发生额；账户登记本期减少的金额，称为本期减少发生额；增减相抵后的差额，称为余额。在正常情况下，账户四个数额之间的关系如下：

期末余额 ＝ 期初余额 ＋ 本期增加发生额 － 本期减少发生额

账户本期的期末余额转入下期，即为下期的期初余额。每个账户的本期发生额反映的是该类经济内容在本期内变动的具体情况，而期末余额则反映变动的最后结果。

三、账户的分类

（1）根据账户所反映的经济内容，可将其分为资产类账户、负债类账户、所有者权益类账户、成本类账户、损益类账户五类。

（2）账户按其提供信息的详细程度分类，同会计科目的分类相对应，账户也分为总分类账户和明细分类账户。

总分类账户是指根据总分类科目设置的、用于对会计要素具体内容进行总括分类核算的账户，简称总账账户或总账。明细分类账户是根据明细分类科目设置的、用来对会计要素具体内容进行明细分类核算的账户，简称明细账户。总账账户称为一级账户，总账以下的账户称为明细账户，如表 3-5 所示。

表 3-5　总分类账户与明细分类账户

总分类账户（一级账户）	明细分类账户	
	二级账户	三级账户
生产成本	基本生产成本	甲产品
		乙产品
	辅助生产成本	供电供水
		机修劳务

四、会计科目与账户的关系

（一）两者的联系

会计科目与账户都是对会计对象具体内容的科学分类，两者口径一致，性质相同。会计科目是账户的名称，也是设置账户的依据；账户是会计科目的具体运用。没有会计科目，账户便失去了设置的依据；没有账户，就无法发挥会计科目的作用。

（二）两者的区别

会计科目仅仅是账户的名称，不存在结构；而账户则具有一定的格式和结构。在实际工作中，对会计科目和账户不加严格区分，而是相互通用。

会计科目 VS 账户

名称互译

Account 账户　　　　T-account “T”字型账户

本章小结

会计是一门商业语言。每一门语言都会有自己独特的表达方式。会计的基本构词单位是会计科目，这是初学会计的同学学习的起点，应认真掌握会计的基础知识和基础技能。掌握会计要素、会计恒等式的原理、会计科目、会计账户概念和分类。会计科目是对六大会计要素的具体细分，企业通过设置会计科目，可以在账户中分门别类地核算各项会计要素具体内容的增减变化。会计科目既有资产类、负债类、共同类、所有者权益类、成本类、损益类科目之分，又有总分类科目和明细分类科目之分。企业在设置本企业会计科目时应依据合法性、相关性和实用性原则。对于常用的会计科目编号及名称，每位会计工作人员都需要熟练掌握，以方便进行核算工作。会计科目是账户的名称，账户是根据会计科目设置的，具有一定格式和结构，用于分类反映会计要素增减变动情况及其结果的载体。账户使原始数据转换为初始会计信息，通过账户可以对大量复杂的经济业务进行分类核算，从而提供不同性质和内容的会计信息。

导入案例分析

（1）原材料和银行存款

原材料

借方	贷方
企业购入并已验收入库的材料成本	生产经营领用的材料成本
期末库存材料的成本	

银行存款

借方	贷方
银行存款增加	银行存款减少
银行存款余额	

（2）银行存款和应收账款

银行存款

借方	贷方
银行存款增加	银行存款减少
银行存款余额	

应收账款

借方	贷方
企业销售商品应收的金额	收回的应收账款
期末尚未收回应收账款	

（3）银行存款和应付职工薪酬

银行存款

借方	贷方
银行存款增加	银行存款减少
银行存款余额	

应付职工薪酬

借方	贷方
企业实际支付的职工薪酬	企业应支付给职工的职工薪酬
银行存款余额	期末企业应付未付的职工薪酬

（4）银行存款和管理费用

银行存款

借方	贷方
银行存款增加	银行存款减少
银行存款余额	

管理费用

借方	贷方
各种管理费用增加	期末结转到“本年利润”账户的余额

知识测试与能力训练

一、单项选择题

1.（　　）具有一定的格式和结构，用于分类反映会计要素增减变动情况及其结果的载体。

A．账户　　B．会计科目　　C．账簿　　D．财务报表

2．下列关于账户和会计科目的表述中，错误的是（　　）。

A．账户是会计科目的名称，会计科目是账户的具体应用

B．两者之间的区别在于账户具有一定的格式和结构

C．实际工作中，对账户和会计科目不加严格区别，而是互相通用

D．账户能反映会计要素增减变化的情况及其结果，而会计科目不能

3．下列各项中，（　　）属于反映费用的科目。

A．制造费用　　B．长期待摊费用

C．销售费用　　D．应交税费

4．会计科目按其所提供信息的详细程度及其统驭关系，分为（　　）。

A．一级科目和二级科目　　B．一级科目和明细科目

C．总账科目和二级科目　　D．二级科目和三级科目

5．（　　）是对会计要素的具体内容进行分类核算的项目。

A．会计对象　B．会计科目　C．会计账户　D．明细分类账

6．下列关于会计科目设置的表述中，不正确的是（　）。

A．应当遵循谨慎性原则

B．应当符合单位自身特点

C．应当符合国家统一会计制度的规定

D．应当满足相关各方的信息需求

7．“其他业务成本”科目按其反映的经济内容不同，属于（　）类科目。

A．成本　B．资产　C．损益　D．所有者权益

8．以下表述不正确的是（　）。

A．总分类科目是提供会计要素总括信息的会计科目

B．明细分类科目是提供更详细和更具体的会计信息的会计科目

C．明细科目较多的总账科目，可在总账科目和明细科目之间设立二级科目或多级科目

D．会计科目按所其所反映的经济内容不同分为资产类、负债类、所有者权益类、收入类、费用类和利润类六大类

9．“待处理财产损溢”科目属于（　）。

A．资产类科目　B．负债类科目

C．所有者权益类科目　D．成本类科目

10．资产负债表中所有者权益类科目的排列顺序是（　）。

A．实收资本、盈余公积、资本公积、未分配利润

B．资本公积、实收资本、盈余公积、未分配利润

C．资本公积、实收资本、未分配利润、盈余公积

D．实收资本、资本公积、盈余公积、未分配利润

11．下列各项不属于会计科目设置原则的是（　）。

A．合法性　B．相关性　C．合理性　D．实用性

二、多项选择题

1．账户可以（　）进行分类。

A．根据其核算的经济内容　B．根据提供信息的详细程度及其统驭关系

C．根据会计科目流动性　D．根据生产周期

2．账户通常包括的内容有（　）。

A．账户名称　B．日期　C．凭证字号　D．金额

3．属于负债类会计科目的有（　）。

A．应收账款　B．预收账款

C．预付账款　D．应付账款

4．关于“明细分类科目”的下列说法中正确的有（　）。

A．属于一级科目

B．属于二级科目

C．是对总分类科目的核算内容进行详细分类的科目

D．提供更加详细具体的指标

5．下列关于会计科目设置应遵循的相关性原则的表述中，正确的有（　　）。

A．所设置的会计科目应当为有关各方提供所需要的会计信息服务

B．所设置的会计科目应当满足对外报告与对内管理的要求

C．所设置的会计科目应当符合单位自身特点，满足单位实际需要

D．所设置的会计科目主要是为了提高会计核算所提供的会计信息的相关性

6．根据核算的经济内容，账户分为（　　）。

A．资产类账户　　B．负债类账户

C．共同类账户　　D．所有者权益类账户

三、判断题

1．账户仅反映经济内容是什么，而会计科目不仅反映经济内容是什么，而且系统地反映某项经济内容的增减变动及其余额。（　　）

2．账户的日期依据的是记账凭证中注明的日期。（　　）

3．在会计核算中除了要按照各会计要素的不同特征，还应该根据经营管理的要求进行系统的分类，设置会计科目。（　　）

4．总分类账户和所属明细分类账户核算的内容相同，只是反映内容的详细程度有所不同，两者相互补充、相互制约、相互核对。（　　）

5．总分类科目及其所属的明细科目，反映了经济业务的总括情况以及详细的会计信息。（　　）

6．“财务费用”核算企业产生的利息费用，因此“财务费用”属于负债类科目。（　　）

7．合法性原则是指企业设置的会计科目应该与企业自身的经济业务相关。（　　）

8．会计科目的作用主要是为了开设账户、填凭证；而账户的作用主要是提供某一具体会计对象的会计资料，为编制财务报表所运用。（　　）

9．为了全面、序时、连续、系统地反映和监督会计要素的增减变动，必须设置账户。（　　）

10．总分类科目对明细分类科目起着补充说明和统驭控制的作用。（　　）

第四章　借贷记账法

学习目标

1. 了解会计记账法的种类。
2. 掌握借贷记账法的基本原理。
3. 掌握借贷记账法的账户结构、记账规则。
4. 熟练运用借贷记账法对经济业务进行记录并进行正确性查验，及试算平衡的编制与运用。

知识框架

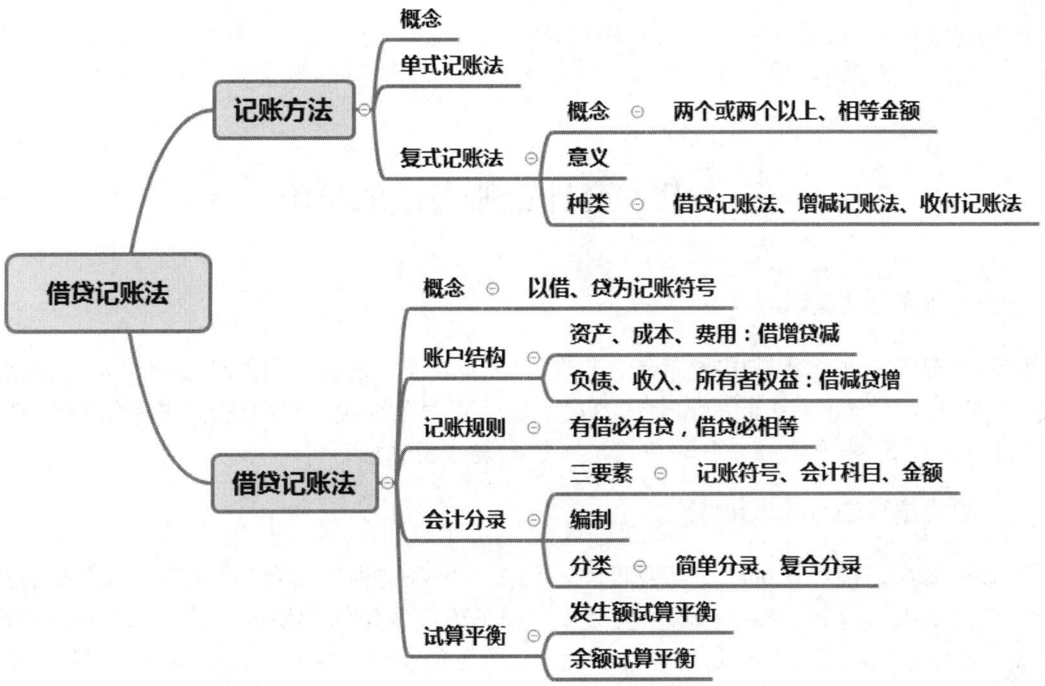

导入案例

案例：小甄从某财经大学会计系毕业刚刚被聘任为华钢股份的会计员。今天是他来公司上班的第一天。会计科里那些同事们忙得不可开交，一问才知道，大家正在忙于月末结账。“我能做些什么？”会计科长看他那急于投入工作的表情，也想检验一下他的工作能力，就问：“试算平衡表的编制方法在学校学过了吧？”“学过。”小甄很自然地回答。“那好吧，趁大家忙别的时候，你先编一下我们公司这个月的试算平衡表。”科长帮他找到了本公司所有的总账账簿，让他在早已为他准备的办公桌开始了工作。不到一个小时，一张“总分类账户发生额及余额试算平衡表”就完整地编制出来了。看到表格上那相互平衡的三组数字，小甄激动的心情很难予以言表。兴冲冲地向科长交了差。

“呀，昨天车间领材料的单据还没记到账上去呢，这也是这个月的业务啊！”会计员李媚说到。还没等小甄缓过神来，会计员小张手里又拿着一些会计凭证凑了过来，对科长说，“这笔账我核对过了，应当记入‘原材料’和‘生产成本’的是10 000元，而不是9 000元。已经入账的那部分数字还得改一下。”

“试算平衡表不是已经平衡了吗？怎么还有错账呢？”小甄不解地问。

科长看他满脸疑惑的神情，就耐心地开导说：“试算平衡表也不是万能的，像在账户中把有些业务漏记了，借贷金额记账方向彼此颠倒了，还有记账方向正确但记错了账户，这些都不会影响试算表的平衡。像小张刚才发现的把两个账户的金额同时记多了或记少了，也不会影响试算表的平衡。”

小甄边听边点头，心里想：“这些内容好像老师在上‘会计学’课的时候也讲过，以后在实践中还得好好琢磨呀。”经过一番调整，一张真实反映本月账务的试算平衡表就在小甄的手里诞生了。

案例思考： 1. 试算平衡是用来干什么的？

2. 为什么说试算平衡表不是万能的？案例中哪些业务不能利用试算平衡表检查出来？

第一节 会计记账方法的种类

一、记账方法的概念

所谓的记账方法，就是根据一定的原理、记账符号，采用一定的计量单位，利用文字和数字，将经济业务发生所引起的各会计要素的增减变动在有关账户中进行记录的方法。在会计的发展过程中，记账方法可以分为单式记账法和复式记账法。

二、单式记账法的概念和特点

单式记账法是指对发生的交易或事项，只在一个账户进行记录的记账方法。单式记账法重点考虑的是库存现金、银行存款以及债权、债务方面发生的交易或事项，是一种比较简单、不完整、不科学的记账方法。随着经济的发展，它不能全面、完整、系统地反映交易或事项的来龙去脉，也不便于检查、核对账户记录的正确性。

卢卡·帕乔利简介

著作简介

三、复式记账法的概念、意义及种类

复试记账法弥补了单式记账法的缺陷。在西方，复试记账法的形成历经几百年。15世纪，复试记账法在威尼斯一带已相当流行。1494年，意大利传教士、数学家卢卡·帕乔利在其撰写的《算术、几何、比及比例概要》一书中，全面系统地介绍了威尼斯的复式记账法，从理论上给予必要的阐述。此后，随着国际贸易的发展，复式记账法从欧洲逐步传向美洲、亚洲等地。现在，复式记账法已被广泛使用。

（一）复试记账法的概念

复式记账法是以资产与权益平衡关系作为记账基础，对于每一笔经济业务，都要以相等的金额在两个或两个以上相互联系的账户中进行登记，系统地反映资金运动变化过程和结果的一种记账方法。

（二）复式记账法的意义

会计之所以能从一种简单的记录计算方法发展成为一门科学，复式记账法的产生起到了奠基的作用。复式记账法对于完整、系统、正确地反映企业、单位的资金运动，建立严密的核算体系，具有重要意义。

（1）复式记账法能够反映经济业务的来龙去脉。企业、单位通过相关会计要素的增减变化来显示资金运动的全过程。复式记账法可以通过对有关会计要素增减变化的记录，将每一项单独的经济业务与整个经济活动联系起来；同时，复式记账可以使每个账户以不同的形式连接起来，从而形成一个严密的账户体系。这样，账户中所反映的会计要素的增减变化，就可以完整地反映出经济活动的来龙去脉，为经济管理提供系统的信息。

（2）复式记账法对于防止和检查会计数据的错漏也有重要意义。由于复式记账法要求以相等的金额在两个或两个以上相互联系的账户中进行双重记录，这就使账户之间在数字上产生了一种相互监督、相互核对、相互平衡的关系。因此，利用复式记账法所产生的这种对应关系，在记账时可以防止不少数字上的错漏，使错漏易于发现。复式记账法下，账户形成了一个完整的体系，并利用各账户发生额及余额之间相互联系、相互制约的关系进行试算平衡，检查账户记录是否正确，从而保证账户记录无误。

（3）此外，复式记账法对现代会计核算方法的发展也起到了催化作用。例如，复式记账要求以相等的金额进行双重记录，金额相等的这一要求，必然要求被记录的对象具有相同的质，不同的质的记录对象在数量上是无法对比的，更谈不上相等，因此会计核算和监督的对象必然要统一为价值形式，并以货币作为计量单位。这样，复式记账法也就起到了统一计量单位的催化作用。

（三）复式记账法的种类

复式记账法主要包括借贷记账法、增减记账法和收付记账法三种，他们在不同的历史时期曾发挥过作用，目前后两种复试记账法在我国已经取消。我国《企业会计准则——基本准则》明确规定，企业应当采用借贷记账法记账。我国的行政事业单位和非营利组织也采用借贷记账法记账。下面重点介绍借贷记账法。

第二节　借贷记账法

一、借贷记账法的概念

借贷记账法是历史上最早的复式记账法，也是目前世界各国所通用的一种记账法。起源于13～14世纪的意大利，最早是为了适应银行借贷资本记账的需要而产生的，对借进的款项，记在贷主名下，表示自身的债务增加，对于贷出的款项，记在借主名下，表示自身债券的增加。这样，“借”“贷”两字分别表示债权（即应收款）、债务（即应付款）的变化。随着资本主义的发展，经济活动的内容日益复杂，记录的经济业务也不再局限于货币资金的借贷业务，逐渐扩展到财产物资、经营成果的增减变动。借贷记账法也随之扩展到企业生产经营的各个方面，并成为一种国际通用的商业语言。借贷记账法是以“资产=负债+所有者权益”这一会计基本等式作为记账原理，以“借”“贷”为记账符号，反映会计主体资产、负债及所有者权益增减变化的一种复式记账方法。

二、借贷记账法的记账符号

借贷记账法用“借”和“贷”作为记账符号。对账户来说，它们是账户的两个部分，分别作为账户的左方和右方，左方为借方，右方为贷方，至于“借”表示增加还是“贷”表示增加，则取决于账户的性质及结构。

在借贷记账法中，当借和贷转化为记账符号后，就失去了原来的字面含义，成为纯粹的记账符号。单纯就符号来说，可以用任何两个字或符号来代替借和贷，其作用不受影响。

借贷记账法中的借和贷与具体的账户相结合，可以表示不同的意义：

第一：代表账户中两个固定的部位。一切账户均需设两个部位以记录数量上的增减变化，其中，左方一律称为借方，右方一律称为贷方。

第二：与不同类型的账户相结合，分别表示增加或减少。借和贷本身不等于增或减，只有当期与具体类型的账户相结合后，才可以表示增加或减少。例如，对资产账户来说，借方表示增加，贷方表示减少；对于负债账户而言，正好相反，贷方表示增加，借方表示减少。

第三：表示余额的方向，通常，资产、负债和所有者权益类账户期末都会有余额。其中，资产类账户的正常余额在借方，负债和所有者权益类正常余额在贷方。

三、借贷记账法下的账户结构

借贷记账法下账户基本结构

在借贷记账法下，账户分为左右两方，左方称为借方，右方称为贷方。分别用借、贷两个记账符号来表示各会计要素的增加和减少。

（一）资产类账户结构

对于资产类账户，借方登记资产增加数，贷方登记资产减少数。在一个会计期间内，借方记录的合计数称为借方发生额，贷方记录的合计数称为贷方发生额，在每一会计期间的期末将借贷方发生额相比较，其差额加期初余额称为期末余额，资产类账户的余额一般在借方，其余额计算公式为：

期末借方余额=期初借方余额+本期借方发生额（增加额）–本期贷方发生额（减少额）

（二）负债类及所有者权益类账户结构

由会计恒等式“资产=负债+所有者权益”所决定，负债和所有者权益账户的结构与资产类账户的结构正好相反，其贷方记录负债及所有者权益的增加额；借方记录负债及所有者权益的减少额，期末余额一般出现在贷方，其余额计算公式为：

期末贷方余额=期初贷方余额+本期贷方发生额（增加额）–本期借方发生额（减少额）

（三）成本类账户结构

企业在生产经营中要有各种耗费，是企业的转化形式，因此，成本类会计科目的结构相同，即其借方登记成本费用增加（发生），贷方登记成本费用的减少（结转、转销）。如果该类科目期末有余额，表示尚未完工的产品（在产品）应负担的成本，即期末在产品成本。在产品属于企业资产。

（四）损益类账户结构

损益类会计科目包括相关期间收入科目和应从收入中抵减以确定损益的期间费用（成本、支出、税金）等科目。

（1）收入类会计科目的结构。收入的增加可以增加利润，而未分配利润属于所有者权益，因此，反映企业收入的会计科目就与所有者权益类会计科目的结构相同。即收入类会计科目的贷方登记收入的增加，借方登记收入的减少（结转）；期末收入结转后，该类科目没有余额。

（2）费用类会计科目的结构。反映期间费用（成本、支出、税金）的会计科目与成本类会计科目相同。即费用（成本、支出、税金）类会计科目的借方登记费用（成本、支出、税金）的增加等于贷方登记费用（成本、支出、税金）的减少（结转、转销）；期末结转期间费用（成本、支出、税金）以后，该类科目没有余额。

四、借贷记账法的记账规则

借贷记账法的记账规则为：有借必有贷，借贷必相等。即对于每一笔经济业务都要在两个或两个以上相互联系的账户中以借方和贷方相等的金额进行登记。具体说，对发生的每一笔经济业务，都必须记入一个账户的借方，同时记入另一个或几个账户的贷方；或者记入一个账户的贷方，同时记入另一个或几个账户的借方；或者记入几个账户的借方，同时记入另几项账户的贷方，并且记入借方和贷方的金额必须相等。

五、会计分录

（一）会计科目的对应关系

根据借贷记账法“有借必有贷，借贷必相等”的记账规则登记每一项经济业务时，在有关会计科目之间就形成了应借、应贷的关系。会计科目中这种应借、应贷的关系，称为会计科目的对应关系，存在对应关系的会计科目，称为对应会计科目。通过会计科目的对应关系，可以了解经济业务的具体内容，知晓资金运动的来龙去脉；同时，还可以发现经济业务的处理是否合理合法，科目使用是否正确。

（二）会计分录的概念

会计分录是对会计主体发生的经济业务进行“交易事项分析”之后得到的结果。在企业发生经济业务之后，首先要按照一定的规则将发生的经济业务“翻译”为会计分录。通常会计分录是做在记账凭证或日记账上的。会计分录是指对某项经济业务事项标明其应借、应贷的账户及其金额的记录，会计分录简称分录。会计分录是由记账符号、会计科目、金额三要素构成的。

根据每项经济业务所涉及的会计账户的多少，可以把会计分录分为简单会计分录和复合会计分录。简单会计分录指的是一项经济业务仅涉及一个账户借方和另一个账户贷方的会计分录，即“一借一贷”的分录。复合会计分录指由两个以上（不含两个）对应账户所组成的会计分录，即一借多贷、一贷多借或多借多贷的会计分录。

注意：在实际工作中，如果一项经济业务涉及多借多贷的账户，为全面反映此项经济业务可以编制多借多贷的复合分录，但不允许将不同的经济业务合并编制复合分录。

（三）会计分录的编制步骤

（1）分析经济业务事项所涉及的账户。

（2）确定涉及账户发生的变化，是增加还是减少。

（3）判断记入账户方向，即借方和贷方。

（4）检查会计分录是否符合记账规则，三要素是否齐全。

（四）会计分录书写的格式要求

（1）按照国际惯例，每一个会计分录都是借方在上，贷方在下。

（2）为了便于识别，每一个会计分录都是借方在左，贷方在右。或者说，贷方记账符号、账户、金额都要比借方退后一格，借贷错开，金额前不必写出货币符号。

例如：借：账户名称×××（金额）

　　　　　贷：账户名称×××（金额）

（五）核算举例

华钢股份 20×6 年 12 月初各总分类账户余额如表 4-1 所示。

表 4-1　华钢股份 20×6 年 12 月初各总分类账户余额表

20×6 年 11 月 30 日　　　　单位：元

资产类账户		负债及所有者权益类账户	
库存现金	5 000	短期借款	450 000
银行存款	45 000	应付账款	650 000
应收账款	560 000	应交税费	20 000
原材料	810 000	实收资本	9 900 000
固定资产	9 600 000		
合计	11 020 000	合计	11 020 000

华钢股份 12 月发生以下经济业务：

【例 4-1】收到光大银行投入的货币资金 5 000 000 元存入银行。

借：银行存款　5 000 000

　　贷：实收资本　5 000 000

【例 4-2】用银行存款购入一台不需安装的机器设备 200 000 元。

借：固定资产　200 000

　　贷：银行存款　200 000

【例 4-3】向银行申请六个月期的借款 300 000 元，偿还前欠某红星闪闪公司的材料款。

借：应付账款　300 000

　　贷：短期借款　300 000

【例 4-4】企业用银行存款向国家上缴税金 20 000 元。

借：应交税费　20 000

　　贷：银行存款　20 000

【例 4-5】企业从红星闪闪购入铁矿石 56 000 元（假设不考虑增值税），已经验收入库，货款已用银行存款支付 50 000 元，尚欠 6 000 元。

借：原材料－铁矿石　　56 000
　　贷：银行存款　50 000
　　　　应付账款　　6 000

六、借贷记账法的试算平衡

（一）试算平衡的含义

所谓试算平衡，是指根据资产与权益的恒等关系以及借贷记账法的记账规则，检查所有账户记录是否正确的过程，包括发生额试算平衡法和余额试算平衡法两种方法。

（二）试算平衡的分类

1. 发生额试算平衡法

借贷记账法是建立在“资产=负债+所有者权益”这一恒等式的平衡原理基础上，并采用“有借必有贷、借贷必相等”的记账规则，在有关账户中作双重记录，这就确定了每一项经济业务所编制的会计分录借方与贷方的发生额必然相等的关系。由此，在一定时期内根据会计分录登记有关账户之后，则所有登记账户的借方本期发生额合计和所有登记账户的贷方发生额合计必然相等，因此，就有了发生额试算平衡法。它是根据本期所有账户借方发生额合计与贷方发生额合计的恒等关系，检验本期发生额记录是否正确的方法。其公式为：

全部账户本期借方发生额合计=全部账户本期贷方发生额合计

2. 余额试算平衡法

余额试算平衡法是运用会计等式，根据本期所有账户借方余额合计等于所有账户贷方余额合计的恒等关系，检验本期账户记录是否正确的方法。

由于所有账户的期末余额又是根据一定时期的本期借、贷方发生额计算的结果，所以，所有账户的借方期末余额合计也必然和所有账户的贷方期末余额合计相等，因此就有了余额试算平衡法。根据余额时间不同又分为期初余额平衡与期末余额平衡两类。其公式为：

全部账户的借方期初余额合计=全部账户的贷方期初余额合计

全部账户的借方期末余额合计=全部账户的贷方期末余额合计

（三）试算平衡表

在实际会计核算中，是通过编制“试算平衡表”的方法来完成的，编制试算平衡表时需要注意以下几个问题：

（1）必须保证所有账户的余额均已计入试算平衡表，否则可能会导致余额平衡的等式不成立。

（2）试算不平衡，表明账户记录肯定有错误，应认真查找，直到平衡为止。

（3）试算平衡了，不一定说明账户记录绝对正确，因为有些错误不会影响借贷双方的平衡关系。如：漏记某项经济业务；重记某项经济业务；某项经济业务记错有关账户，借贷仍然平衡；某项经济业务在账户记录中，颠倒了记账方向，借贷仍然平衡；借方或贷方发生额中，偶然发生多记或少记并且相互抵消，借贷仍然平衡等等。

例如，根据本章核算举例表 4-1 反映的华钢股份 20×6 年 12 月初各总账余额以及【例 4-1】到【例 4-5】所列举的 5 笔经济业务编制的会计分录，可以编制总分类账户发生额及余额试算平衡表，如表 4-2 所示。

表 4-2 总分类账户发生额及余额试算平衡表

20×6 年 12 月 31 日　　单位：元

会计科目	期初余额		本期发生额		期末余额	
	借方	贷方	借方	贷方	借方	贷方
库存现金	5 000				5 000	
银行存款	45 000		5 000 000	270 000	4 775 000	
应收账款	560 000				560 000	
原材料	810 000		56 000		866 000	
固定资产	9 600 000		200 000		9 800 000	
短期借款		450 000		300 000		750 000
应付账款		650 000	300 000	6 000		356 000
应交税费		20 000	20 000			
实收资本		9 900 000		5 000 000		14 900 000
合计	11 020 000	11 020 000	5 576 000	5 576 000	16 006 000	16 006 000

从表 4-2 可以看到，该会计主体全部账户期初（即上期期末）借方余额之和等于全部账户期初贷方余额之和；全部账户本期借方发生额之和等于全部账户本期贷方发生额之和；全部账户期末借方余额之和等于全部账户期末贷方余额之和。这说明账户记录基本正确。

总之，借贷记账法具有记账规则、试算方法简便，账户对应关系清楚，账户设置灵活等特点，是一种比较完善、比较科学的记账方法。

名词互译

Double-entry Accounting 复式记账法　　Debit-credit Accounting 借贷记账法
Debit 借方　　Credit 贷方
Journal Entry 会计分录　　Trial Balance 试算平衡

本章小结

借贷记账法是以“资产=负债+所有者权益”这一会计基本等式作为记账原理，以“借”“贷”为记账符号，反映会计主体资产、负债及所有者权益增减变化的一种复式记账方法。借贷记账法下，对某经济业务事项标明其应借、应贷的会计科目及其金额的记录叫会计分录。企业通过编制会计分录来反映、核算企业每一项具体的经济业务。为了检验所有账户记录是否正确，可以根据资产与权益的恒等关系及借贷记账法的记账原则，进行发生额和余额的试算平衡，若不平衡，需找出差错所在，若平衡，表明账户记录基本正确。

导入案例分析

1．试算平衡是用来检查所有账户记录是否正确的过程。

2．利用试算平衡表有些漏记、重记的业务是检查不出来的，所以试算平衡表不是万能的。

例如漏记某项经济业务；重记某项经济业务；某项经济业务记错有关账户，借贷仍然平衡；某项经济业务在账户记录中，颠倒了记账方向，借贷仍然平衡；借方或贷方发生额中，偶然发生多记或少记并且相互抵消，借贷仍然平衡。

知识测试与能力训练

一、单项选择题

1．简单会计分录是指（　　）的会计分录。
A．一借多贷　　B．一贷多借　　C．一借一贷　　D．多借多贷

2．企业最基本的会计等式是（　　）。
A．资产=负债+所有者权益
B．收入–费用=利润
C．资产=负债+(所有者权益+利润)
D．资产=负债+所有者权益+(收入–费用)

3．在借贷记账法下，期末没有余额的账户类别是（　　）账户。
A．资产类　　B．损益类
C．负债类和所有者权益类　　D．成本类

4．下列关于借贷记账法的说法中，错误的是（　　）。
A．以“借”和“贷”为记账符号
B．以“资产=负债+所有者权益”为记账原理
C．以“有借必有贷、借贷必相等”为记账规则
D．无论哪种账户，借方表示增加，贷方表示减少

5．在借贷记账法中，“借”字表示（　　）。
A．收入的增加　　B．费用的增加
C．所有者权益的增加　　D．负债的减少

6．借贷记账法是以“借”“贷”作为（　　）的一种复试记账法。
A．记账规则　　B．账户结构
C．账户对应关系　　D．记账符号

7．下列各项中，不属于借贷记账法基本内容的是（　　）。
A．会计科目　　B．记账符号　　C．试算平衡　　D．会计账簿

8．全部账户借方期初余额合计应等于（　　）。
A．全部账户本期借方发生额合计　　B．全部账户本期贷方发生额合计
C．全部账户贷方期初余额合计　　D．全部账户贷方期末余额合计

9．在实际工作中，余额试算平衡采用的方式是编制（　　）。
A．余额表　　B．资产负债表
C．发生额平衡表　　D．试算平衡表

10．应在账户借方核算的是（　　）。
A．负债类账户的增加额　　B．成本类账户的增加额

C．收入类账户的增加额　　D．所有者权益类账户的增加额

二、多项选择题

1．以下符合借贷记账法规则的包括（　　）。

A．资产与权益同时减少，总额减少　B．资产与负债一增一减，总额增加

C．资产与权益同时增加，总额增加　D．权益内部一增一减，总额不变

2．复式记账的基本内容包括（　　）。

A．会计科目　B．记账符号　C．记账规则　D．试算平衡

3．“借”“贷”二字作为借贷记账法的记账符号，其正确的含义有（　　）。

A．“借”表示增加，“贷”表示减少

B．“贷”表示增加，“借”表示减少

C．“借”“贷”二字只是一个符号，既不能代表增加，也不能代表减少

D．“借”“贷”二字依据账户不同，有时代表增加，有时代表减少

4．复式记账法包括（　　）。

A．借贷记账法　B．增减记账法　C．单式记账法　D．收付记账法

5．关于损益类账户的表述中，正确的有（　　）。

A．损益类账户反映企业发生的收入和成本

B．损益收入类账户结构类似所有者权益类账户

C．损益支出类账户借方登记费用的减少数

D．无论损益收入类账户，还是损益支出类账户，期末结转后，账户一般无余额

6．在借贷记账法中，“借”字表示（　　）。

A．收入的增加　B．费用的增加

C．所有者权益的增加　D．负债的减少

7．在借贷记账法下，下列不属于“借”表示事项的包括（　　）。

A．资产的减少或权益的增加　B．资产的增加或权益的增加

C．资产的减少或权益的减少　D．资产的增加或权益的减少

8．下列关于借贷记账法试算平衡的说法中，正确的有（　　）。

A．在一定时期内，全部账户本期借方发生额之和应等于全部账户本期贷方发生额之和

B．在某一特定时日，全部账户期末借方余额之和应等于全部账户期末贷方余额之和

C．在某一特定时日，全部账户期初借方余额之和应等于全部账户期初贷方余额之和

D．若本期全部账户期末借方余额之和等于全部账户期末贷方余额之和，则说明记账工作无差错

9．下列账户中，期末有贷方余额的有（　　）。

A．短期借款　B．实收资本　C．应付账款　D．应收账款

10．下列关于借贷记账法的说法中，正确的有（　　）。

A．有借必有贷　B．借贷必相等

C．可一借多贷　D．只可一借一贷

11．下列关于复试记账法的说法中，正确的有（　　）。

A．以会计等式作为记账基础

B．对每项经济业务，必须在两个或两个以上相互联系的账户中进行等额记录

C．必须按经济业务对会计等式的影响类型进行记录

D．定期汇总的全部账户记录必须平衡

三、判断题

1．一借多贷或一贷多借的会计分录不能反映会计科目的对应关系。（　）

2．无论发生什么经济业务，都不会破坏等式的平衡关系。（　）

3．在实际工作中发生账户借贷方向颠倒的记账错误，不能通过试算平衡的方法来发现。（　）

4．损益类账户的期末余额=期初余额+本期贷方发生额–本期借方发生额。（　）

5．在借贷记账法下，成本类账户的借方登记增加数，贷方登记减少数，期末无余额。（　）

6．编制试算平衡表时，也应该包括只有期初余额而没有本期发生额的账户。（　）

7．借贷记账法的记账规则是“有借必有贷，借贷必相等”。（　）

8．收入类账户的贷方登记收入的增加，借方登记收入的减少，期末余额一般在贷方。（　）

9．如果借贷金额相等，可以肯定记账工作毫无错误。（　）

10．依据会计恒等式原理，检查各账户记录是否正确的行为叫试算平衡。（　）

四、简答题

1．什么是复式记账法？复式记账法有哪些特点？

2．借贷记账法的记账规则是什么？试举例说明。

3．什么是会计分录？有哪两种类型的会计分录？会计分录的格式要求是什么？

4．为什么要进行试算平衡？试算平衡的原理、作用和局限是什么？

五、综合题

华钢股份 20×6 年 12 月初各总分类账户余额如表 4-3 所示。

表 4-3　华钢股份 20×6 年 12 月初各总分类账户余额表

20×6 年 11 月 30 日　　单位：元

资产类账户		负债及所有者权益类账户	
库存现金	10 000	短期借款	300 000
银行存款	100 000	应付账款	200 000
应收账款	960 000	应交税费	40 000
无形资产	800 000	长期借款	330 000
原材料	800 000	实收资本	2 200 000
固定资产	380 000	资本公积	180 000
长期股权投资	200 000		

12 月份该公司发生下列业务：

（1）从银行取得期限为 8 个月的贷款 2 000 000 元，存入银行。

（2）以银行存款偿还前红星闪闪有限公司货款 40 000 元。

（3）从洞口矿业有限公司购入 A01 材料 2 000 吨，每吨 250 元，增值税进项税额 85 000 元，运杂费 1 200 元。货款暂欠，材料验收入库。假设不考虑相关税费。

（4）销售部经理王磊到北京出差，预借差旅费 5 000 元，以现金支票支付。

（5）销售一批产品给泰瑞科技有限公司，售价 200 000 元，货款已收存银行。假设不考虑相关税费。

（6）以银行存款支付广告费用 5 000 元。

（7)收到长安公司捐赠生产用机器设备一台，确认价值为 8 000 000 元和货币资金 500 000 元，设备投入使用，款项存入银行。

（8）用银行存款上缴国家税金 40 000 元。

（9）收到向鑫锐冶金有限公司还来的货款 500 000 存入银行。

（10）销售部经理王磊从北京出差回来，经批准报销差旅费 2 670 元，余款退回公司。

要求：1．编制上述业务的会计分录。

2．检查自己的账务处理是否正确，并编制试算平衡表。

第五章　借贷记账法的应用

学习目标

1. 了解工业制造企业主要经济业务流程。
2. 掌握筹资业务、采购业务、生产业务、销售业务、利润形成与分配等业务的核算。
3. 理解并掌握复式记账原理在主要经济业务核算中的运用。
4. 熟悉主要经济业务事项过程中会计分录的编制。
5. 通过本章学习能够将借贷记账法运用于材料采购、生产领料、销售商品、利润形成及分配的业务核算工作中，提高学生知识运用能力。

知识框架

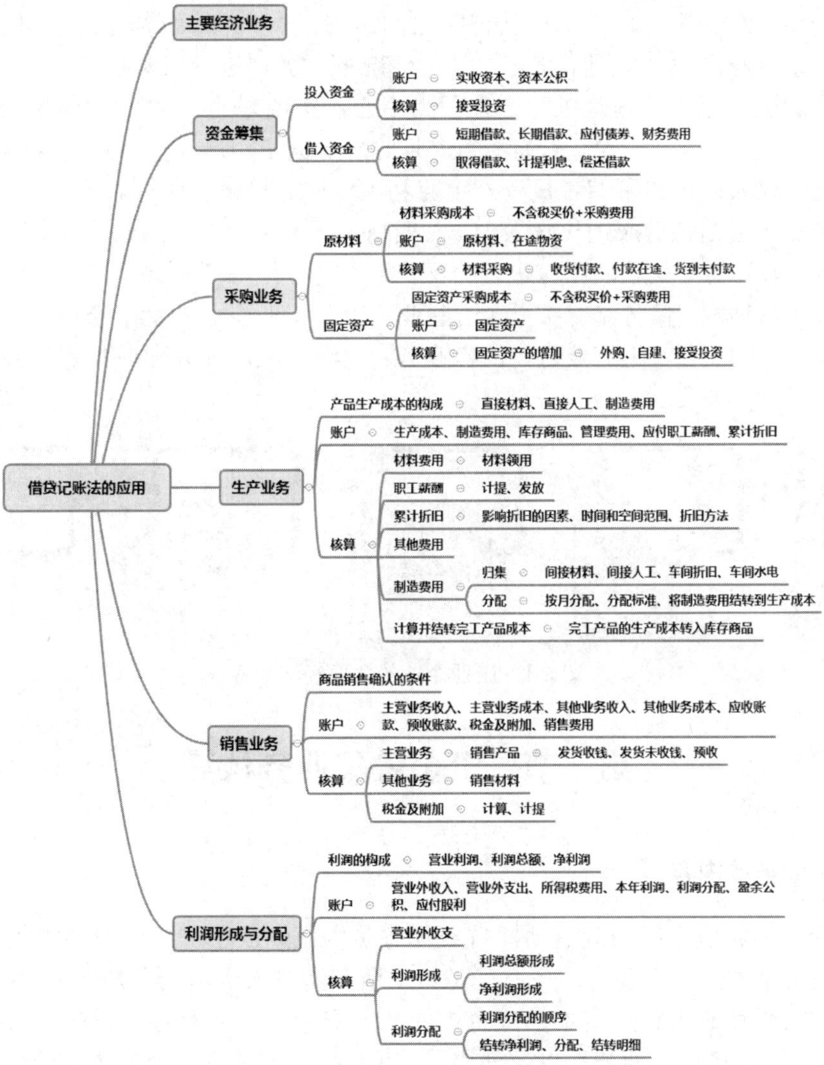

导入案例

案例：20×7 年 4 月，老师组织同学们参观了华钢股份，同学们来到该企业的财务部，财务部部长带领大家参观了公司财务部门，在参观过程中详细介绍了企业从材料供应、生产加工到销售各环节的业务核算。最后大家坐电瓶观光车穿梭于该厂的各生产车间，了解不同生产流水线的生产情况，观看了不同产品生产过程中经历的一系列流程。请谈一下你所了解的企业的生产经营过程。

案例思考：1. 企业经营过程中资金从哪里来？

2. 工业企业的生产经营过程由采购过程、生产过程、销售过程三个环节组成。每个过程涉及到的财务核算业务分别有哪些？

第一节 工业企业的主要经济业务

为了进一步熟练地掌握账户和借贷记账法的运用，本章将以工业企业日常发生的主要经济业务为例，系统地说明在采用借贷记账法的情况下，如何进行日常账务处理。

工业企业的生产经营过程是以生产过程为中心，实现采购、生产和销售的统一。企业生产业务的正常开展，需要有现金、银行存款、原材料、固定资产等资产作为保障，而这些资产的来源主要是债权人提供和所有者投资。企业利用债权人提供和所有者投资的资产开展生产，生产出来的产品通过销售形成销售收入，收入抵减各项费用后形成经营成果。经营成果可以表现为利润或者亏损，如果是利润则应进行分配，如果是亏损则应进行弥补。同时在采购和销售过程中会形成各种债权、债务结算关系，这些业务也是工业企业的主要经济业务。按各类业务的特点，可分为采购业务、生产业务、销售业务、利润形成及其分配业务等。工业企业的主要经济业务可通过图 5-1 表示。

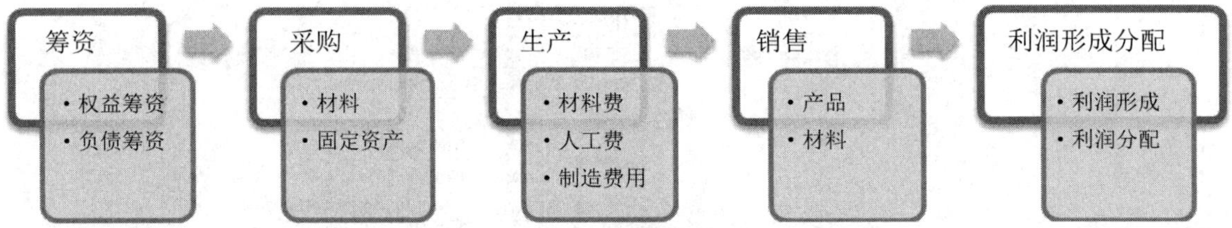

图 5-1 工业企业的主要经济业务

第二节 资金筹集业务核算

一、筹资业务的内容

企业要组织和完成生产经营活动，首要任务是为正常的生产经营活动筹集一定数量的资金。企业筹集资金的渠道主要有两条：一是接受所有者投入资本；二是向债权人借款。

企业通过接受所有者投入资本形成企业的法定资本金。所有者向企业投入的资本，在一般情况下无需偿还，可供企业长期周转使用。所有者投入的资本是企业重要的长期资金来源之一，其变化会引起企业所有者权益的增减变动。投资者可以货币形式投资，也可以用实物、知识产权、土地使用权等可以用货币估价并可以依法转让的非货币财产作为投资。所有者投入的资本按照投资主体的不同可分为国家投入资本、法人投入资本、个人投入资本和外商投入资本等。所有者投资应按实际投资额入账。

企业也可以向金融机构等债权人借款筹集资金，以弥补自有资金的不足。借入的资金必须按预定的借款用途使用、定期支付利息并到期归还本金。借入的资金按归还期限长短可以分为短期借款和长期借款。短期借款是指企业为了满足其生产经营对资金的临时性需要而向银行或其他金融机构等借入的偿还期限在一年以内（含一年）的各种借款。长期借款是指企业向银行或其他金融机构等借入的偿还期限在一年以上（不含一年）的各种借款。

二、筹资业务核算应设置的账户

根据筹资业务的内容，为了反映投资者投入企业的资本金，以及债务的借入及偿还情况，企业一般需要设置"实收资本""资本公积""短期借款""长期借款""应付债券""财务费用"等账户进行核算。

（一）投入资金的账户设置

1. "实收资本"账户

实收资本是指投资者投入资本形成法定资本的价值。我国目前实行的是注册资本制度，要求企业的实收资本与其注册资本相一致。根据相关规定，投资者可以货币资金、实物资产和无形资产等形式进行投资。

为了核算企业接受投资者投入资本情况，需要设置"实收资本"账户（股份有限公司一般设置"股本"账户）。"实收资本"账户属于所有者权益类账户，一般按投资者设置明细账。"实收资本"账户贷方登记企业接受投资者投入的注册资本或股本，以及以资本公积或盈余公积转增资本的金额；借方登记按法定程序报经批准减少的注册资本的金额；期末余额在贷方，反映企业实收资本或股本总额。"实收资本"账户的结构和内容如图5-2所示。

实收资本

借方	贷方
按法定程序报经批准减少的注册资本（股本）金额	投资者投入的注册资本（股本）增加额 以资本公积或盈余公积转增资本的金额
	期末企业实收资本或股本总额

图5-2 "实收资本"账户的结构和内容

2. "资本公积"账户

对于新成立的企业，投资者的出资额一般全部作为实收资本入账，投资者按出资比例享有权利并承担义务。但在企业重组并有新的投资者加入时，为了维护原有投资者的权益，新加入的投资者的出资额通常要大于其在注册资本中所占份额，这部分多出的数额称为资本溢价。同样，股份有限公司在采用溢价发行股票（即股票发行价格大于股票面值）的情况下，股东所缴股款超过所购股票面值总额以上的那部分数额称为股本溢价。

为了反映和监督企业收到投资者出资额超出其在注册资本或股本中所占份额的部分，需要设置“资本公积”账户。该账户属于所有者权益账户，一般按“资本溢价（股本溢价）”、“其他资本公积”设置明细账。“资本公积”账户贷方登记企业收到投资者出资额超出其在注册资本或股本中所占份额的部分；借方登记经股东大会或类似机构决议用资本公积转增资本的金额；期末余额在贷方，反映企业实有的资本公积。“资本公积”账户的结构和内容如图 5-3 所示。

资本公积

借方	贷方
以资本公积转增资本的金额	出资额中资本溢价或股本溢价金额 增加的其他资本公积
	期末企业的资本公积

图 5-3 “资本公积”账户的结构和内容

（二）借入资金的账户设置

1. “短期借款”账户

为了反映和监督企业向银行或其他金融机构等借入的期限在 1 年以内（含 1 年）的各种借款，需要设置“短期借款”账户。该账户属于负债类账户，一般按借款种类、贷款人和币种设置明细账。“短期借款”账户贷方登记企业借入的各种短期借款；借方登记企业归还短期借款的本金额；期末余额在贷方，反映企业尚未偿还的短期借款。“短期借款”账户的结构和内容如图 5-4 所示。

短期借款

借方	贷方
企业归还的短期借款的本金额	企业借入的各种短期借款
	期末企业尚未偿还的短期借款

图 5-4 “短期借款”账户的结构和内容

2. “长期借款”账户

为了反映和监督企业向银行或其他金融机构借入的期限在 1 年以上（不含 1 年）的各项借款，需要设置“长期借款”账户。该账户属于负债类账户，一般按贷款单位和贷款种类设置明细账。“长期借款”账户贷方登记企业借入的长期借款本金额；借方登记企业归还的长期借款的本金额；期末余额在贷方，反映企业尚未偿还的长期借款。“长期借款”账户的结构和内容如图 5-5 所示。

长期借款

借方	贷方
企业归还的长期借款的本金额	企业借入的长期借款的本金额 应付而未付的利息
	期末企业尚未偿还的长期借款

图 5-5 “长期借款”账户的结构和内容

3. “应付债券”账户

发行债券筹集资金属于企业举债筹资的又一种形式，它是现代企业筹集资金的一种重要方式，一般属于筹集长期资金。企业发行债券，一般是通过银行、投资公司或其他金融机构办理，由它们包销或者代销全部债券，企业要根据市场供求关系等综合因素确定债券发行价格。以低于债券票面价值出售，为债券的折价发行；以高于债券票面价值的价格出售，为债券的溢价发行；以债券票面价值出售，为债券的平价发行。

为了反映和监督债券的发行、结息、溢价或折价的摊销以及债券的还本付息情况，企业应设置“应付债券”账户。该账户属于负债类账户，贷方登记发行债券实际收到的款项及按期计提的债券利息；借方登记债券到期企业支付的本息；期末余额在贷方，表示企业尚未偿还的债券本息额。“应付债券”账户应设置“面值”“利息调整”“应计利息”等明细分类账户进行核算。“应付债券”账户的结构和内容如图 5-6 所示。

应付债券

借方	贷方
债券到期企业支付的本息	发行债券实际收到的款项 按期计提的债券利息
	企业尚未偿还的债券本息额

图 5-6　“应付债券”账户的结构和内容

4. “财务费用”账户

财务费用是指企业为筹集生产经营所需资金等而发生的筹资费用，包括利息支出（减利息收入）、汇兑损益以及相关的手续费等。为了反映和监督企业为筹集生产经营所需资金等而发生的筹资费用，需要设置“财务费用”账户。该账户属于损益类账户，一般按照费用项目设置明细账。“财务费用”账户中借方登记企业发生的各种筹资费用；贷方登记应冲减财务费用的利息收入，以及期末结转到“本年利润”账户的余额。该账户期末结转后应无余额。“财务费用”账户的结构和内容如图 5-7 所示。

财务费用

借方	贷方
企业发生的各种筹资费用	发生的应冲减财务费用的利息收入 期末结转到“本年利润”账户的余额

图 5-7　“财务费用”账户的结构和内容

三、筹资业务的核算

筹资业务核算小结

（一）投入资金的核算

【例 5-1】20×7 年 12 月 1 日，华钢股份接受长安钢铁制造有限公司投入的资本金 500 000 元，存入银行。

此项经济业务一方面使企业银行存款增加，应借记“银行存款”科目；另一方面，收到了长江电信投入的货币资金，投资者投入的实收资本增加，应贷记“实收资本”科目。因此，编制会计分录如下：

借：银行存款　　　　　　　　500 000

　　贷：实收资本—长江电信　　　　500 000

【例 5-2】20×7 年 12 月 5 日，华钢股份收到长安钢铁制造有限公司投入机器设备一台，原值 400 000 元，已提折旧 100 000 元，投资协议作价 250 000 元，增值税进项税额为 42 500 元。

此项经济业务一方面使得企业固定资产增加，应按固定资产的成本借记“固定资产”科目；另一方面，收到了力丰控股公司投入的实物资产，投资者投入的实收资本增加，应贷记“实收资本”科目。而投资者投入的固定资产的成本，应当按照投资合同或协议约定的价值确定，因此，编制会计分录如下：

借：固定资产　　　　　　　　　　　　250 000

　　应交税费—应交增值税（进项税额）　42 500

　　贷：实收资本—力丰控股　　　292 500

【例 5-3】20×7 年 12 月 6 日，华钢股份收到长安钢铁制造有限公司投入专利权一项，投资协议作价 100 000 元。

此项经济业务一方面使得企业无形资产增加，应按无形资产的成本借记“无形资产”科目；另一方面，收到了力丰控股公司投入的无形资产，投资者投入的实收资本增加，应贷记“实收资本”科目。投资者投入的无形资产的成本，应当按照投资合同或协议约定的价值确定，因此，编制会计分录如下：

借：无形资产　　　　　　　100 000

　　贷：实收资本—力丰控股　　　100 000

（二）借入资金的核算

【例 5-4】20×7 年 12 月 1 日，华钢股份从工商银行取得流动资金贷款 200 000 元，期限 6 个月，年利率 4.8%，每三个月付息一次，到期还本。

根据相关规定，企业向银行借入的贷款，应先转入企业在贷款银行开立的账户后再支用，因而，此项经济业务一方面使得企业银行存款增加，应借记“银行存款”科目；另一方面，企业向银行借入的期限在一年以下的借款增加，应贷记“短期借款”科目。

（1）12 月 1 日借入短期借款。

借：银行存款　　　　200 000

　　贷：短期借款　　　　200 000

（2）12 月末，计提 12 月应计利息。

本月应计提的利息金额=200 000×4.8%/12=800（元）

借：财务费用　　800

　　贷：应付利息　　800

1 月末计提 1 月利息费用的账务处理与 1 月相同。

（3）2 月末支付第一季度银行存款利息。

借：财务费用　　　　　800

　　应付利息　　　　1 600

贷：银行存款　　2 400

第二季度同上。

（4）5 月 1 日偿还短期借款本金。

借：短期借款　　200 000

贷：银行存款　　200 000

【例 5-5】20×7 年 12 月 9 日，华钢股份为建造厂房向银行取得固定资产贷款 700 000 元，期限三年，年利率 7.2%，按年付息，到期还本。

此项经济业务一方面使企业银行存款增加，应借记“银行存款”科目；另一方面，企业向银行借入的期限在一年以上的借款增加，应贷记“长期借款”科目。因此，编制会计分录如下：

借：银行存款　　700 000

贷：长期借款　　700 000

【例 5-6】20×7 年 12 月 10 日，华钢股份发行三年期一次还本的公司债券 50 000 元，票面年利率为 12%，发行价格等于面值。

这笔经济业务发生以后，一方面使银行存款增加 50 000 元，应记入“银行存款”账户的借方；另一方面使长期债券增加 50 000 元，应记入“应付债券”账户的贷方。会计分录如下：

借：银行存款　　50 000

贷：应付债券　　50 000

第三节　采购业务核算

一、采购过程的业务内容

为了进行生产经营，企业必须具备所需的厂房、建筑物、机器设备以及运输设备等固定资产（劳动手段）和原材料等流动资产（劳动对象），这些生产的物化要素统称为生产资料。企业除了通过接受投资和捐赠等途径取得生产资料以外，主要是通过自行购建获取。因此，固定资产购建业务和原材料等采购业务构成了购买过程业务的主要内容。

原材料和周转材料等存货物资是企业生产经营必不可少的生产要素之一。由于低值易耗品和包装物等周转材料采购业务的核算，与原材料的采购核算大体一致。此处不重复讲述。

（一）材料采购成本的计算

1. 材料采购成本的构成

工业企业在材料采购过程中，一方面要从供货单位购进各种材料物资，另一方面要支付材料的采购成本。采购成本的价值构成包括买价和各种采购费用。即：

（1）材料的买价：指供货单位发票上记载的销售价格。

（2）运杂费：指材料在运输过程中发生的运输费、装卸费、保险费、包装费、仓储费等，但不包括按规定根据运输费的一定比例计算的可抵扣的增值税额。

（3）运输途中的合理损耗。

（4）入库前的挑选整理费：指需要经过挑选整理才能使用的购入材料，在挑选过程中发生的工资、费用支出以及物资损耗的价值。

（5）其他费用：指其他可直接归属于材料采购成本的费用，如进口材料的关税等。

实际工作中，材料等存货物资的核算通常可采用两种方法进行，即计划成本法和实际成本法。

计划成本法是指材料的收入、发出和结存均采用计划成本核算，实际成本与计划成本的差额，另在“材料成本差异”账户单独核算。期末通过材料成本差异的分配，将发出材料的计划成本调整为实际成本。

实际成本法是指材料的收入、发出和结存均采用实际成本核算，不存在材料成本差异的核算。本节仅介绍实际成本法。

2. *材料采购费用的分配*

材料在采购过程中发生的采购费用，凡由某种材料负担的直接计入该材料的采购成本；由几种材料共同负担的采购费用，则需按材料的数量、重量、体积、买价等标准，在这几种材料之间进行分配，根据分配的各材料应负担的采购费用计入材料的采购成本。

【例 5-7】20×7 年 12 月 10 日，华钢股份从洞口矿业有限公司购入甲材料 100 公斤，价格 10 000 元，乙材料 500 公斤，价格 20 000 元，将两种材料运回企业时，发生运杂费 2 400 元。（不考虑增值税）

此笔采购业务中，甲材料的买价 10 000 元和乙材料的买价 20 000 元，均可直接记入甲材料的采购成本和乙材料的采购成本，而运杂费是为采购两种材料发生，需采用合理的标准进行分配，此处选择按采购材料的重量进行分配如下：

每单位材料应分配的运杂费=2 400/(100+500)=4（元/公斤）

甲材料负担的运杂费 = 100×4 = 400（元）

乙材料负担的运杂费 = 500×4 = 2 000（元）

甲材料采购成本 = 10 000 + 400 = 10 400（元）

乙材料采购成本 = 20 000 + 2 000 = 22 000（元）

（二）固定资产采购成本的计算

固定资产是企业在生产经营过程中必不可少的一项重要的劳动手段，并在企业的生产经营过程中发挥着极为重要的作用。企业在供应阶段除了购置各种材料物资外，还要购置、建造或接受投资等形成一定量的固定资产。固定资产是指为生产商品、提供劳务、出租或者经营管理而持有、使用寿命超过一个会计年度的有形资产。

本节仅就企业购置的固定资产情况加以说明，企业在购置固定资产时应当按照成本进行初始计量。外购固定资产的成本是指企业为购建某项固定资产达到预定可使用状态前所发生的一切合理的、必要的支出，既包括直接发生的费用（如购置固定资产的价款、进口关税、其他税费、运杂费、包装费和安装费等），也包括间接发生的费用（如应分摊的借款利息、外币借款折算差额及应分摊的其他间接费用）。企业购入的机器设备类固定资产所发生的增值税进项税准予从销项税额中扣除，不计入固定资产成本。而企业购入房屋等建筑物所发生的增值税是不能从销项税中抵扣的，仍然计入固定资产成本。

二、采购业务核算应设置的账户

为了反映和监督实际采购成本，库存材料的增加、减少和结存以及因采购而发生的与供货单位之间的债权、债务结算情况，企业应设置以下账户。

（一）“固定资产”账户

为了核算企业持有的固定资产原价，需要设置 “固定资产”账户。该账户属于资产类账户，一般按照固定资产类别和项目设置明细账。“固定资产”账户借方登记企业增加的固定资产的原价；贷方登记企业因处置固定资产而减少的账面原价；期末余额在借方，反映企业期末结存的固定资产的账面原价。“固定资产”账户的结构和内容如图 5-8 所示。

固定资产

借方	贷方
企业增加的固定资产的原价	企业因处置固定资产而减少的账面原价
期末固定资产的账面原价	

图 5-8 “固定资产”账户的结构和内容

（二）“原材料”账户

为了核算企业库存的各种材料，包括原料及主要材料、辅助材料、外购半成品（外购件）、修理用备件（备品备件）、包装材料、燃料等的成本，需要设置“原材料”账户。该账户属于资产类账户，一般按照材料的保管地点（仓库）、材料的类别、品种和规格等设置明细账。“原材料”借方登记企业购入并已验收入库的材料成本；贷方登记生产经营领用的材料成本；期末余额在借方，反映企业库存材料的成本。“原材料”账户的结构和内容如图 5-9 所示。

原材料

借方	贷方
企业购入并已验收入库的材料成本	生产经营领用的材料成本
期末库存材料的成本	

图 5-9 “原材料”账户的结构和内容

（三）“在途物资”账户

为了核算企业采用实际成本进行材料、商品等物资的日常核算而货款已付尚未验收入库的在途物资的采购成本，需要设置“在途物资”账户。该账户属于资产类账户，一般按照供应单位和物资品种设置明细账。“在途物资”账户借方登记企业购入材料的实际采购成本；贷方登记验收入库材料的实际采购成本；期末余额在借方，反映企业期末尚未验收入库的在途材料的实际采购成本。“在途物资”账户的结构和内容如图 5-10 所示。

在途物资

借方	贷方
企业购入材料的实际采购成本	验收入库材料的实际采购成本
期末尚未验收入库的在途材料的实际采购成本	

图 5-10 “在途物资”账户的结构和内容

（四）“应付账款”账户

为了核算企业因购买材料、商品和接受劳务等经营活动应支付的款项，需要设置“应付账款”账户。该账户属于负债类账户，一般按照债权人设置明细账。“应付账款”账户贷方登记因购买材料、商品而应付供应单位的款项；借方登记实际归还供应单位的款项；期末余额在贷方，反映企业尚未支付的应付账款余额。“应付账款”账户的结构和内容如图 5-11 所示。

应付账款

借方	贷方
实际归还供应单位的款项	因购买材料、商品而应付供应单位的款项
	期末企业尚未支付的应付账款余额

图 5-11 “应付账款”账户的结构和内容

（五）“应付票据”账户

为了核算企业购买材料、商品、物资和接受劳务供应等开出、承兑的商业汇票（包括银行承兑汇票和商业承兑汇票），需要设置“应付票据”账户。该账户属于负债类账户，“应付票据”贷方反映企业开出的承兑商业汇票或以承兑商业汇票抵付货款、应付账款的票面金额；借方登记按票面金额支付的到期商业汇票款项；该账户的期末余额在贷方，反映企业尚未到期的商业汇票的票面金额。“应付账款”账户的结构和内容如图 5-12 所示。

应付票据

借方	贷方
商业汇票到期支付的金额	开出承兑商业汇票的金额
	尚未到期的商业汇票的金额

图 5-12 “应付票据”账户的结构和内容

（六）“预付账款”账户

为了核算企业按照合同规定预付的款项，需要设置“预付账款”账户。该账户属于资产类账户，一般按照供货单位设置明细账。“预付账款”账户借方登记企业因购货而预付的款项；贷方登记在收到所购货物时应支付的金额。如果预付款项小于应支付的金额，则将补付的款项记入该账户借方；反之，如果预付款项大于应支付的金额，则将退回多付的款项记入该账户贷方。该账户的期末借方余额，反映企业预付的款项；期末如果出现贷方余额，反映企业尚未补付的款项。“应付账款”账户的结构和内容如图 5-13 所示。

预付账款

借方	贷方
企业因购货而预付的款项、补付少付的款项	收到所购货物时应支付的金额、退回多付的款项
期末企业预付的款项	

图 5-13 “预付账款”账户的结构和内容

（七）“应交税费”账户

为了核算企业按照税法等规定计算应缴纳的各种税费，包括增值税、消费税、营业税、所得税、资源税、土地增值税、城市维护建设税、房产税、土地使用税、车船使用税、教育费附加、矿产资源补偿费等。企业代扣代交的个人所得税，也通过本科目核算。企业不需要预计应交数的所缴纳的税金，如印花税、耕地占用税等，不在本科目核算。该账户属负债类，贷方登记应缴纳的各种税费；借方登记实际缴纳的各种税费；期末贷方余额反映企业未交的税费；期末借方余额反映企业多交的税费。该账户应按税费种类进行明细核算，其账户的结构及内容如图 5-14 所示。

应交税费

借方	贷方
实际缴纳的各种税费	企业按规定计算应交的各种税费
	期末企业尚未缴纳的税费

图 5-14 “应交税费”账户的结构和内容

增值税是对我国境内销售、进口货物，或者提供加工、修理修配劳务的增值额征收的一种流转税。按税法的规定，凡在我国境内销售、进口货物，或提供加工、修理修配劳务的单位和个人为增值税的纳税义务人，应依法缴纳增值税。按照纳税人的经营规模及会计核算的健全程度，增值税纳税人分为一般纳税人和小规模纳税人。一般纳税人应缴纳的增值税额，根据当期销项税额抵扣当期进项税额后的差额确定；小规模纳税人应缴纳的增值税额，根据销售额和规定的征收率计算确定。本书以下均以一般纳税人为例，说明应交增值税的核算方法。

根据税法的规定，一般纳税人应纳增值税额的计算公式为：

应纳增值税额=销项税额–进项税额

纳税人在销售货物或提供应税劳务时，应按销售额和规定的税率计算并向购买方收取的增值税额为销项税额。

纳税人在购进货物或接受劳务时，所支付的增值税额为进项税额。准予从销项税额中抵扣的进项税额通常包括：①从销售方取得的增值税专用发票上注明的增值税额；②从海关取得的完税凭证上注明的增值税额。当期的进项税额若抵扣不完，可以留待下期继续抵扣。

为了核算企业应交增值税的发生、抵扣、缴纳等情况，应设置“应交税费—应交增值税”明细账，一般纳税人在“应交税费—应交增值税”明细账的借、贷方设置分析项目，在借方分析栏内设“进项税额”“已交税金”“减免税款”“出口抵减内销产品应纳税额”和“转出未交增值税”项目；在贷方分析栏内设“销项税额”“出口退税”“进项税额转出”“转出多交增值税”项目。企业采购物资等，按可抵扣的增值税额，记入该账户的借方“应交税费－应交增值税（进项税额）”；销售货物或提供应税劳务时，按应收取的增值税额，记入该账户的贷方“应交税费－应交增值税（销项税额）”；企业缴纳的增值税，按实际上交税额记入该账户的借方“应交税费－应交增值税（已交税金）”。该账户的期末余额若在贷方，反映企业应缴纳的增值税；期末余额若在借方，反映企业尚未抵扣的进项税额。

三、采购过程主要经济业务的核算

固定资产增加业务核算小结

实际成本法下采购材料业务小结

【例 5-8】20×7 年 12 月 12 日，华钢股份向南方机械厂购入不需安装的设备一台，价款 300 000 元，增值税专用发票上注明的增值税额为 51 000 元，设备已运至企业并交付使用，款项尚未支付。

此项经济业务一方面使企业固定资产增加，应按其成本借记“固定资产”科目，购入生产用固定资产所支付的进项税额，按规定可以从销项税额中进行抵扣；另一方面，由于企业尚未支付采购账款，使得应付账款这项负债增加，应贷记“应付账款”科目。因此，编制会计分录如下：

借：固定资产　　300 000
　　应交税费－应交增值税（进项税额）　51 000
　　贷：应付账款—南方机械厂　　351 000

【例 5-9】20×7 年 12 月 13 日，华钢股份向金众实业公司购入甲材料 2 000 公斤，单价 100 元，增值税专用发票上注明的增值税额为 34 000 元；购入乙材料 3 000 公斤，单价 20 元，增值税专用发票上注明的增值税额为 10 200 元。材料已验收入库，款项以商业汇票支付。

此项采购业务一方面发生了采购价款，应记入材料的采购成本，借记“原材料”科目；同时，增值税专用发票上注明的因采购材料而支付的增值税进项税额，可以在销项税额中进行抵扣，借记“应交税费”科目；另一方面，企业以商业汇票支付了账款，使得应付票据这项负债增加，应贷记“应付票据”科目。因此，编制会计分录如下：

借：原材料—甲材料　　200 000
　　　　　—乙材料　　60 000
　　应交税费—应交增值税（进项税额）　44 200
　　贷：应付票据　　304 200

【例 5-10】20×7 年 12 月 14 日，华钢股份向金众实业购入的甲、乙材料运至企业验收入库，以银行存款支付运杂费 4 000 元（不考虑增值税的进项税额）。

此项经济业务一方面发生了记入材料采购成本的运杂费，应借记“原材料”科目；另一方面使得企业银行存款减少，应贷记“银行存款”科目。

由于材料采购需按材料的供应单位和品种进行明细核算，因此对于由甲、乙材料共同负担的采购费用需采用一定的标准进行分配后，分别记入甲、乙材料的采购成本。若选择材料重量为分配标准，则：

运杂费根据甲、乙材料重量分配，其分配率计算：

运杂费分配率=4 000/(2 000+3 000)=0.8（元/公斤）

甲材料负担的运杂费 = 2 000×0.8 = 1 600（元）

乙材料负担的运杂费 = 3 000×0.8 = 2 400（元）

因此，编制会计分录如下：

借：原材料—甲材料　　1 600
　　　　　—乙材料　　2 400
　　贷：银行存款　　4 000

【例 5-11】20×7 年 12 月 15 日，华钢股份向泰达电子有限公司购入丙材料 5 000 件，单价 16 元，增值税专用发票上注明的增值税额为 13 600 元，代垫运杂费 2 000 元（不考虑增值税的进项税额），款项以银行存款支付，材料尚未运至企业。

此项经济业务与前述采购业务类似，应注意的是其中的代垫运费，它是指由供货方支付但应由购买方负担的运杂费，从购买方的角度，一方面发生了采购材料的运杂费，应借记“在途物资”科目；另一方面由于此运费已由供货方代为垫付给运输单位，因此，需根据采购账款的结算情况，分别贷记“银行存款”“应付账款”或“应付票据”等科目，将运费与购货账款等一并支付给供货单位。此例中，应贷记“银行存款”科目。编制会计分录如下：

借：在途物资　　82 000
　　应交税费—应交增值税（进项税额）　　13 600
　　贷：银行存款　　95 600

【例 5-12】20×7 年 12 月上述从泰达电子有限公司购入的丙材料运达企业并验收入库。

此项经济业务的发生，一方面，在材料验收入库后使库存材料增加，应根据收料单，将确定的材料采购成本 82 000 元，记入“原材料”账户的借方；另一方面，在途物资减少了 82 000 元，应记入“在途物资”账户的贷方。这项经济业务编制的会计分录如下：

借：原材料—丙材料　　82 000
　　贷：在途物资　　82 000

【例 5-13】20×7 年 12 月以银行存款支付前欠南方机械厂采购设备账款。

此项经济业务一方面偿还了前欠账款使得负债减少，应借记“应付账款”科目；另一方面企业的银行存款减少，应贷记“银行存款”科目。因此，编制会计分录如下：

借：应付账款—南方机械厂　　351 000
　　贷：银行存款　　351 000

【例 5-14】20×7 年 12 月 17 日根据合同规定，向金众实业预付采购丙材料的货款 15 000 元，已通过银行电汇支付。

此项经济业务的发生，一方面，使预付款项增加了 15 000 元，应记入“预付账款”账户的借方；另一方面，使银行存款减少 15 000 元，应记入“银行存款”账户的贷方。这项经济业务编制会计分录如下：

借：预付账款—金众实业　　15 000
　　贷：银行存款　　15 000

第四节　生产业务核算

一、生产业务的内容

生产业务是制造业企业经营的核心。制造业企业的生产过程是指从原材料投入生产到产品完工入库的过程。在生产过程中，企业一方面生产出产品，另一方面要发生各种各样的劳动耗费。生产过程中的劳动耗费，包括劳动对象与劳动资料等物化劳动的耗费和活劳动的耗费两大部分。其中，原材料等劳动对象，在生产过程中或者被消耗掉，或者改变其原有的实物形态，其价值也随之一次全部地转移到产品中去，构成产品生产成本的一部分。作为固定资产的劳动资料，如房屋、机器设备等，是生产过程中所不可缺少的，在生产过程中长期发挥作用并保持其原有的实物形态，但其价值则随着固定资产的磨损，通过计提折旧的方式，逐渐地转移到所生产的产品中去，也构成产品生产成本的一部分。生产过程是劳动者借助于劳动工具对劳动对象进行加工、制造出产品的过程，其中劳动者为自己劳动所创造的那部分价值，以工资等各种薪酬形式支付给劳动者，这部分薪酬也构成产品生产成本的一部分。企业在产品的生产过程中发生的各种生产耗费，用货币表现就构成了企业的生产费用。企业为生产一定种类、一定数量的产品所发生的各种生产费用之和就构成了产品生产成本，也称产品制造成本，简称产品成本。

在企业的生产过程中，行政管理部门为组织和管理生产经营活动，也会发生各种各样的耗费，如行政管理人员的工资等各种薪酬，行政管理部门领用的材料、行政管理部门固定资产折旧、办公费、水电费、业务招待费等。这些费用称为管理费用。管理费用也是企业在生产过程上所发生的一项重要费用。

当企业制造的产品完工并验收入库后，为制造产品发生的生产成本也随之结转，构成产品成本。为组织和管理生产活动所发生的管理费用则与产品生产没有直接关系，不能计入产品生产成本，而是作为期间费用直接计入当期损益。

综上所述，制造业企业生产过程的主要经济业务是：按照一定的成本计算对象归集和分配生产过程中已发生的各种耗费，以确定完工产品的生产成本；对已确认为管理费用的各种耗费，将其作为与某一期间收入相关的期间费用，直接抵减当期收入。

（一）产品生产成本核算的要求

1. 产品生产成本的构成

生产成本又称制造成本，指企业为生产一定种类和数量的产品所发生的各种经济资源的耗费。一般包括直接材料、直接人工和制造费用等成本构成项目。

（1）直接材料

指企业在生产产品过程中消耗的、直接用于产品生产、构成产品实体的原料及主要材料、辅助材料和其他直接材料。

（2）直接人工

指企业直接从事产品生产工人的各种薪酬。

（3）制造费用

指企业为生产产品而发生的各种间接费用，包括车间管理和技术人员的各种薪酬、车间使用固定资产的折旧、车间的办公费、水电费、机物料消耗、劳动保护费等。制造费用属于间接生产费用，不能直接计入成本计算对象，应先进行归集，然后按照一定的分配标准分配计入有关的成本计算对象。

企业在生产过程中发生的各种资源耗费，最终转化成了企业产品，在企业内部表现为一种资产转变为另一种资产，是企业资产形式的内部转换，因此，当期发生的生产成本不能直接计入当期损益，而需根据企业自身产品生产特点，选择适当的成本计算方法，按照成本核算对象进行归集和分配，计算出各产品的总成本和单位成本，并在产品完工后结转为库存商品。在产品实际销售并确认销售收入时，再将已销售产品的生产成本计入该期损益。

2. 产品生产成本核算应遵循的要求

制造业企业核算产品生产成本必须遵循以下要求：

（1）明确成本计算对象

成本计算对象是为计算成本而确定的归集生产费用的各个对象，也就是成本的承担者。制造业企业的成本计算对象通常是指企业所生产的承担成本的各种产品。

（2）区分生产费用和期间费用

企业生产经营活动中，除了为生产产品而发生各种生产费用外，还会发生一定的期间费用。期间费用是指与产品生产没有直接关系，属于某一期间被耗用的费用。期间费用不能计入产品生产成本，而应当全部列为期间费用，与当期收入相配比。期间费用通常包括管理费用、销售费用和财务费用。

（3）区分归属于不同成本计算对象的生产费用

如果企业只生产一种产品，就只有一个成本计算对象，那么所发生的各项生产费用都归属于该种产品。如果企业生产多种产品，就会有多个成本计算对象，则产品成本的计算应当遵循以下规则：直接材料成本、直接人工成本等能分清应归属于哪种产品负担的生产费用，应直接计入该产品的生产成本中；不能分清归属于哪种产品负担的间接制造费用，应采用一定的分配方法，在各种产品之间进行分配。

（4）区分完工产品成本和期末在产品成本

如果企业月末没有未完工的在产品，则归集的全部生产费用就是完工产品的总成本，用完工产品的总成本除以本月完工产品的数量，就是完工产品的单位成本。如果企业月末全部产品均未完工，则无需计算产品的生产总成本和单位成本。如果企业月末既有完工产品又有未完工的在产品，在这种情况下，就需要按照一定的方法将生产费用在完工产品和月末在产品之间进行分配，计算完工产品的总成本和单位成本。

（二）制造费用的分配

在生产一种产品的车间中，制造费用可直接计入该种产品成本。在生产多种产品的车间中，需采用合理的分配方法，将制造费用分配计入各种产品成本。

制造费用的分配方法主要有：

（1）按生产工人工资比例分配。

（2）按生产工人工时比例分配。

（3）按机器工时比例分配。

（4）按耗用原材料的数量和成本比例分配。

（5）按直接成本（原材料、燃料、动力、生产工人工薪费用）比例分配。

（6）按产品产量比例分配。

制造费用分配的计算公式如下：

制造费用分配率=当期所耗制造费用实际总额/待分配产品标准之和

某产品分摊的制造费用=分配率×该种产品的分配标准

企业应当根据制造费用的性质、产品的性质以及生产方式，结合自身的实际情况，合理选择分配方法。所谓的合理，指选择的制造费用分配方法与制造费用的发生具有较密切的相关性，采用该方法分配到各种产品中的制造费用金额基本合理，同时还应适当考虑计算手续的简便。制造费用的分配方法一经确定，不得随意变更。如需变更，则需在财务会计报告的附注中予以说明。

例如，华钢股份生产车间生产 A、B 两种产品，本月归集的成本费用如下：

A 产品：直接材料 210 000 元　　直接人工　50 000 元

B 产品：直接材料 120 000 元　　直接人工　30 000 元

制造费用：150 000 元

若制造费用按产品的机器工时比例进行分配，根据生产记录，A 产品耗用的机器工时为 6 000 小时，B 产品耗用的机器工时为 4 000 小时，则：

每机器工时应分摊的制造费用=150 000/（6 000+4 000）=15（元/小时）

A 产品分摊的制造费用= 6 000×15 = 90 000（元）

B 产品分摊的制造费用= 4 000×15 = 60 000（元）

A 产品生产成本= 210 000 + 50 000 + 90 000 = 350 000（元）

B 产品生产成本= 120 000 + 30 000 + 60 000 = 210 000（元）

二、生产业务核算应设置的账户

为完成生产成本的核算和期间费用的归集任务，需设置以下账户：

（一）“生产成本”账户

为了核算企业进行产品生产发生的各项生产成本，需要设置“生产成本”账户。该账户属于成本类账户，一般按照基本生产成本和辅助生产成本设置明细账。基本生产，是企业为生产主要产品而进行的生产；辅助生产，是为基本生产提供服务而进行的生产。基本生产成本还应当分别按照基本生产车间和成本计算对象（如产品的品种、类别等）设置明细账（也称产品成本计算单），并按照规定的成本项目设置专栏。

“生产成本”账户借方登记应计入产品生产成本的各项费用，包括直接材料成本、直接人工成本以及分配计入有关成本计算对象的制造费用；贷方登记已经完成生产并已验收入库的产成品的生产成本；期末余额在借方，反映企业尚未加工完成的在产品成本。“生产成本”账户的结构和内容如图 5-15 所示。

生产成本

借方	贷方
生产过程中发生的直接材料成本、直接人工成本和分配计入有关成本计算对象的制造费用	已经完成生产并已验收入库的产成品的生产成本
期末尚未加工完成的在产品成本	

图 5-15 “生产成本”账户的结构和内容

（二）“制造费用”账户

为了核算企业生产车间为生产产品发生的各项间接费用，需要设置“制造费用”账户。该账户属于成本类账户，一般按照不同的生产车间、部门和费用项目设置明细账。“制造费用”账户借方登记企业为生产产品而发生的各项间接制造费用；贷方登记按照一定标准分配转入“生产成本”账户借方应计入产品成本的制造费用。该账户期末一般应无余额。“制造费用”账户结构和内容如图 5-16 所示。

制造费用

借方	贷方
企业为生产产品而发生的各项间接费用	分配转入计入有关成本计算对象的制造费用

图 5-16 “制造费用”账户的结构和内容

（三）“库存商品”账户

为了核算企业库存的各种商品的成本，包括库存产成品、外购商品、存放在门市部准备出售的商品、发出展览的商品以及寄存在外的商品等，需要设置“库存商品”账户。该账户属于资产类账户，一般按照库存商品的种类、品种和规格等设置明细账。对工业企业来说，“库存商品”账户借方登记企业已经生产完成并验收入库的产成品成本；贷方登记对外销售产品而结转的产品销售成本；期末余额在借方，反映企业库存的产成品成本。“库存商品”账户的结构和内容如图 5-17 所示。

库存商品

借方	贷方
企业已经生产完成并验收入库的产成品成本	对外销售产品而结转的产品销售成本
期末企业库存产成品的成本	

图 5-17　“库存商品”账户的结构和内容

（四）“管理费用”账户

管理费用用以核算企业为组织和管理生产经营所发生的管理费用，包括企业在筹建期间发生的开办费、董事会和行政管理部门在企业经营管理中发生的或者应由企业统一负担的公司经费（包括行政管理部门职工薪酬、固定资产折旧及修理费、物料消耗、低值易耗品摊销、办公费和差旅费等）、工会经费、董事会费（包括董事会成员津贴、会议费和差旅费等）、聘请中介机构费、咨询费、诉讼费、业务招待费、房产税、车船使用税、土地使用税、印花税、技术转让费、研究费用、排污费用等。

为了核算企业为组织和管理生产经营所发生的管理费用，需要设置“管理费用”账户。该账户属于损益类账户，一般按照费用项目设置明细账。“管理费用”账户借方登记企业为组织和管理生产经营所发生的各种管理费用；贷方登记期末结转到“本年利润”账户的管理费用额。该账户期末结转后应无余额。“管理费用”账户的结构和内容如图 5-18 所示。

管理费用

借方	贷方
企业为组织和管理生产经营所发生的各种管理费用	期末结转到“本年利润”账户的余额

图 5-18　“管理费用”账户的结构和内容

（五）“应付职工薪酬”账户

职工薪酬是指企业为获得职工提供的服务而给予各种形式的报酬以及其他相关支出。职工薪酬主要包括：①职工工资、奖金、津贴和补贴；②职工福利费；③企业按照规定的基准和比例计算，向社会保险经办机构缴纳的医疗保险费、养老保险费、失业保险费、工伤保险费和生育保险费；④企业按照规定的基准和比例计算，向住房公积金管理机构缴存的住房公积金；⑤工会经费和职工教育经费；⑥非货币性福利；⑦因解除与职工的劳动关系给予的补偿；⑧其他与获得职工提供的服务相关的支出。

为了核算企业根据有关规定应付给职工的各种薪酬，需要设置“应付职工薪酬”账户。该账户属于负债类账户，一般按照上述各种薪酬项目设置明细账。“应付职工薪酬”账户贷方登记企业应支付给职工的各种职工薪酬；借方登记企业实际支付的各种职工薪酬；期末余额在贷方，反映企业应付未付的职工薪酬。“应付职工薪酬”账户的结构和内容如图 5-19 所示。

应付职工薪酬

借方	贷方
企业实际支付的各种职工薪酬	企业应支付给职工的各种职工薪酬
	期末企业应付未付的职工薪酬

图 5-19 “应付职工薪酬”账户的结构和内容

（六）“累计折旧”账户

为了核算企业固定资产在使用过程中因损耗而减少的价值，需要设置“累计折旧”账户。该账户属于资产类账户，而且是“固定资产”账户的备抵账户，一般按照固定资产的类别或项目设置明细账。“累计折旧”账户贷方登记企业按期计提的固定资产折旧额；借方登记处置固定资产时结转的累计折旧额；期末余额在贷方，反映企业固定资产的累计折旧额。“累计折旧”账户的结构和内容如图 5-20 所示。

累计折旧

借方	贷方
处置固定资产时结转的累计折旧额	企业按期计提的固定资产折旧额
	期末企业固定资产的累计折旧额

图 5-20 “累计折旧”账户的结构和内容

另外，在对生产成本和期间费用进行归集时，还会涉及到其他相关账户，如“长期待摊费用”“销售费用”“财务费用”“应付利息”等，以下将结合相关经济业务对其进行说明。

生产业务核算小结

三、生产业务的核算

（一）材料费用的核算

在确定材料费用时，应根据领料凭证区分车间、部门和不同用途后，按照确定的结果将发出材料的成本进行核算，借记“生产成本”“制造费用”“管理费用”“销售费用”等科目，贷记“原材料”等科目。

【例 5-15】20×7 年 12 月末，华钢股份根据本月领料凭证进行汇总，编制发出材料汇总表如表 5-1 所示。

表 5-1 材料发出汇总表

项目	甲材料		乙材料		合计
	数量（公斤）	金额（元）	数量（公斤）	金额（元）	
生产车间领用					
A 产品耗用	5 000	50 400	1 500	31 200	81 600
B 产品耗用	600	60 480	400	8 320	68 800
车间一般耗用	800	80 640	600	12 480	93 120
小计	1 900	191 520	2 500	52 000	243 520
销售部门领用	20	2 016			2 016
行政管理部门领用			10	208	208
合计	1 920	193 536	2 510	52 208	245 744

根据本月材料发出汇总表中资料，本月发出材料费用包括：

（1）A 产品耗用：为 A 产品生产耗费的直接材料，应直接计入 A 产品生产成本，借记“生产成本—A 产品”科目。

（2）B 产品耗用：为 B 产品生产耗费的直接材料，应直接计入 B 产品生产成本，借记“生产成本—B 产品”科目。

（3）生产车间一般耗用：为生产 A、B 两种产品共同耗费的间接材料，应先归集在制造费用中，待期末采用一定的方法在 A、B 两种产品间进行分配，借记“制造费用”科目。

（4）销售部门领用：为销售部门发生的物料消耗，应计入当期销售费用，借记“销售费用”科目。

（5）行政管理部门领用：为行政管理部门发生的物料消耗，应计入当期的管理费用，借记“管理费用”科目。

另一方面，由于各部门领用了原材料，使得仓库中库存的原材料减少，应贷记“原材料”科目。因此，编制会计分录如下：

借：生产成本—A　　81 600
　　　　　　—B　　68 800
　　制造费用　　93 120
　　销售费用　　2 016
　　管理费用　　208
　　贷：原材料—甲材料　　193 536
　　　　　　—乙材料　　52 208

（二）职工薪酬的核算

企业结算出的职工工资，应在职工为其服务的当月，一方面将其确认为“应付职工薪酬”这项负债，贷记“应付职工薪酬”科目；另一方面，根据职工提供服务的受益对象，分别计入产品生产成本或当期损益，其中从事产品生产的直接生产工人工资借记“生产成本”科目，车间管理人员工资借记“制造费用”科目，销售部门人员工资借记“销售费用”科目，行政管理部门人员工资借记“管理费用”科目。

【例 5-16】20×7 年 12 月 25 日结算本月应付职工工资 103 000 元，其中 A 产品生产工人 25 人，工资 40 000 元；B 产品生产工人 10 人，工资 15 000 元；车间管理人员 5 人，工资 20 000 元；销售部门人员 2 人，工资 10 000 元；行政管理部门 4 人，工资 18 000 元。

借：生产成本—A 产品　　40 000
　　　　　　—B 产品　　15 000
　　制造费用　　20 000
　　销售费用　　10 000
　　管理费用　　18 000
　　贷：应付职工薪酬—工资　　103 000

【例 5-17】20×7 年 12 月 26 日根据国家规定的计提标准，分别按职工工资总额的 9%、7%计提本月应向社会保险经办机构缴纳的职工社会医疗保险和社会养老保险。

根据国家规定的计提基础和计提标准，本月应计提的社会保险费为：

A 产品生产工人社会保险费：40 000×(9%+7%)= 6 400

B 产品生产工人社会保险费：15 000×(9%+7%)= 2 400

车间管理人员社会保险费：20 000×(9%+7%)= 3 200

销售部门人员社会保险费：10 000×(9%+7%)= 1 600

行政管理部门人员社会保险费：18 000×(9%+7%)= 2 880

合计 16 480

企业计提的社会保险费，一方面，作为应付职工薪酬的构成部分，贷记“应付职工薪酬”科目；另一方面根据职工提供服务的受益对象，分别计入产品生产成本或当期损益，其中从事产品生产的直接生产工人社会保险费借记“生产成本”科目，车间管理人员社会保险费借记“制造费用”科目，销售部门人员社会保险费借记“销售费用”科目，行政管理部门人员社会保险费借记“管理费用”科目。因此，编制会计分录如下：

借：生产成本—A 产品 6 400

—B 产品 2 400

制造费用 3 200

销售费用 1 600

管理费用 2 880

贷：应付职工薪酬—社会保险费 16 480

【例 5-18】20×7 年 12 月 26 日企业下设一所职工食堂，每月按在岗职工人数每人补贴食堂 300 元。

对职工的伙食补贴，国家并无规定的计提基础和计提标准，企业每月应根据在岗职工数量及岗位分布情况、相关历史经验数据等计算需要补贴食堂的金额，确定本月因职工食堂而需要承担的福利费金额：

A 产品生产工人福利费：25×300=7 500

B 产品生产工人福利费：10×300=3 000

车间管理人员福利费：5×300=1 500

销售部门人员福利费：2×300=600

行政管理部门人员福利费：4×300= 1 200

合计 13 800

企业计提的福利费，一方面，作为应付职工薪酬的构成部分，贷记“应付职工薪酬”科目；另一方面根据职工提供服务的受益对象，分别计入产品生产成本或当期损益，其中从事产品生产的直接生产工人福利费借记“生产成本”科目，车间管理人员福利费借记“制造费用”科目，销售部门人员福利费借记“销售费用”科目，行政管理部门人员福利费借记“管理费用”科目。因此，编制会计分录如下：

借：生产成本—A 产品 7 500

—B 产品 3 000

制造费用 1 500

销售费用 600

管理费用 1 200

贷：应付职工薪酬—职工福利 13 800

【例 5-19】20×7 年 12 月 28 日委托银行代发工资 103 000 元。

此项经济业务为企业用银行存款发放了职工工资，一方面使得应付职工薪酬这项负债减少，应借记“应付职工薪酬”科目；另一方面，企业银行存款减少，应贷记“银行存款”科目。因此，编制会计分录如下：

借：应付职工薪酬—工资　　103 000

　　贷：银行存款　　　　　　　103 000

【例 5-20】20×7 年 12 月 29 日以银行存款向社保局缴纳职工社会保险费 16 480 元。

此项经济业务一方面使得应付职工薪酬这项负债减少，应借记“应付职工薪酬”科目；另一方面，企业银行存款减少，应贷记“银行存款”科目。因此，编制会计分录如下：

借：应付职工薪酬—社会保险费　　16 480

　　贷：银行存款　　　　　　　　　16 480

【例 5-21】20×7 年 12 月 29 日以现金支付职工王林生活困难补助 2 000 元。

此项经济业务一方面实际支付了职工福利，使得应付职工薪酬这项负债减少，应借记“应付职工薪酬”科目；另一方面，企业现金减少，应贷记“库存现金”科目。因此，编制会计分录如下：

借：应付职工薪酬—职工福利　　2 000

　　贷：库存现金　　　　　　　　2 000

（三）累计折旧的核算

固定资产在其使用寿命内，虽然能够保持其原有的实物形态，但其价值却在使用中逐渐损耗，这部分损耗的价值称为折旧，损耗的价值需要按照确定的方法进行系统分摊。企业应当按月对所有的固定资产计提折旧，但是，已提足折旧仍继续使用的固定资产（提足折旧是指已经提足该项固定资产的应计折旧额）、单独计价入账的土地和持有待售的固定资产除外。当月增加的固定资产，当月不计提折旧，从下月起计提折旧；当月减少的固定资产，当月仍计提折旧，从下月起不计提折旧。提前报废的固定资产，不再补提折旧。

企业对每项固定资产，应在其使用寿命内，根据确定的折旧方法，计算该项固定资产本月折旧额，一方面减少固定资产账面价值，贷记“累计折旧”科目；另一方面，根据固定资产的用途，分别计入产品成本和期间费用，借记相关成本费用科目如下：生产车间使用的固定资产，计提的折旧应计入制造费用，借记“制造费用”科目；行政管理部门使用的固定资产，计提的折旧应计入管理费用，借记“管理费用”科目；销售部门使用的固定资产，计提的折旧应计入销售费用，借记“销售费用”科目；经营租出的固定资产，计提的折旧应计入其他业务成本，借记“其他业务成本”科目。企业生产车间和行政管理部门发生的固定资产修理费用，计入管理费用，销售机构发生的固定资产修理费用，计入销售费用。

【例 5-22】20×7 年 12 月 29 日按确定的方法计提本月固定资产折旧 18 000 元，其中生产车间使用固定资产折旧 8 000 元，行政管理部门使用固定资产折旧 6 000 元，销售机构使用的固定资产折旧 4 000 元。

企业按月计提的折旧，一方面根据固定资产的用途计入相关的成本费用，其中生产车间的固定资产折旧借记“制造费用”科目，行政管理部门的固定资产折旧借记“管理费用”科目，销售机构的固定资产折旧借记“销售费用”科目；另一方面，固定资产因使用而损耗的价值应贷记“累计折旧”科目。因此，编制会计分录如下：

借：制造费用　　　　8 000

管理费用　　　6 000

销售费用　　　4 000

贷：累计折旧　　　18 000

【例 5-23】20×7 年 12 月 28 日对生产车间的一台生产机器进行日常修理，以银行存款支付修理费 1 600 元。

此项经济业务一方面发生了生产车间的固定资产修理费，应计入本期管理费用，借记“管理费用”科目；另一方面，企业的银行存款减少，应贷记“银行存款”科目。因此，编制会计分录如下：

借：管理费用　　　1 600

贷：银行存款　　　1 600

（四）其他费用的核算

【例 5-24】20×7 年 12 月 30 日行政管理人员李宁报销差旅费 3 500 元，原预借 5 000 元，余款交回现金。

此项经济业务一方面使当期期间费用增加，由于是行政管理人员的差旅费用，应计入管理费用，借记“管理费用”科目；同时，原预借差旅费剩余部分交回现金，企业现金增加，借记“库存现金”科目；另一方面，由于报销了差旅费并交回余款，职工预借企业款项已结清，贷记“其他应收款”科目。因此，编制会计分录如下：

借：管理费用　　　3 500

库存现金　　　1 500

贷：其他应收款—李宁　　　5 000

【例 5-25】20×7 年 12 月 30 日以银行存款支付本月电费 8 580 元，其中生产车间应负担 8 180 元，行政管理部门应负担 400 元。

此项经济业务一方面发生了生产车间和行政管理部门的电费，其中生产车间的电费应计入制造费用，借记“制造费用”科目，行政管理部门的电费应计入管理费用，借记“管理费用”科目；另一方面，企业的银行存款减少，贷记“银行存款”科目。因此，编制会计分录如下：

借：制造费用　　　8 180

管理费用　　　400

贷：银行存款　　　8 580

【例 5-26】20×7 年 12 月 30 日以银行存款支付预订下一年度报刊杂志费 4 800 元。

预订下一年度的报刊杂志，虽然款项在本月实际支付，但其受益期为下一年度各月份，此时，企业应设置“预付账款”账户，该账户根据资产类“预付账款”科目设置，企业发生的预付账款，记入该账户的借方；在受益期内摊销时，记入该账户的贷方。该账户的期末余额在借方，反映企业尚未摊销完毕的预付账款。该账户可按费用项目设置明细账进行明细核算。

因此，上项经济业务一方面使企业预付账款增加，借记“预付账款”科目，另一方面，企业银行存款减少，贷记“银行存款”科目。编制会计分录如下：

借：预付账款　　　4 800

贷：银行存款　　　4 800

【例 5-27】20×7 年 12 月 30 日摊销应由本月负担的租入行政办公用房装修费 2 500 元（要求两年期分摊）。

租入行政办公用房屋装修费属于经营租入固定资产的改良支出，在发生时计入“长期待摊费用”账户，在房屋的租赁期内按月摊销计入各月损益。摊销时一方面本期的相关成本费用增加，借记“相关成本费用”科目，另一方面长期待摊费用减少，贷记“长期待摊费用”科目。行政办公用房的费用应计入管理费用，因此，编制会计分录如下：

借：管理费用　　2 500

　贷：长期待摊费用　　2 500

【例 5-28】计提按季支付利息的短期借款及按年支付利息的长期借款利息。假定本期利息均不符合资本化条件。

企业的借款利息，可直接归属于符合资本化条件的资产购建或者生产的，应当予以资本化，计入符合资本化条件的资产成本。其他借款利息，应当在发生时根据其发生额确认为财务费用，计入当期损益。

借款从借入时起即开始发生利息费用，因此，对于按季支付利息的短期借款，以及按年支付利息的长期借款，企业一般采用月末计提的方式进行处理。在借入借款后的每月末，根据借款的本金和利率计算出当月应负担的利息，对于不符合资本化条件的，借记“财务费用”科目；同时增加当期应付利息这项负债，贷记“应付利息”科目。

根据【例 5-4】【例 5-5】资料，本月应计提的利息费用为：

短期借款利息=200 000×4.8%÷12=800（元）

长期借款利息=700 000×7.2%÷12=4 200（元）

编制会计分录如下：

借：财务费用　　5 000

　贷：应付利息　　5 000

【例 5-29】以银行存款支付本季度短期借款利息 2 400 元。

此项经济业务一方面使企业银行存款减少，应贷记“银行存款”科目；另一方面，由于企业按月计提了短期借款利息，所以在实际支付借款利息时，冲减应付利息这项负债，借记“应付利息”科目。因此，编制会计分录如下：

借：应付利息　　2 400

　贷：银行存款　　2 400

（五）制造费用的分配

【例 5-30】20×7 年 12 月 30 日将本月制造费用按机器工时比例在 A、B 产品之间进行分配。

根据生产车间工时记录，本月 A 产品机器工时为 7 000 工时，B 产品机器工时为 3 000 工时。

根据“制造费用”账户记录，本月共发生制造费用 134 000 元，按 A、B 两种产品的机器工时比例进行分配，则：

每机器工时分摊的制造费用=134 000/(7 000+3 000)=13.4（元/小时）

A 产品分摊的制造费用= 7 000×13.4 = 93 800（元）

B 产品分摊的制造费用= 3 000×13.4 = 40 200（元）

“制造费用”账户中归集的是 A、B 两种产品的间接成本，也属于产品成本的重要构成部分，因此，计算出 A、B 两种产品应负担的制造费用后，应将其从“制造费用”账户贷方结转到 A、B 两种产品的“生产成本”账户借方，结转后“制造费用”账户应无余额，同时，A、B 两种产品“生产成本”账户中才能反映其直接材料、直接人工及制造费用等全部成本构成项目，从而进一步计算出产品的实际生产成本。编制会计分录如下：

借：生产成本—A 产品　　93 800

　　　　　　—B 产品　　40 200

　贷：制造费用　　　　　134 000

（六）计算并结转完工产品成本

通过以上各项费用的归集与分配，应计入产品成本的各项费用均已记入了各产品“生产成本”账户的借方。但这些费用仅是本月发生的生产成本，对于在以前月份投产的产品，还必须考虑该产品在以前月份已发生的生产成本，即将本期发生的生产成本加上期初在产品成本，才是该产品至本月所发生的全部生产成本，然后再采用适当的方法，将其在本期完工产品和期末在产品间进行分配，从而计算并结转本期完工产品的实际生产成本。

【例 5-31】A 产品本月初在产品 1 000 件，成本 80 700 元，其中直接材料 51 700 元，直接人工 13 000 元，制造费用 16 000 元，月末全部完工验收入库。B 产品无期初在产品，本月投产 800 件，月末尚未完工。

根据 A 产品的“生产成本”账户记录，至本月末共归集了 A 产品的生产成本 310 000 元，其中直接材料 133 300 元，直接人工 66 900 元，制造费用 109 800 元。由于 A 产品 1 000 件期末全部完工，因此，这 1 000 件 A 产品的总成本为 310 000 元，单位成本为 310 元。A 产品完成了加工过程并验收入库，在计算出实际成本后，应将其从“生产成本”账户的贷方结转到“库存商品”账户的借方，按 A 产品的实际生产成本反映库存商品的增加。

根据 B 产品的“生产成本”账户记录，至本月末共归集了 B 产品的生产成本 129 400 元，其中直接材料 68 800 元，直接人工 20 400 元，制造费用 40 200 元。由于 B 产品 800 件全部未完工，因此，其“生产成本”账户中归集的为 B 产品期末在产品的成本，保留在 B 产品“生产成本”账户的借方，待下期继续归集 B 产品的生产成本。

编制会计分录如下：

借：库存商品—A 产品　　310 000

　贷：生产成本—A 产品　　310 000

根据以上会计分录登记的生产成本一A 产品相关记录如图 5-21 所示。

生产成本一A 产品

借	贷
期初余额 80700	
（15）81600	
（16）40000	
（17）6400	
（18）7500	（31）310000
（30）93800	
本期发生额 229300	本期发生额 310000

图 5-21　生产成本一A 产品“T”型账

第五节 销售过程的业务核算

一、销售业务的内容

工业企业从产成品验收入库起到销售给购买方为止的过程称为销售过程，它是企业生产经营活动的最后一个环节。在销售过程中，企业将生产的产品销售给购买方，并按产品的销售价格向购买方办理货款结算，收回销货款，从而实现销售收入。由于在销售过程中企业必须付出相应数量的产品，因而企业在确认和计量销售收入的同时，还应当结转为制造这些产品而耗费的生产成本，通常将已销售产品的生产成本称为产品销售成本。此外，企业为了推销产品，在销售过程中还会发生包装费、广告费、运输费、销售人员职工薪酬等各种销售费用。这些耗费与销售产品有关，应抵减当期的销售收入。企业在取得销售收入时，还应按国家税法的规定，计算并缴纳相关税费。只有实现的销售收入能够补偿销售成本和相应的费用，企业的经营才可能持续进行。综上所述，制造业企业销售过程的主要经济业务是：将产品销售出去，并办理货款的结算，同时确定产品销售成本、销售费用和相关税费。

在销售过程中，一个重要的问题就是如何确认销售收入。根据企业会计准则规定，商品的销售收入应同时满足下列条件，才能予以确认：①企业已将与商品所有权有关的主要风险和报酬转移给了购货方；②企业不再保留与商品所有权联系的管理权和控制权；③相关的经济利益很可能流入企业；④相关的收入和成本能够可靠地计量。一般情况下，当产品已经发出，与产品所有权相关的主要风险和报酬实质上转移给购货方，收到货款或取得收取货款的权利时，通常符合上述销售收入的确认条件，就可作为收入实现的入账时间。企业销售产品满足收入确认条件时，应当按照从购货方已收或应收的合同或协议价款确定销售收入金额。

根据销售收入确认和回收货款的时间是否一致，销售方式一般可以分为销售产品同时收到货款、销售产品前预收购货款、销售产品后收回货款等三种货款结算方式。

二、销售过程核算应设置的账户

根据销售业务的内容，企业一般需要设置“主营业务收入”“应收账款”“预收账款”“主营业务成本”“税金及附加”“销售费用”“应交税费”等账户进行核算。

（一）“主营业务收入”账户

为了核算企业销售产品实现的销售收入，需要设置“主营业务收入”账户。该账户属于损益类。“主营业务收入”账户贷方登记企业销售产品实现的销售收入；借方登记本期发生的销售退回应冲减的销售收入，以及期末结转到“本年利润”账户的余额。该账户期末结转后应无余额。“主营业务收入”账户的结构和内容如图5-22所示。

主营业务收入

借方	贷方
本期发生销售退回应冲减的销售收入、期末结转到“本年利润”账户的余额	企业销售产品实现的销售收入

图5-22 “主营业务收入”账户的结构和内容

（二）“其他业务收入”账户

为了核算企业出租固定资产、出租无形资产、出租包装物和商品、销售材料等实现的收入，需要设置“其他业务收入”账户。该账户属于损益类，贷方登记企业出租租金或销售原材料实现的收入；借方登记期末结转到“本年利润”账户的余额。

根据损益类“其他业务收入”账户设置，用以核算企业确认的除主营业务活动以外的其他经营活动实现的收入。包括企业确认的其他业务收入记入该账户的贷方，月末将该账户的余额转入“本年利润”账户，结转后该账户无余额。“其他业务收入”账户的结构和内容如图 5-23 所示。

其他业务收入

借方	贷方
期末结转到“本年利润”账户的余额	企业出租固定资产、出租无形资产、出租包装物和商品、销售材料等实现的收入

图 5-23 “其他业务收入”账户的结构和内容

（三）“主营业务成本”账户

为了反映和监督企业确认产品销售收入时应结转的成本，需要设置“主营业务成本”账户。该账户属于损益类账户，一般按照主营业务的种类设置明细账。“主营业务成本”账户借方登记企业本期发生应结转的已销产品的实际生产成本；贷方登记企业本期发生的销售退回中已经结转的销售成本，以及期末结转到“本年利润”账户的余额。该账户期末结转后应无余额。“主营业务成本”账户的结构和内容如图 5-24 所示。

主营业务成本

借方	贷方
本期发生应结转的已销产品的实际生产成本	本期发生的销售退回中已经结转的销售成本、期末结转到“本年利润”账户的余额

图 5-24 “主营业务成本”账户的结构和内容

（四）“其他业务成本”账户

为了核算企业确认的除主营业务活动以外的其他经营活动所发生的支出，包括销售材料的成本、出租固定资产的折旧额、出租无形资产的摊销额、出租包装物的成本或摊销额等，需要设置“其他业务成本”账户。该账户属于损益类账户，借方登记本期各项其他业务成本的发生数，贷方登记期末余额转入“本年利润”账户的余额。该账户期末结转后应无余额。“其他业务成本”账户的结构和内容如图 5-25 所示。

（五）“应收账款”账户

为了反映和监督企业因销售产品、提供劳务等经营活动而收取的款项，需要设置“应收账款”账户。该账户属于资产类户，一般按照债务人设置明细账。“应收账款”账户借方登记企业销售产品、提供劳务应收的金额，以及代购货单位垫付的运杂费和包装费等；贷方登记收回的应收账款；期末余额在借方，反映企业尚未收回的应收账款。“应收账款”账户的结构和内容如图 5-26 所示。

其他业务成本

借方	贷方
本期各项其他业务成本的发生数	期末结转到“本年利润”账户的余额

图 5-25　“其他业务成本”账户的结构和内容

应收账款

借方	贷方
企业销售产品及提供劳务应收的金额、代购货单位垫付运杂费和包装费	收回的应收账款
期末尚未收回应收账款	

图 5-26　“应收账款”账户的结构和内容

（六）“预收账款”账户

为了反映和监督企业按照合同规定预收的款项，需要设置“预收账款”账户。该账户属于负债类账户，一般按照购货单位设置明细账。“预收账款”账户贷方登记企业向购货单位预收的款项；借方登记向购货单位销售产品实现收入而应收的金额。如果预收账款小于应收的金额，则将购货单位补付的款项记入该账户贷方；反之，如果预收款项大于应收的金额，则将退回多收的款项记入该账户借方。该账户的期末贷方余额，反映企业预收的款项；期末如果出现借方余额，则反映的是企业应收的款项。“预收账款”账户的结构和内容如图 5-27 所示。

预收账款

借方	贷方
向购货单位销售产品实现收入而应收的金额、退回多收的款项	向购货单位预收的款项、收到补付的款项
	期末企业预收的款项

图 5-27　“预收账款”账户的结构和内容

（七）“税金及附加”账户

为了反映和监督企业经营活动发生的消费税、城市维护建设税、资源税和教育费附加等相关税费，需要设置“税金及附加”账户。“税金及附加”账户属于损益类账户，其借方登记企业按规定计算确定的与经营活动相关的税费；贷方登记期末结转到“本年利润”账户的余额。该账户期末结转后应无余额。“税金及附加”账户的结构和内容如图 5-28 所示。

（八）“销售费用”账户

销售费用是指企业在销售商品和材料、提供劳务的过程中发生的各种费用，包括包装费、保险费、展览费和广告费、商品维修费、运输费、装卸费等，以及专设销售机构的职工薪酬、业务费、折旧费等经营费用。

税金及附加

借方	贷方
企业按规定计算确定的与经营活动相关的税费	期末结转到“本年利润”账户的余额

图 5-28 “税金及附加”账户的结构和内容

为了反映和监督企业销售产品过程中发生的各种费用，需要设置“销售费用”账户。该账户属于损益类账户，一般按照费用项目设置明细账。“销售费用”账户借方登记企业在产品销售过程中发生的各种费用；贷方登记期末结转到“本年利润”账户的余额。该账户期末结转后应无余额。“销售费用”账户的结构和内容如图 5-29 所示。

销售费用

借方	贷方
企业在销售产品过程中发生的各种费用	期末结转到“本年利润”账户的余额

图 5-29 “销售费用”账户的结构和内容

销售业务核算小结

三、销售过程主要经济业务的核算

（一）主营业务收入的核算

企业销售商品或提供劳务实现的收入，应按实际收到、应收或者预收的金额，借记“银行存款”“应收账款”“应收票据”“预收账款”等科目，按确认的主营收入，贷记“主营业务收入”科目。

（二）主营业务成本的核算

期末，企业应按本期销售各种商品、提供各种劳务等实际成本，计算应结转的主营业务成本，借记“主营业务成本”，贷记“库存商品”等科目。

（三）其他业务收入与成本的核算

当企业发生其他业务收入时，借记“银行存款”“应收票据”“应收账款”等科目， 按确认的收入，贷记“其他业务收入”，并确认有关税金，同时应根据本期应结转的其他业务成本金额，借记“其他业务成本”科目，贷记“原材料”“累计折旧”等科目。

【例 5-32】20×7 年 12 月 15 日，华钢股份销售给讯达公司 A 产品 500 件，开具的增值税专用发票上注明售价为 250 000 元，增值税额为 42 500 元，收到讯达公司开具的银行承兑汇票一张。

此项经济业务一方面使企业收到了一张银行承兑汇票，应按其票面金额即销售产品的价税合计额借记“应收票据”科目；另一方面企业通过销售产品取得的收入属于主营业务收入，应按增值税专用发票上的销售价格贷记“主营业务收入”科目，应向购货方收取的增值税销项税额，贷记“应交税费”科目。因此，编制会计分录如下：

借：应收票据	292 500	
贷：主营业务收入		250 000
应交税费—应交增值税（销项税额）		42 500

【例 5-33】20×7 年 12 月 20 日以银行存款支付本月广告费 6 000 元，用现金购买办公用品 504 元。

此项经济业务一方面发生了广告费，应计入销售费用，借记“销售费用”科目；另一方面，企业银行存款减少，应贷记“银行存款”科目。因此，编制会计分录如下：

借：销售费用　　6 000
　　管理费用　　504
　　贷：银行存款　　6 000
　　　　库存现金　　504

【例 5-34】20×7 年 12 月 23 日销售甲材料 50 公斤，开具的增值税专用发票上注明售价为 6 000 元，增值税额为 1 020 元，款项已收存银行。

此项经济业务一方面企业收到销售价款及增值税销项税额，银行存款增加，应借记“银行存款”科目；另一方面企业通过销售材料取得的收入属于其他业务收入，应按增值税专用发票上的售价贷记“其他业务收入”科目，向购货方收取的增值税销项税额，贷记“应交税费”科目。因此，编制会计分录如下：

借：银行存款　　7 020
　贷：其他业务收入　　6 000
　　　应交税费—应交增值税（销项税额）　　1 020

【例 5-35】20×7 年 12 月 25 日向深云电子厂销售 A 产品 300 件，开具的普通发票上注明价款 175 500 元，以银行存款代垫运费 3 000 元，款项尚未收到。

企业将产品销售给小规模纳税人或消费者时，只能开具普通发票，普通发票中的价款为含增值税的销售价格，此时，需将含税销售价格换算成不含税销售价格，换算公式如下：

不含税售价=含税售价/(1+增值税率)=175 500/(1+17%)=150 000（元）

增值税额=不含税售价×增值税率=150 000×17%= 25 500（元）

企业销售产品过程中支付的运杂费，有两种情况：一是由销售方负担，应计入当期销售费用。二是由购买方负担，销售方代为垫付，该款项应从购买方收回，计入应向购买方收取的款项总额中。

因此，编制会计分录如下：

借：应收账款—深云电子　　178 500
　　贷：主营业务收入　　150 000
　　　　应交税费—应交增值税（销项税额）　　25 500
　　　　银行存款　　3 000

【例 5-36】月末，结转本月销售 A 产品的生产成本。

本月共销售 A 产品 800 件，随着该产品的销售，一方面企业库存 A 产品减少，应贷记“库存商品”科目；另一方面需在本期损益中确认的已销售 A 产品的生产成本增加，应借记“主营业务成本”科目。根据生产过程的核算，A 产品的实际生产成本为 310 元/件，因此，编制会计分录如下：

借：主营业务成本　　248 000
　　贷：库存商品—A 产品　　248 000

【例 5-37】月末，结转本月销售甲材料的采购成本。

本月共销售甲材料 50 公斤，随着该材料的销售，一方面企业库存甲材料减少，应贷记“原材料”科目；另一方面需在本期损益中确认的已销售甲材料的实际采购成本增加，应借记“其他业务成本”科目。根据采购过程的核算，甲材料的实际采购成本为 100.8 元/公斤，因此，编制会计分录如下：

借：其他业务成本　　　5 040

　　贷：原材料—甲材料　　　5 040

【例 5-38】本企业销售 A 产品属消费税应税产品，适用税率为 5%，月末，计算本月销售 A 产品应负担的消费税。

根据相关账户记录，本月共销售 A 产品 400 000 元，按 5%的税率计算应交消费税 20 000 元，一方面应计入当期损益，借记“税金及附加”科目；另一方面，由于消费税尚未实际缴纳，企业应交税费这项负债增加，贷记“应交税费”科目。因此，编制会计分录如下：

借：税金及附加　　　20 000

　　贷：应交税费—应交消费税　　　20 000

【例 5-39】月末，计提本月的城市维护建设税及教育费附加。本企业适用的城市维护建设税率及教育费附加的征收比率分别为 7%和 3%。

城市维护建设税和教育费附加是以企业缴纳的增值税、消费税、营业税税额为依据所征收的附加税费，分别用于城市的公用事业和公共设施的维护建设及教育支出。

根据账户记录，本月应交增值税为 11 220 元，应交消费税为 20 000 元，无应交营业税，则：

应交城建税=(11 220+20 000)×7%=2 185.4（元）

应交教育费附加=(11 220+20 000)×3%=936.6（元）

本月应负担的城建税及教育费附加一方面应计入当期损益，借记“营业税金及附加”科目；另一方面，由于城建税及教育费附加尚未实际缴纳，企业应交税费这项负债增加，应贷记“应交税费”科目。因此，编制会计分录如下：

借：税金及附加　　　3 122

　　贷：应交税费—应交城建税　　　2 185.4

　　　　　　　　—应交教育费附加　　　936.6

第六节　利润形成与分配业务核算

追求利润的最大化是企业的经营目标之一，因此，在本期收入与费用核算的基础上，需要进一步计算反映企业利润的形成及其分配情况。

一、利润的构成

利润是指企业在一定会计期间的经营成果。利润包括收入减去费用后的净额、直接计入当期利润的利得和损失等。

直接计入当期利润的利得和损失，是指应当计入当期损益、会导致所有者权益发生增减变动的、与所有者投入资本或者向所有者分配利润无关的利得或者损失。

收入、费用与利得、损失作为企业利润的构成部分，均会导致所有者权益发生变动，并与所有者投入资本或向所有者分配利润无关，但二者有着本质的区别：

收入与费用是企业在日常活动中形成的经济利益的总流入及总流出，而利得与损失是与企业日常活动没有直接关联的经济利益净流入或净流出。“日常活动”是指企业为完成其经营目标所从事的经常性活动以及与之相关的活动，例如，工业企业制造并销售产品，属企业为完成其经营目标所从事的经常性活动，由此产生的经济利益总流入及总流出，构成企业的收入与费用；而其出售原材料、出租固定资产等，属于与经常性活动相关的活动，由此产生的经济利益的总流入与总流出，也构成企业的收入与费用；对其处置固定资产、对外投资等活动，不是企业为完成其经营目标所从事的经常性活动，也不属于与经常性活动相关的活动，由此产生的经济利益的净流入与净流出，不构成企业的收入与费用，形成企业的利得或损失。

利润的相关计算公式如下：

（一）营业利润

营业利润=营业收入–营业成本–营业税金及附加–销售费用–管理费用–财务费用–资产减值损失+公允价值变动收益（–公允价值变动损失）+投资收益（–投资损失）

其中，营业收入是指企业经营业务所确认的收入总额，包括主营业务收入与其他业务收入。

营业成本是指企业经营业务所发生的实际成本总额，包括主营业务成本和其他业务成本。

（二）利润总额

利润总额=营业利润+营业外收入–营业外支出

其中，营业外收入是指企业发生的与其日常活动无直接关系的各项利得。

营业外支出是指企业发生的与其日常活动无直接关系的各项损失。

（三）净利润

企业实现的利润总额，必须按税法的规定计缴企业所得税，从利润总额中扣除了企业确认的所得税费用后，形成企业的净利润。

净利润=利润总额–所得税费用

二、利润核算应设置的账户

根据利润形成业务的内容，企业除了需要设置前面所介绍过的损益类账户外，还要设置“营业外收入”“营业外支出”“所得税费用”“本年利润”等账户进行核算。

（一）“营业外收入”账户

为了反映和监督企业发生的各项营业外收入，企业需要设置“营业外收入”账户。该账户属于损益类账户，一般按照营业外收入项目设置明细账。“营业外收入”账户贷方核算企业发生的与其日常活动无直接关系的各项利得，主要包括非流动资产处置利得、盘盈利得、捐赠利得、确实无法支付而按规定程序经批准后转作营业外收入的应付款项等。企业确认各项利得时，记入该账户的贷方，期末应将该账户的余额转入“本年利润”账户，结转后该账户无余额。其账户结构和内容如图 5-30 所示。

（二）“营业外支出”账户

为了反映和监督企业发生的各项营业外支出，企业需要设置“营业外支出”账户，该账户属于损益类账户，一般按照支出项目设置明细账。“营业外支出”账户用以核算企业发生的与其日常活动无直接关系的各项损失，主要包括非流动资产处置损失、盘亏损失、罚款支出、公益性捐赠支出、非常损失等。企业确认各项损失时，记入该账户的借方，期末应将该账户的余额转入“本年利润”账户，结转后该账户无余额。其账户结构和内容如图 5-31 所示。

营业外收入

借方	贷方
期末结转到“本年利润”账户的余额	企业发生的各项营业外收入

图 5-30 “营业外收入”账户的结构和内容

营业外支出

借方	贷方
企业发生的各项营业外支出	期末结转到“本年利润”账户的余额

图 5-31 “营业外支出”账户的结构和内容

（三）“所得税费用”账户

为了反映和监督企业确认的应从当期利润总额中扣除的所得税费用，需要设置“所得税费用”账户。“所得税费用”账户属于损益类账户，借方登记企业按税法规定计算确定的当期应交所得税；贷方登记期末结转到“本年利润”账户的余额。该账户期末结转后无余额。其账户结构和内容如图 5-32 所示。

所得税费用

借方	贷方
企业按税法规定计算确定的当期应交所得税	期末结转到“本年利润”账户的余额

图 5-32 “所得税费用”账户的结构和内容

（四）“本年利润”账户

为了反映和监督企业当期实现的净利润（或发生的净亏损），需要设置“本年利润”账户。“本年利润”账户属于所有者权益类账户。企业期末结转利润时，贷方登记从损益类（收入类）账户转入的各项收入额，借方登记从损益类（费用类）账户转入的各项费用额，从而结平各损益账户。如果收入总额大于费用总额，则该账户存在贷方余额，反映当期实现的净利润；如果收入总额小于费用总额，则该账户存在借方余额，反映当期发生的净亏损。年度终了，应将本年收入和费用相抵后结算出本年实现的净利润，从“本年利润”账户借方转入“利润分配”账户；如为净亏损，则从“本年利润”账户贷方转入“利润分配”账户。结转后该账户无余额。其账户结构和内容如图 5-33 所示。

（五）“利润分配”账户

为了核算企业利润的分配和历年分配后的余额，需要设置“利润分配”账户，该账户应当分别设置“提取法定盈余公积”“提取任意盈余公积”“应付现金股利或利润”“转作股本的股利”“盈余公积补亏”和“未分配利润”等明细账进行明细核算。“利润分配”账户属于所有者权益类账户，借方登记企业按规定提取的盈余公积、经股东大会或类似机构决议分配给股东或投资者的现金股利或利润、结转本年发生的净亏损；贷方登记结转本年实现的净利润、用盈余公积弥补亏损的金额。期末将“利润分配”账户所属其他明细账户的余额，转入“利润分配—未分配利润”明细账户，结转后，除“利润分配—未分配利润”明细账户外，“利润分配”账户所属的其他明细账户应无余额。“利润分配—未分配利润”明细账户的年末余额如果在借方，反映企业历年积存的未弥补亏损；余额如果在贷方，反映企业历年累积的未分配利润。其账户结构和内容如图 5-34 所示。

本年利润

借方	贷方
期末转入的各项费用额	期末转入的各项收入额
当期发生的净亏损 年末结转到“利润分配”账户的净利润	当期实现的净利润 年末结转到“利润分配”账户的净亏损

图 5-33 “本年利润”账户的结构和内容

利润分配

借方	贷方
结转本年发生的亏损 企业按规定提取的盈余公积 分配给股东或投资者的现金股利或利润	结转本年实现的净利润 用盈余公积弥补亏损
企业历年积存的未弥补亏损	企业历年累积的未分配利润

图 5-34 “利润分配”账户的结构和内容

（六）“盈余公积”账户

为了核算企业从净利润中提取的盈余公积，需要设置“盈余公积”账户，该账户应当分别设置“法定盈余公积”“任意盈余公积”进行明细核算。“盈余公积”账户属于所有者权益类账户。该账户贷方登记企业按规定提取的盈余公积；借方登记经股东大会或类似机构决议，用盈余公积弥补亏损、转增资本或派送新股的金额。该账户的期末余额在贷方，反映企业的盈余公积金额。其账户结构和内容如图 5-35 所示。

盈余公积

借方	贷方
用盈余公积弥补亏损的金额 用盈余公积转增资本的金额 用盈余公积派送新股的金额	企业按规定提取的盈余公积
	企业的盈余公积金额

图 5-35 “盈余公积”账户的结构和内容

（七）“应付股利”账户

企业的应付股利，是企业根据股东大会或类似机构审议批准的利润分配方案，按协议规定应该支付给投资者的利润。为了反映和监督企业向股东或投资人发放的利润，需要设置“应付股利”账户。该账户属于负债类账户。贷方登记按协议规定应支付的现金股利或利润；借方登记实际支付的现金股利或利润；余额在贷方，反映企业应付未付的现金股利或利润。该账户应按投资者设置明细账户进行明细分类核算。“应付股利”账户的结构和内容如图 5-36 所示。

应付股利

借方	贷方
企业实际支付的现金股利或利润	企业应支付的现金股利或利润
	企业应付未付的现金股利或利润

图 5-36　“应付股利”账户的结构和内容

利润形成及分配业务核算小结

三、利润相关业务的核算

（一）营业外收支的核算

【例 5-40】 20×7 年 12 月 22 日获赠机器设备一台，价值 41 000 元。

此项经济业务一方面使得企业机器设备增加，应借记“固定资产”科目；另一方面，企业接受捐赠获得了捐赠利得，应贷记“营业外收入”科目。因此，编制会计分录如下：

借：固定资产　　41 000

　　贷：营业外收入　　41 000

【例 5-41】 20×7 年 12 月 26 日以银行存款缴纳违章罚款 4 830 元。

此项经济业务一方面由于被罚款处罚发生了罚款支出，应借记“营业外支出”科目；另一方企业以银行存款支付了罚款，应贷记“银行存款”科目。因此，编制会计分录如下：

借：营业外支出　　4 830

　　贷：银行存款　　4 830

（二）利润形成的核算

结转各项收入时，借记“主营业务收入”“其他业务收入”“营业外收入”等科目，贷记“本年利润”；结转各项成本时，借记“本年利润”，贷记“主营业务成本”“其他业务成本”“营业外支出”“税金及附加”“管理费用”“销售费用”“财务费用”“所得税费用”等科目。

【例 5-42】 月末，将各损益类账户的余额结转到“本年利润”账户。

根据以上账户记录，将各损益类账户余额从相反方向转出，编制会计分录如下：

（1）结转收入

借：主营业务收入　　400 000

　　其他业务收入　　6 000

　　营业外收入　　41 000

　　贷：本年利润　　447 000

（2）结转费用

借：本年利润　　　　　347 000

　　贷：主营业务成本　　　248 000

　　　　其他业务成本　　　　5 040

　　　　税金及附加　　　　23 122

　　　　销售费用　　　　　24 216

　　　　管理费用　　　　　36 792

　　　　财务费用　　　　　　5 000

　　　　营业外支出　　　　　4 830

本月实现的利润总额为：447 000–347 000= 100 000（元）

【例 5-43】已知企业适用的所得税率为 25%，计提并结转本月所得税费用。

应交所得税=100 000×25%=25 000（元）

本期实现的净利润=100 000–25 000=75 000（元）

计算出的本月应交所得税，一方面增加了应从当期利润总额中扣除的所得税费用，应借记“所得税费用”科目；另一方面，由于该项税费尚未实际缴纳，企业应交税费这项负债增加，应贷记“应交税费”科目。

另外，“所得税费用”账户的期末余额应转入“本年利润”账户，以反映当期的净利润。因此，编制会计分录如下：

（1）计提当期所得税费用

借：所得税费用　　　　　　　　25 000

　　贷：应交税费—应交所得税　　　　25 000

（2）结转所得税费用

借：本年利润　　　　　25 000

　　贷：所得税费用　　　　　　25 000

根据以上相关分录登记“本年利润”账户如图 5-37 所示。

本年利润

借	贷
	期初余额　　425 000
本期发生额　347 000 25 000	本期发生额　447 000
	期末余额　500 000

图 5-37　“本年利润”账户

从以上账户记录可以看出，期初余额 425 000 元为企业本年度 1～11 月实现的净利润，12 月实现的净利润为 75 000 元，当前余额 500 000 元为本年度实现的净利润。

（三）利润分配核算

利润分配是指企业根据国家有关规定和企业章程、投资者协议等，对企业当年可供分配的利润所进行的分配。当年可供分配的利润包括当年实现的净利润与年初未分配利润。

未分配利润是经过提取法定盈余公积、提取任意盈余公积和向投资者分配利润等利润分配后剩余的利润，它是企业留待以后年度进行分配的历年结存的利润，相对于本年度实现的利润来说，企业对未分配利润的使用有较大的自主权。

企业利润分配的顺序依次是：①弥补亏损；②提取法定盈余公积；③提取任意盈余公积；④向投资者分配利润。

根据《公司法》的规定，公司制企业应当按照净利润的10%计提法定盈余公积，法定盈余公积累计额已达注册资本的50%时可以不再提取。应注意的是，由于年初未分配利润为已提取法定盈余后的留存利润，因此，在计算提取法定盈余公积的基数时，不应包括年初未分配利润。

公司制企业可以根据股东大会的决议提取任意盈余公积，计提的基数与比例由企业自行决定。

公司制企业可经股东大会或类似机构决议，向投资者分配现金股利或利润。

【例5-44】根据规定按本年税后利润的10%计提法定盈余公积。

法定盈余公积计提额=500 000×10%=50 000（元）

提取法定盈余公积属于企业利润分配，该项业务一方面使企业已分配利润增加、未分配利润减少，应借记“利润分配”科目；另一方面，所有者权益中来自于企业盈利的积累增加，应贷记“盈余公积”科目。因此，编制会计分录如下：

借：利润分配—提取法定盈余公积　　50 000
　贷：盈余公积　　50 000

【例5-45】根据股东大会决议，按投资者出资比例向投资者分配现金利润200 000元。已知企业的投资者长江电信和力丰控股的出资比例为4:6。

向投资者分配现金利润，一方面使企业已分配利润增加、未分配利润减少，应根据股东大会的决议，借记“利润分配”科目；另一方面，由于分配的利润尚未实际支付给投资者，企业应付股利这项负债增加，应贷记“应付股利”科目。因此，编制会计分录如下：

借：利润分配—应付现金股利或利润　　200 000
　贷：应付股利—长江电信　　80 000
　　　　　　—力丰控股　　120 000

（四）年末结转

【例5-46】年末结转“本年利润”及“利润分配”各明细账户。

经查，结转前，“本年利润”账户贷方余额为500 000元，“利润分配—提取法定盈余公积”明细账户借方余额为50 000元，“利润分配—应付现金股利或利润”明细账户的借方余额为200 000元，应将各账户余额从相反方向结转到“利润分配—未分配利润”账户。因此，编制会计分录如下：

（1）结转“本年利润”

借：本年利润　　500 000
　贷：利润分配—未分配利润　　500 000

（2）结转“利润分配”所属各明细账户

借：利润分配—未分配利润　　250 000

贷：利润分配—提取法定盈余公积　　　50 000
　　　　　　—应付现金股利或利润　　200 000

根据以上相关分录登记“利润分配—未分配利润”账户如图 5-38 所示：

利润分配—未分配利润

借	贷
	期初余额　220 000
本期发生额　250 000	本期发生额　500 000
	期末余额　470 000

图 5-38　“利润分配”账户

从以上账户记录可以看出，“利润分配—未分配利润”明细账户的期初余额为本年初的累积未分配利润，年初贷方余额为 220 000 元，年末转入其贷方的 500 000 元为本年度实现的净利润，转入其借方的是本年度分配的利润 250 000 元，期末余额 470 000 元为本年末的累积未分配利润。

名词互译

Costs of Goods Sold 销货成本
Inventory 存货
Depreciation 折旧
Retailer 零售商
Wholesaler 批发商
Accounts Payable 应付账款
Paid-in Capital 实收资本
Short-term Liabilities 短期负债
Direct Cost 直接费用
Material Cost 材料费用
Overhead 制造费用
Goods in Process 在产品
General and Administrative Expenses 管理费用
Plant Assets 固定资产
Merchandise 商品
Selling Expenses 销售费用
Accounts Receivable 应收账款
Capital Stock 股本
Retained Earnings 留存收益
Long-term Liabilities 长期负债
Indirect Cost 间接费用
Labor Cost 人工费用
Finished Goods Inventory 完工产品

本章小结

由于工业企业的生产经营活动复杂，涉及的环节多，本章以工业企业的基本经济业务为例，阐述账户和借贷记账法的应用。工业企业是从事商品生产和经营，并通过经营活动取得利润的单位。企业要开展经营活动完成经营目标，就需要从各种渠道筹集一定的资金。投资者投入的资本金是一个重要的资金来源，另外，企业还可以通过负债方式向债权人借入资金。这些资金进入企业后，会随着企业经营过程的开展和经济业务的发生，转换其占用形态。

工业企业的经营过程包括供应过程、生产过程和销售过程。企业的经营资金，依次经过这三个过程并不断地循环和周转。而会计核算就是要反映、监督经营资金的循环和周转，以及其保值和增值情况。

在供应过程，企业要购置生产所需的机器设备，以及为生产采购准备各种材料，企业经营资金由货币资金转化成储备资金。其主要的经济业务是固定资产购建，材料采购成本的计算和结转，以及由此产生的相关账款的结算。

在生产过程，企业为制造产品会发生各种耗费，在供应过程采购的原材料随着生产的领用，由材料储备资金变成生产资金，固定资产随着在生产中的损耗，以折旧的形式逐渐变成生产资金；生产工人在生产中的活劳动形成了工资及福利费等人工费；生产车间为管理和组织生产而发生各种间接耗费。最终经过生产制造过程，形成产成品，生产资金转化为成品资金。其主要的经济业务是生产制造过程中发生的各种费用的归集和分配，以及产品生产成本的计算和结转。

在销售过程，企业销售产品，收回货款，一方面，企业产品的生产成本等形成了产品的销售成本，在销售中发生的各种耗费形成销售费用。另一方面，取得了销售收入，企业的销售成本和销售费用得到了补偿，其超出部分则形成了企业的利润。企业的产品资金转化为货币资金，实现了经营资金的保值和增值。其主要的经济业务为产品销售收入及销售成本的确认，以及由此形成的销售账款的结算，并在此基础上确定利润，按规定的办法和分配顺序进行利润的分配。

导入案例分析

1．企业经营过程中资金的来源主要有两条：第一股东投入的资本金；第二债权人投入的，如借款、向供应商赊销商品等。

2．供应过程中涉及到的业务核算主要有采购原材料、购建固定资产等业务，生产过程中加工生产产品时领用原材料的费用、加工生产过程中耗用的加工费用以及生产加工过程中的其他间接费用支出。销售过程中一方面实现了收入，另一方面仓库里的存货减少，需结转销售成本。

知识测试与能力训练

一、单项选择题

1．以下账户中期末一般无余额的是（　　）。

A．应交税费　　B．本年利润　　C．应付利息　　D．营业外收入

2．下列项目中不构成材料采购成本的是（　　）。

A．买价　　B．增值税　　C．消费税　　D．关税

3．法定盈余公积的计提比例为税后净利润的（　　）。

A．7%　　B．5%　　C．10%　　D．16%

4．华钢股份购买甲材料 500 公斤，取得增值税专用发票，单价 20 元，价款 10 000 元，增值税额 1 700 元，发生运杂费 500 元，材料运输途中发生合理损耗 20 公斤，入库前发生挑选整理费 300 元，则甲材料的采购成本为（　　）。

A．10 800　　B．11 200　　C．12 900　　D．10 400

5. 经营租入的固定资产的改良支出应记入（　　）账户。
A. 在建工程　　B. 固定资产　　C. 长期待摊费用　　D. 营业外支出

6.“应付职工薪酬”是（　　）科目。
A. 资产类　　B. 负债类　　C. 所有者权益类　　D. 损益类

7.“材料采购”账户期末若有余额，表示（　　）。
A. 已购入但尚未验收入库的材料
B. 企业本月及以前各期累计购买的材料金额
C. 企业目前尚存的原材料
D. 企业已入库和已耗用材料的差额

8. 工业企业将多余闲置的固定资产出租，收取的租金收入应计入（　　）。
A. 主营业务收入　　B. 其他业务收入
C. 投资收益　　D. 营业外收入

9. 以下属于所有者权益的项目是（　　）。
A. 著作权　　B. 固定资产　　C. 投入资本　　D. 应收账款

10. 甲企业从银行借款 10 万元归还原欠 B 公司的购货款，借款和还款手续办妥后，企业（　　）。
A. 资产和负债都增加了　　B. 权益和资产都增加了
C. 一项负债减少另一项负债增加　　D. 负债减少，资产增加

11. 企业出售无形资产取得的净收益应计入（　　）。
A. 主营业务收入　　B. 其他业务收入
C. 营业外收入　　D. 投资收益

12. 甲企业经股东大会批准后，决定将 10 万元盈余公积转增为资本金，这项业务发生后该企业（　　）。
A. 资产总额增加了
B. 负债总额减少了
C. 所有者权益减少，资产增加
D. 原有的资产、负债、所有者权益总额均未变化

13. 企业利润分配中以下项目的分配顺序为（　　）。
①提取任意盈余公积　　②弥补亏损
③提取法定盈余公积　　④向投资者分配利润
A. ①→②→③→④　　B. ②→③→①→④
C. ③→①→②→④　　D. ②→①→③→④

14. 企业处置固定资产发生的净损失应计入（　　）。
A. 主营业务成本　　B. 其他业务成本
C. 营业外收入　　D. 营业外支出

15. 企业其他业务缴纳的营业税金应借记的科目是（　　）。
A. 其他业务成本　　B. 应交税费
C. 营业税金及附加　　D. 营业外支出

16. 企业的应付款项确实无法支付，经确认后转作（　　）。

A．主营业务收入　　B．其他业务收入
C．营业外收入　　D．资本公积

17. 企业支付工会经费和职工教育经费用于工会活动和职工培训，应借记的科目是（　　）。
A．其他应收款　　B．应付职工薪酬
C．管理费用　　D．其他应付款

18. 下列各项中，应计入管理费用的是（　　）。
A．审计费　　B．广告费
C．采购运费　　D．自然灾害损失

19. 企业生产车间发生的固定资产修理费应计入（　　）。
A．生产成本　　B．制造费用
C．管理费用　　D．营业外支出

20. 企业出租固定资产计提的折旧应计入（　　）。
A．制造费用　　B．管理费用
C．其他业务成本　　D．营业外支出

二、多项选择题

1. 以下项目中构成材料采购成本的有（　　）。
A．买价　　B．运杂费　　C．广告费
D．挑选整理费　　E．进口关税

2. 企业的期间费用包括（　　）。
A．制造费用　　B．销售费用　　C．管理费用
D．财务费用　　E．长期待摊费用

3. 企业产品的构成项目包括（　　）。
A．生产成本　　B．制造费用　　C．直接材料
D．直接人工　　E．间接费用

4. 以下账户中期末无余额的是（　　）。
A．生产成本　　B．制造费用　　C．本年利润
D．管理费用　　E．利润分配

5. 工业企业以下收入中应记入其他业务收入的有（　　）。
A．销售产品　　B．销售材料
C．固定资产盘盈　　D．固定资产出租收入
E．处置固定资产净收益

6. 工业企业以下各项应记入营业外支出的是（　　）。
A．罚款支出　　B．固定资产盘亏
C．公益性捐赠　　D．租入固定资产租金
E．非常损失

7. 下列费用不能全部计入当期损益的有（　　）。
A．生产成本　　B．制造费用　　C．销售费用
D．管理费用　　E．财务费用

8. 下列支出不得列入成本费用的是（ ）。
A. 支付给金融机构的手续费
B. 支付给银行的借款利息
C. 偿还银行的长期借款本金
D. 支付给投资者利润
E. 支付给供应商的购货款

9. 年末下列账户中无余额的是（ ）。
A. 生产成本
B. 应交税费
C. 制造费用
D. 本年利润
E. 利润分配

10. 以下费用中应记入销售费用的是（ ）。
A. 广告费
B. 销售机构人员工资
C. 销售机构人员差旅费
D. 销售产品运杂费
E. 销售原材料成本

11. 以下费用中应记入财务费用的是（ ）。
A. 支付给金融机构手续费
B. 利息支出
C. 汇兑损益
D. 财务人员工资
E. 财务部门办公费

12. 工业企业以下税金中应记入营业税金及附加的是（ ）。
A. 增值税
B. 消费税
C. 所得税
D. 城建税
E. 教育费附加

13. 计提固定资产折旧可能涉及的账户包括（ ）。
A. 固定资产
B. 累计折旧
C. 制造费用
D. 销售费用
E. 财务费用

14. 工业企业以下项目中应计入营业外收入的是（ ）。
A. 材料销售
B. 固定资产出租
C. 确实无法支付的应付账款
D. 接受捐赠
E. 处置固定资产利得

三、判断题

1. 材料采购成本中的买价是指向购买方支付的采购账款。（ ）
2. 财务费用是一种期间费用，按月归集，月末全部转入“本年利润”账户。（ ）
3. 由于损益类账户期末余额需全额转入“本年利润”账户，因此损益类账户期末无余额。（ ）
4. 未分配利润等于“本年利润”账户的贷方余额减去“利润分配”账户的借方余额。（ ）
5. 增值税对企业的经营成本和损益核算没有影响。（ ）
6. “累计折旧”账户是固定资产的备抵账户，表示固定资产的累计损耗价值。（ ）
7. 企业预付下一年度保险费，应记入“管理费用”账户。（ ）
8. “本年利润”借方余额表示本年度累计实现净利润，贷方余额表示本年度累计发生净亏损。（ ）

9.“利润分配—未分配利润”账户的贷方余额表示本年度的未分配利润金额。（　）

10．企业销售产品若开具了普通发票，会计核算时不需反映销售产品的销项税额。（　）

11．本期支付本期受益的费用，应在其支付时，直接作为当期费用处理。（　）

12．当期发生的产品生产成本不能直接计入当期损益，而应在产品实际销售并确认销售收入时，再将已销售产品的生产成本计入该期损益。（　）

13．企业按职工工资总额一定比例计提的工会经费及职工教育经费应记入管理费用。（　）

14．企业专设销售机构的固定资产修理费用应计入销售费用。（　）

15．“生产成本”账户若有余额应在借方，反映期末自制半成品的实际生产成本。（　）

16．企业当年可供分配的利润包括当年实现的净利润和年初未分配利润。（　）

17．企业计提当年盈余公积的基数，不包括年初未分配利润。（　）

18．年度终了，“利润分配”账户所属的各明细账户中，除“未分配利润”明细账户可能有余额外，其他明细账户均无余额。（　）

四、综合题

1．华钢股份 2 月发生如下经济业务：

（1）从洞口矿业有限公司购入甲材料 1 000 公斤，增值税专用发票上注明的单价 20 元，价款 20 000 元，增值税额 3 400 元，款项以银行存款支付。

（2）上述甲材料运至企业，用现金支付挑选整理费 400 元，材料已验收入库。

（3）从天安电子厂购入甲材料 4 000 公斤，增值税专用发票上注明单价 18 元，价款 72 000 元，增值税额 12 240 元，乙材料 6 000 公斤，单价 50 元，价款 300 000 元，增值税额 51 000 元，货款以银行承兑汇票支付。

（4）以银行存款支付上述甲、乙材料运费 4 800 元，用现金支付装卸费 200 元。上述甲、乙材料运到企业，甲材料进行挑选整理，乙材料验收入库。

（5）向永昌贸易公司购买丙材料 5 000 公斤，增值税专用发票上注明的单价 10 元，价款 50 000 元，增值税额 8 500 元，永昌贸易代垫了 1 000 元运费，账款尚未支付，材料尚在途中。

（6）上述签发给天安电子厂的商业汇票到期，以银行存款支付票款。

（7）以银行存款支付前欠永昌贸易公司货款。

（8）以银行存款购入不需安装的机器设备一台，取得的增值税专用发票中注明价款 300 000 元，增值税 51 000 元。

要求：编制以上经济业务的会计分录。

2．华钢股份 3 月初“生产成本—A 产品”账户期初余额为 10 000 元，本月发生如下业务：

（1）以银行存款支付生产车间电费 2 000 元。

（2）车间购买零星办公用品 480 元，以现金支付。

（3）生产车间从仓库领用如下材料：用于生产 A 产品甲材料 150 公斤，乙材料 100 公斤。用于生产 B 产品甲材料 120 公斤，乙材料 80 公斤。用于车间共同耗用的甲材料 30 公斤。甲材料单价 50 元，乙材料 80 元。

（4）结算本月应付工资，按用途归集如下：

A 产品生产工人工资	8 000 元
B 产品生产工人工资	4 000 元
车间职工工资	2 000 元
销售人员工资	3 000 元
管理部门职工工资	3 000 元

（5）按规定根据职工工资总额 16%计提社会保险费。

（6）计提本月固定资产折旧，车间使用的固定资产折旧 6 000 元，管理部门使用的固定资产折旧 3 000 元。

（7）摊销应由生产车间负担的租入机器设备改良支出 2 700 元。

（8）根据生产工人工资比例分配并结转本月制造费用。

（9）本月生产 A 产品 100 件已完工并验收入库，结转其实际生产成本。

要求：编制以上经济业务的会计分录。

3．华钢股份 3 月发生如下经济业务：

（1）向鸿远焦化有限公司出售 A 产品 500 件，开具的增值税专用发票上每件售价 60 元，增值税率 17%，货款已收到，存入银行。

（2）向泰瑞科技有限公司出售 B 产品 300 件，开具的增值税专用发票上每件售价 150 元，增值税率 17%，货款尚未收到。

（3）以银行存款支付上述 A、B 两种产品在销售过程中运输费 800 元，包装费 200 元。

（4）结算本月销售机构人员工资 1 000 元，并按工资总额的 9%和 7%比例分别计提职工养老保险费和医疗保险费。

（5）按 10%税率计提 B 产品的消费税。

（6）向鑫锐冶金有限公司出售材料物资 100 公斤，单价 12 元，增值税率为 17%，货款 1 404 元已收存银行。

（7）结转本期销售产品的实际生产成本（A 产品每件 45 元，B 产品每件 115 元）。

（8）结转本期销售材料的实际采购成本（每公斤 10 元）。

4．华钢股份 12 月 31 日结账前有关账户的余额如下：

（1）“本年利润”账户贷方余额为 50 000 元。

（2）“利润分配”账户贷方余额为 75 000 元，其所属“未分配利润”明细账户的贷方余额为 75 000 元，其他明细账户无余额。

（3）损益类账户余额为：

账户名称	借方余额	贷方余额
主营业务收入		800 000
其他业务收入		6 000
营业外收入		15 000
主营业务成本	600 000	
其他业务成本	5 000	
税金及附加	30 000	
销售费用	35 000	

管理费用　　　　　　　　86 000

财务费用　　　　　　　　3 300

营业外支出　　　　　　　1 700

要求：编制以下经济业务的会计分录：

（1）将损益类账户的余额结转到“本年利润”账户，计算本期利润总额。

（2）根据利润总额计算并结转本期应交所得税，企业适用的所得税率为25%。

（3）按本年税后利润的10%计提法定盈余公积。

（4）将剩余可分配利润的60%分配给投资者。

（5）将“本年利润”的余额结转入“利润分配”账户。

（6）将“利润分配”所属的其他明细分类账户余额结转入“利润分配—未分配利润”账户。

5. 已知华钢股份20×6年12月初“生产成本—A产品”600件，账面余额为5 000元，B产品无期初在产品，“本年利润”账户贷方余额为100 000元，“利润分配—未分配利润”账户贷方余额为40 000元

该企业12月份发生如下经济业务：

（1）向洞口矿业有限公司购买甲材料1 000公斤，增值税专用发票中单价为19元，计19 000元，增值税3 230元，乙材料500公斤，单价14元，计7 000元，增值税1 190元，运输费共计1 500元由B企业代垫，账款暂欠，材料已经验收入库。

（2）从银行借入三年期借款1 000 000元，利率6%，按年付息，到期还本。

（3）以银行存款偿付洞口矿业有限公司的材料购买款项。

（4）以现金支付生产车间零星办公用品费用400元。

（5）结算本月应付职工工资，其中A产品生产工人工资20 000元，B产品生产工人工资7 500元，车间管理人员工资10 000元。

（6）接受长安公司投入的一项固定资产，原值140 000元，协议作价100 000元。

（7）接银行付款通知，付本月水费，其中生产车间负担3 000元，行政管理部门负担1 100元。

（8）仓库本月共发出甲材料13 200元，其中A产品生产消耗7 700元，B产品生产消耗1 500元，车间共同耗用4 000元；发出乙材料7 500元，其中A产品生产消耗4 300元，B产品生产消耗3 000元，企业行政管理部门耗用200元。

（9）计提长期借款利息5 000元，该利息不符合资本化条件。

（10）计提本月固定资产折旧5 000元，其中车间负担4 000元，行政管理部门负责1 000元。

（11）根据A、B产品的生产工时比例分配本月发生的制造费用，已知A产品生产工时为3 000小时，B产品生产工时为1 000小时。

（12）上月投产的A产品600件完工入库，计算并结转其实际生产成本，本月投入生产的B产品尚未完成加工过程。

（13）销售给泰瑞科技有限公司B产品500件，开具销售税专用发票，单价160元，计80 000元，增值税13 600元，收到商业汇票一张。

（14）本企业B产品适用5%的消费税，计提本月销售B产品应交消费税。

（15）结转本月销售 B 产品 500 件的实际生产成本（B 产品单位成本 80 元）。
（16）将各损益类账户余额转入“本年利润”。
（17）按 25%的税率计算并结转本月所得税。
（18）按本年税后利润的 10%计提法定盈余公积。
（19）向投资者分配利润 10 000 元。
（20）结转“本年利润”及“利润分配”所属各明细分类账户。

第六章　会计凭证的填制和审核

学习目标

1. 了解会计凭证的概念和种类。
2. 熟悉原始凭证与记账凭证的基本类型、基本要素。
3. 掌握原始凭证与记账凭证的填制要求和审核方法。
4. 熟悉会计凭证的传递、整理、装订、保管等工作流程。
5. 通过本章的学习，能掌握正确填制和审核会计凭证的基本技能，熟练整理和装订凭证的基本流程。

知识框架

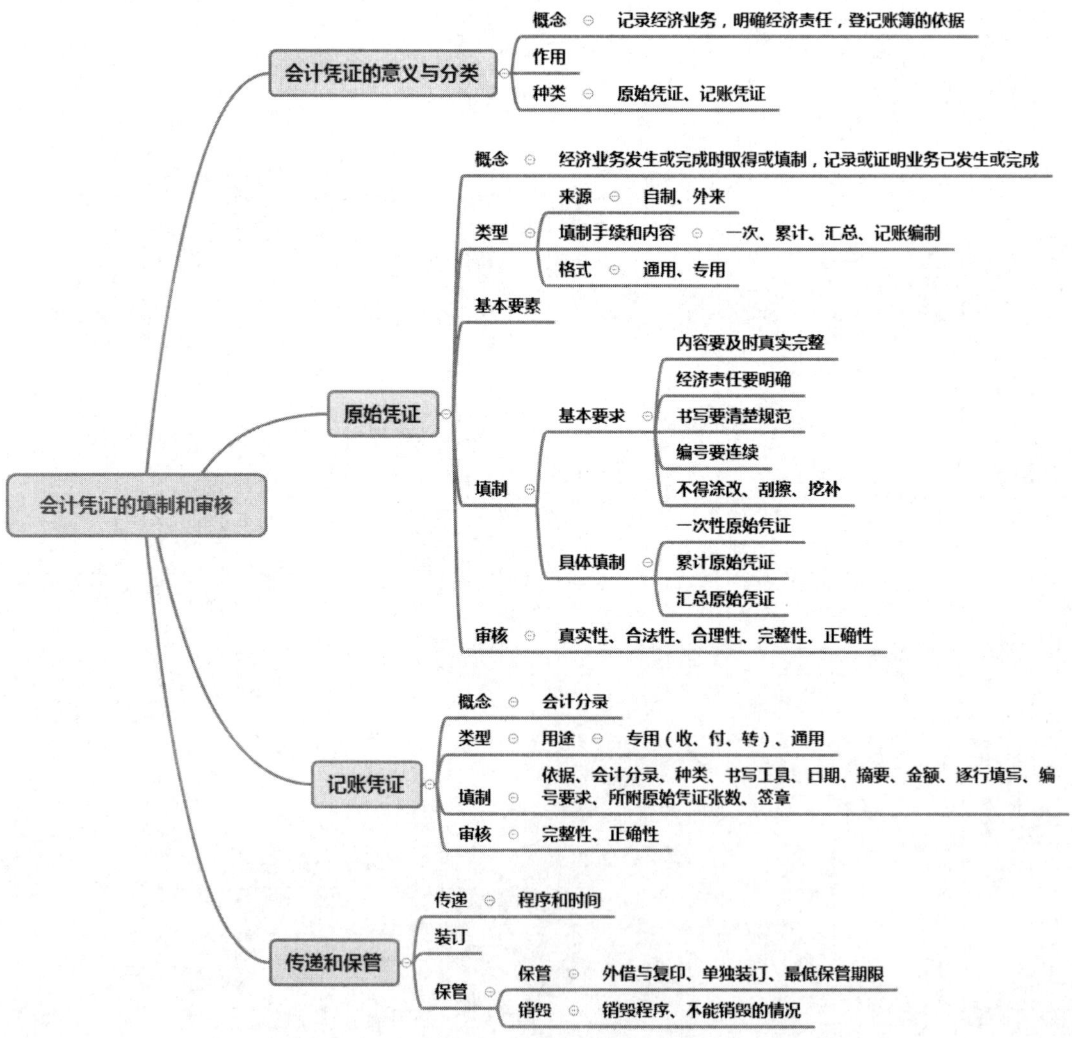

导入案例

案例： 李玉最近被聘为华钢股份的会计，月底原材料库管理员王悦将该月领料单（财务记账联）送交财务，产成品库管理员李明将该月销售发货单送交财务，李会计开始着手进行收集与整理相关资料，进行月末结算工作。

思考讨论： 1. 本案例中李会计在归集生产费用时，需要整理哪些原始资料，如何处理？
2. 李会计在核准本月销售收入时需要做哪些工作？
3. 根据这些资料，李会计如何进行账务处理？

第一节　会计凭证概述

一、会计凭证的概念

会计凭证是记录经济业务的发生与完成情况，明确经济责任的书面证明，是登记账簿的重要依据。

企业、行政事业单位的经济业务一经发生和完成，都必须及时取得并填制会计凭证，真实、合法地反映企业的经济活动。

在会计实务中，经济业务的内容要通过合法、有效的会计凭证进行记录和反映。如某公司开出转账支票购入材料一批，则证明这项业务发生的会计依据就是转账支票的存根联（原始凭证）、增值税专用发票的发票联或普通发票（原始凭证）、材料入库单的记账联（原始凭证）和付款凭证（记账凭证）。这些单据都属于会计凭证。

填制与审核会计凭证，是对企业发生经济业务的初始记录，是会计核算工作的起点和基础，在整个会计核算过程中起着非常重要的作用。

二、会计凭证的意义

及时、准确地填制和审核会计凭证，对于保证会计信息的质量，对企业经济活动进行有效的会计监督，都具有重要意义。

（一）记录交易或事项，提供记账依据

会计凭证是提供经济信息和会计信息的主要载体，会计人员根据日常交易或事项填制或取得大量分散的会计凭证，进行分类、整理、汇总，真实、准确地记录和反映了企业（单位）经济活动情况，为经济管理决策提供有用的会计信息。同时，通过会计凭证的填制和审核，为账簿登记提供可靠的依据，确保账簿记录的真实准确。

（二）明确经济责任，强化内部控制

任何会计凭证除记录交易或事项的基本内容外，还必须有有关部门和人员的签章。对会计凭证所记录的交易或事项的真实性、正确性、合法性、合理性负责，以防止舞弊行为，强化内部控制。

（三）监督经济活动，控制经济运行

通过会计凭证的审核，可以查明每一项交易或事项是否符合国家有关法律法规及国家统一会计制度的规定，是否符合单位计划和预算的要求，是否存在贪污挪用、铺张浪费的行为等。

对于检查出来的问题，会计人员当及时向单位有关领导报告，并采取有效措施予以纠正，确保会计管理对经济活动的有效控制，促进经济活动安全、稳健地运行。

三、会计凭证的种类

在实际经济活动中，会计凭证是多种多样的，为便于区分使用，一般按照会计凭证的填制程序和用途的不同，将其划分为两类，即原始凭证和记账凭证。原始凭证随着经济业务的不同而有不同的内容与格式，记账凭证则是用一定的格式来记录不同经济业务的凭据。

第二节　原始凭证的填制和审核

一、原始凭证的概念

原始凭证，又称单据，是在经济业务发生或完成时取得或填制的，用以记录或证明经济业务已发生或完成的文字凭据。它用来记录经济业务发生或完成情况，是进行会计核算的原始资料和重要依据。同时它还可以明确经济责任，是会计资料中最具有法律效力的一种文件。

二、原始凭证的类型

（一）按其来源不同分类

按其不同来源，原始凭证可分为外来原始凭证和自制原始凭证。

1. 外来原始凭证

外来原始凭证，简称外来凭证，是指在经济业务发生或完成时从其他单位或个人直接取得的原始凭证或是能证明钱、物往来的最初证明。外来原始凭证一般由税务局等部门统一印制，或经税务部门批准由经济单位印制，在填制时加盖出据凭证单位的公章方有效，对于一式多联的原始凭证必须用复写纸套写。如公司采购时取得的发货票、出差人员报账时提供的车船票、住宿票、货物运单、银行的收账通知单等，均为外来原始凭证。

2. 自制原始凭证

自制原始凭证，是指在经济业务事项发生或完成时，由本单位内部经办部门或人员填制的凭证。如借款单、产品交库单、收料单、领料单、开工单、成本计算单等。

（二）按填制手续和内容的不同分类

按其填制的手续和内容不同，原始凭证可分为一次原始凭证、累计原始凭证、汇总原始凭证和记账编制原始凭证。

1. 一次原始凭证

一次原始凭证是指是指一次填制完成的原始凭证，它只能反映一项经济业务事项，或同时发生的若干项同类经济业务事项。外来原始凭证一般都属于一次性原始凭证，如发票、收据等。在自制原始凭证中一次凭证有借款单、领料单等。

2. 累计原始凭证

累计原始凭证是指在规定期限（如一个月）内多次记录发生的同类经济业务的原始凭证。常用的累计原始凭证有：限额领料单、费用登记表等。

3. 汇总原始凭证

汇总原始凭证也称“原始凭证汇总表”，是指将一定时期内若干份记录同类经济业务的原始凭证按照一定的管理要求汇总编制一张汇总凭证，用以集中反映某项经济业务总括发生情况的原始凭证。如“发料凭证汇总表”“收料凭证汇总表”“现金收入汇总表”等都是汇总原始凭证。

4. 记账编制原始凭证

记账编制原始凭证是根据账簿记录和经济业务的需要编制的一种自制原始凭证。记账编制凭证是根据账簿记录，把某一项经济业务加以归类、整理而重新编制的一种原始凭证。例如在计算产品成本时编制的“制造费用分配表”。

（三）按格式的不同分类

按其格式不同，原始凭证可分为通用原始凭证和专用原始凭证。

1. 通用原始凭证

通用原始凭证是指由有关部门统一印制、在一定范围内使用的具有统一格式和使用方法的原始凭证。如全国通用的增值税发票、银行转账结算凭证等。

2. 专用原始凭证

专用原始凭证是指由单位自行印制、仅在本单位内部使用的原始凭证。如收料单、领料单、工资费用分配单、折旧计算表等。

三、原始凭证的基本要素

在日常经济活动中，由于各项经济业务的内容和经济管理的要求不同，各种原始凭证的名称、格式和内容也是多种多样的。但是原始凭证是经济业务的原始证据，都必须详细载明有关经济业务的发生或完成情况，必须明确经办单位和人员的经济责任。因此每种原始凭证都应具备一些共同的基本内容。原始凭证所包括的基本内容通常称为原始凭证的基本要素。如图6-1所示，原始凭证包含以下基本内容：

（1）原始凭证的名称：湖南省增值税专用发票

（2）填制凭证的日期：20×6年11月01日

（3）凭证的编号：NO.00217388

（4）接受凭证单位名称：华钢股份

（5）经济业务的内容及金额（单价、数量、计量单位）：购买A01原材料2 000吨，单价250元每吨，总金额为585 000元，增值税额为85 000元等。

（6）填制单位名称及公章或专用章：洞口矿业有限公司及该公司的发票专用章。

（7）有关人员（部门负责人、经办人员）的签名盖章：收款人陈丽等。

原始凭证只有具备这些基本要素才具有法律效力，才能用于会计核算。此外，有的原始凭证为了满足计划、业务、统计等职能部门管理经济的需要，还需要具备一些特殊的内容和要求。如列入计划、定额、合同号码等项目，这样可以对所发生的经济业务进行更加详细的记录。

湖南省增值税专用发票

发票代码：18990448
发票号码：00217388
开票日期：20×6年11月01日

购货单位	名称：华钢股份 纳税人识别号：431302320698036 地址、电话：娄底市经济开发区大汉路15号 0738-8576260 开户行及账号：中国工商银行星城支行 789091267880987	密码区	2489－1＜9－7－ 加密板本：01 615962848＜032/ 4301094332 52 ＞ 9/29533 － 00217388 49741626＜8－3024 ＞82906－2－47－6 ＜7＞2*－/＞*＞6/

货物或应税劳务名称	规格型号	单位	数量	单价	金额	税率	税额
A01		吨	2000	250	500000	17%	85000
合　计					￥500000		￥85000

价税合计（大写）	人民币伍拾捌万伍仟元整（小写）￥585000.00

销货单位	名称：洞口矿业有限公司 纳税人识别号：431302058005621 地址、电话：群乐街16号 0738-8568067 开户行及账号：招商银行开发区支行 6225786094590646	备注	

收款人：陈丽　　复核：孙平　　开票人：李飞　　销货单位（章）

第二联 发票联 购货方记账凭证

图6-1　增值税专用发票

四、原始凭证的填制

（一）原始凭证的填制基本要求

自制原始凭证的填制有三种形式：一是根据实际发生或完成的经济业务，由经办人员直接填制，如“入库单”“领料单”等；二是根据账簿记录对有关经济业务加以分类、整理、填制，如月末编制的制造费用分配表、工资结算汇总表等；三是根据若干张反映同类经济业务的原始凭证定期汇总填制，如各种汇总原始凭证等。

外来原始凭证，虽然是由其他单位或个人填制，但它同自制原始凭证一样，也必须具备为证明经济业务完成情况和明确经济责任所必需的内容。

尽管各种原始凭证的具体填制依据和方法不尽一致，但就原始凭证应反映经济业务、明确经济责任而言，其填制的一般要求有以下几个方面。

1. 内容真实完整

原始凭证一定要及时填写，并按规定的程序及时送交会计机构、会计人员进行审核。原始凭证所填列的经济业务内容和数字真实可靠；原始凭证所要求填列的项目必须逐项填列齐全，不得遗漏和省略。如果项目填写不全，则不能作为经济业务的合法证明。

2. 手续完备

原始凭证的填制手续，必须符合内部牵制原则的要求。凡是填有大写和小写金额的原始凭证，大写与小写金额必须相符；购买实物的原始凭证，必须有实物的验收证明；支付款项的原始凭证，必须有收款方的收款证明，一式几联的凭证，必须用双面复写纸套写，单页凭证必须用钢笔填写；各种借出款项的收据，必须附在记账凭证上，收回借款时，应另开收据或退回收据副本，不得退回原借款收据。经有关部门批准办理的某些特殊业务，应将批准文件作为原始凭证的附件或在凭证上注明批准机关名称、日期和文件字号。

3. 书写清楚规范

手写原始凭证必须用蓝色或黑色书写，支票只能用黑色笔书写，机打发票只能机打，手写无效。原始凭证的文字部分要求内容简要，字迹清楚，不得使用未经国务院公布的简化汉字。

金额书写要求

4. 编号连续

同类原始凭证必须连续编号，以便查考。预先印定编号的原始凭证，要连续使用，不能跳号。

5. 不得涂改、刮擦、挖补

原始凭证有错误的，应当由出具单位重开或更正，更正处应当加盖出具单位印章。原始凭证金额有错误的，应当由出具单位重开，不得在原始凭证上更正。对于支票等重要的原始凭证若填写错误，一律不得在凭证上更正，应按规定的手续注销留存，另行重新填写。当原始凭证因填写或其他原因作废时，应加盖“作废”戳记，妥善保管不得撕毁。一式几联的原始凭证必须整份保存，不得缺联。

（二）原始凭证的具体填制方法

1. 一次性原始凭证的填制

一次原始凭证是指是指一次填制完成的原始凭证，它只能反映一项经济业务事项，或同时发生的若干项同类经济业务事项。下面以“原材料收料单”为例介绍一次性原始凭证的填制方法。“原材料收料单”一般为一式三联，一联留仓库，据以登记材料物资明细账和材料卡片；一联随发票账单到会计处报账；一联交采购人员存查。

【例 6-1】20×6 年 4 月 19 日，仓库管理员收到购入的 A01 材料 2 000 吨，每吨 250 元，同时发生运杂费 500 元。验收入库后，仓库管理员填制了如表 6-1 所示“原材料收料单”。

表 6-1　原材料收料单

湖南华钢股份收料单

20×6 年 11 月 01 日

供货单位：洞口矿业有限公司　　　　凭证编号：000346

发票编号：09018303　　　　收料仓库：3 仓库

材料编号	材料名称	计量单位	数　量		单　价	运杂费	合　计
			应收	实收			
001	A01	吨	2 000	2 000	250	500	585 500

主管：赵晨　　　记账：李梅　　　收料：李明

2. 累计原始凭证的填制方法

累计原始凭证是在一定时期不断重复地反映同类经济业务的完成情况，它是由经办人每次经济业务完成后在其上面重复填制而成的，下面以“限额领料单”为例说明累计原始凭证的填制方法。

“限额领料单”是多次使用的累计领发料凭证。在有效期间内（一般为一个月），只要领用数量不超过限额就可以连续使用。“限额领料单”是由生产计划部门根据下达的生产任务和材料消耗定额按每种材料用途分别填制。通常一料一单，一式两联，一联交仓库据以发料，一联交领料部门据以领料。领料单位领料时，在该凭证内注明请领数量，经负责人签章批准后，持往仓库领料。仓库发料时，根据材料的品名、规格在限额内发料，同时将实发数量及限额余额填写在限额领料单内，领发料双方在单内签章。月末在此单内结出实发数量和金额转交会计部门，据以计算材料费用，并做材料减少的核算。限额领料单的填制如表 6-2 所示。

表 6-2 限额领料单

湖南华钢股份限额领料单

20×6 年 11 月

领料单位：四车间　　　　发料仓库：3 仓库

用　　途：生产甲产品　　　　编号：001

材料编号	材料名称	计量单位	单价	领用限额	实际领用	
					数量	金额（元）
001	A01	吨	250	15 000	9 000	2 250 000

供应部门负责人	王力	生产计划部门负责人	赵晨

日期	请　领		实　发			限额结余	退　库	
	数量	领料部门负责人	数量	发料人	领料人		数量	退料单编号
5 日	1 500	钟山	1 500	李明	李海	13 500		
12 日	1 500	钟山	1 500	李明	李海	12 000		
18 日	4 000	钟山	4 000	李明	李海	8 000		
25 日	2 000	钟山	2 000	李明	李海	6 000		

3. 汇总原始凭证的填制方法

汇总原始凭证是有关责任者根据经济管理的需要定期编制的。现以“原材料发料凭证汇总表”为例说明汇总原始凭证的编制方法。“原始发料凭证汇总表”由材料会计根据各部门到仓库领用材料时填制的领料单按旬汇总，每月编制一份，送交会计部门做账务处理，如表 6-3 所示。

表 6-3　原始发料汇总表

原材料发料凭证汇总表

20×6 年 11 月 31 日　　　　单位：元

应借科目	应贷科目：原材料					发料合计
	明细科目：主要材料				辅助材料	
	1—10 日	11—20 日	21—31 日	合　计		
生产成本	25 650	47 880	20 520	94 050	5 000	99 050
制造费用				5 000	2 000	7 000
管理费用				12 000	3 000	15 000
				111 050	10 000	121 050

主管：杨洋　　　复核：张小清　　　会计：李梅　　　制单：李玉

五、原始凭证的审核

为了真实地反映和监督各项经济活动，保证会计核算的质量，会计人员应当认真地审核原始凭证。原始凭证的审核既是会计人员的基础工作，也是会计部门进行会计监督的重要环节。在原始凭证审核中一定要严肃认真、坚持原则。对内容不完整、手续不齐全、书写不清楚、计算不准确的原始凭证，应退还有关部门和人员，及时补办手续或进行更正；对违法收、支，应坚决制止和纠正。会计人员既不制止和纠正，也不向单位领导人提出书面意见，要承担责任；对严重违法，损害国家和社会公众利益的收、支应向主管单位财政、税务、审计机关报告，接到报告的机关应及时处理。

原始凭证审核小技巧

原始凭证的审核主要包括以下五个方面：

（一）真实性

主要是审核原始凭证是否如实反映经济业务的本来面貌，是否有伪造、掩盖、歪曲现象。如在审核原始凭证中发现有多计或少计收入和费用等。

（二）合法性

主要是审核原始凭证反映的经济业务是否符合国家法律法规及相关政策的规定。如擅自扩大开支范围、提高开支标准；巧立名目、虚报冒领，滥发奖金、津贴等违反财经制度和财经纪律的情况。

（三）合理性

主要是审核原始凭证反映的经济业务是否符合企业生产经营活动的需要，是否符合相关的计划和预算。

（四）完整性

主要是审核原始凭证的基本要素是否齐全，手续是否完备。要素不完整的原始凭证，原则上应当退回重填。特殊情况下须有旁证并经领导批准后才能报账。手续不完备的原始凭证，应退回补办手续后再予以受理。

（五）正确性

主要是审核原始凭证上所填列的数字和内容是否正确，计算是否正确。如果原始凭证的出现错误，需要出具单位按要求重开或更正。

第三节　记账凭证的填制和审核

一、记账凭证的概念

记账凭证是会计人员根据审核无误的原始凭证按照经济业务的内容加以归类，并据以确定会计分录后所填制的会计凭证。它是登记账簿的直接依据。在实际工作中，为了便于登记账簿，需要将来自不同单位、种类繁多、数量庞大、格式大小不一的原始凭证加以归类、整理，填制具有统一格式的记账凭证，确定会计分录并将相关的原始凭证附在记账凭证后面。

二、记账凭证的类型

记账凭证按其适用的经济业务分为通用记账凭证和专用记账凭证两类。

（一）通用记账凭证

通用记账凭证可以记录所有类型的经济业务。一些经济业务比较简单的经济单位，为了简化凭证，一般使用通用记账凭证（如表 6-4 所示）记录所发生的各种经济业务。

表 6-4　通用记账凭证

记　账　凭　证

年　　月　　日　　　　　　　　　　字第　　号

摘　要	会计科目		借方金额										贷方金额										登讫
	总账科目	明细科目	千	百	十	万	千	百	十	元	角	分	千	百	十	万	千	百	十	元	角	分	
附原始凭证　　张		合　计																					

会计主管　　　　　记账　　　　　审核　　　　　出纳　　　　　制单

（二）专用记账凭证

专用记账凭证是用来专门记录某一类经济业务的记账凭证。专用凭证按其所记录的经济业务与现金和银行存款的收付关系，又分为收款凭证、付款凭证和转账凭证三种。

专用记账凭证的填制方法举例

收款凭证（如表 6-5 所示）是用于记录库存现金和银行存款收款业务的会计凭证。它根据有关现金和银行存款收入业务的原始凭证填制，是登记现金日记账、银行存款日记账以及有关明细账和总账等账簿的依据，也是出纳人员收讫款项的依据。

表 6-5　收款凭证

收　款　凭　证

借方科目　　　　　　　　　　　　年　　月　　日　　　　　　　　　　字第　　号

摘　要	贷　方			金　额										过账页次
	科　目	子　目	细　目	千	百	十	万	千	百	十	元	角	分	
附原始凭证		张	合　计											

会计主管　　　　　记账　　　　　审核　　　　　出纳　　　　　制单

付款凭证（如表 6-6 所示）是用于记录库存现金和银行存款付款业务的会计凭证。它根据有关现金和银行存款支付业务的原始凭证填制，是登记现金日记账、银行存款日记账以及有关明细账和总账等账簿的依据，也是出纳人员付讫款项的依据。对于涉及“库存现金”和“银行存款”之间的经济业务，如存入现金和提取现金业务，为了避免重复记账，统一只填制付款凭证。

表 6-6　付款凭证

付　款　凭　证

贷方科目　　　　　　　　　　　　年　　月　　日　　　　　　　　　　字第　　号

摘　要	借　方			金　额										过账页次
	科　目	子　目	细　目	千	百	十	万	千	百	十	元	角	分	
附原始凭证		张	合　计											

会计主管　　　　　记账　　　　　审核　　　　　出纳　　　　　制单

转账凭证（如表 6-7 所示）是用于记录不涉及库存现金和银行存款业务的会计凭证。它根据有关转账业务的原始凭证填制。转账凭证是登记总分类账及有关明细分类账的依据。

表 6-7　转账凭证

转　账　凭　证

年　　月　　日　　　　　　　　字第　　号

摘　　要	会计科目	明细科目	借方金额										贷方金额										登讫
			千	百	十	万	千	百	十	元	角	分	千	百	十	万	千	百	十	元	角	分	
附原始凭证	张	合　计																					

会计主管　　　　记账　　　　审核　　　　出纳　　　　制单

三、记账凭证的基本要素

为了保证会计核算工作的正确性，明确经济内容及对应关系，记账凭证必须具备如下一些基本内容。

（1）填制记账凭证的日期。一般为编制记账凭证的当日。

（2）记账凭证的编号。编制单位按月编制统一编号，如果本单位采用分类账凭证时，可将记账凭证分为“收字第×号”“付字第×号”“转字第×号”等进行流水顺序编号。如果本单位采用通用记账凭证，则可以将所有的记账凭证统一编号，注明“总字第×号”。

（3）经济业务的内容摘要。用简明扼要的文字说明经济业务的内容。

（4）经济业务所涉及的会计科目及其记账方向和金额。

（5）记账标记。在记账凭证记账后，在凭证的“记账符号”栏内打“√”符号。表明该凭证已登记入账，以防止重复登记。

（6）所附原始凭证张数。

（7）会计主管、记账、审核、出纳、制单等有关人员的签章。

四、记账凭证的填制

记账凭证的填制是会计核算工作的重要环节，掌握记账凭证填制的要求，是做好会计工作的一项重要内容。记账凭证是进行登账、报表的基础，稍有差错，就无法保证会计质量信息的真实、完整、准确。记账凭证的填制要求概括如下：

（一）以审核无误的原始凭证为依据

记账凭证是根据经审核确认为真实、完整和合法的原始凭证为依据而编制的。并且除结账和更正错账的记账凭证可以不附原始凭证外，其他记账凭证必须附有原始凭证。

（二）正确编制及填制会计分录

填写会计科目时，应当填写会计科目的全称，不得简写。为了便于登记日记账和明细账，还应填写子目甚至细目。在填制记账凭证时，可以根据一张原始凭证填制记账凭证，也可以根据若干张同类原始凭证汇总填制记账凭证，还可以根据原始凭证汇总表填制记账凭证。但不得将不同内容和类别的原始凭证汇总填制在一张记账凭证上。否则，就会造成摘要无法填写，会计科目失去对应关系，记账时审核困难，也容易造成记账错误。

（三）记账凭证的种类的确定

采用专用记账凭证的单位，会计人员应根据原始凭证所记录的经济业务内容，先确定应借、应贷的会计科目。若分录的借方出现现金或银行存款会计科目的应选择使用收款凭证；若分录的贷方出现现金或银行存款会计科目，则应选择使用付款凭证；若会计分录的借方出现现金会计科目，而贷方出现银行存款会计科目，或反之，应选择付款凭证；若会计分录的借、贷方均未出现现金以及银行存款会计科目，则选择使用转账凭证。在采用通用记账凭证的单位，则无论出现什么类型的会计分录，都统一使用一种记账凭证。

（四）选择正确的书写工具

采用手工填制记账凭证的单位，会计人员应统一采用蓝黑墨水或碳素墨水钢笔书写。

（五）记账凭证的日期的确定

记账凭证的填写日期具体可分三种情况：

（1）付款业务的记账凭证，一般以财务部门支付现金或开出银行付款结算凭证的日期填写；

（2）现金收款业务的记账凭证，应当填写收到款项当天的日期；银行存款收款业务的记账凭证，则按填制收款凭证的日期填写。

（3）月末计提、分配费用、成本计算、转账等业务，大多是在下月初进行，但所填日期应当填写当月最后一日的日期。

（六）摘要准确而简明

摘要是为了方便查账和统计，因此摘要要运用简单明了的语言对会计事项进行准确的描述。如某某购材料；某某借款；提现等。

（七）金额的填写正确规范

记账凭证的金额必须与所附原始凭证的金额相符；阿拉伯数字应书写规范，并且填至分位；相应的数字应平行对准相应的借贷栏次和会计科目的栏次，防止错栏串行；合计行填写金额时，应在金额最高位数值前填写人民币“￥”字符号，以示金额封顶，防止窜改。

（八）记账凭证应逐行填写

记账凭证应按行次逐笔填写，不得跳行或中间留有空行，最后留有的空行，用斜线或“S”线注销。所划的直线或“S”线应以金额栏最后一笔金额数字下的空行划到合计数行上面的空行。

（九）记账凭证编号要求

为了分清会计事项处理的先后顺序，方便日后登账和对账，以及保证会计凭证的安全和完整，必须对记账凭证进行编号。记账凭证的编号按月编写，具体编写方法有三种：

（1）采用通用记账凭证的单位，将一个月的全部经济业务，按经济业务发生的时间先后顺序统一编号。

（2）采用专用记账凭证的单位，将一个月的全部经济业务，按收款业务、付款业务、转账业务三类经济业务发生的时间先后顺序统一编号。

（3）采用专用记账凭证且经济业务繁多的单位，将一个月的全部经济业务，分现金收款、银行存款收款、现金付款、银行存款付款、转账业务五类经济业务发生的时间先后顺序统一编号。无论采用上述哪一种方法编号，都应按自然顺序连续编号，不得跳号、重号。

（4）一笔经济业务编制在记账凭证上的会计分录，需在两张或两张以上的记账凭证上共同反映时，首先记账凭证的编号应是一个号，然后在此号码下，则采用分数的方法来表示，称为分数编号法。例如，某笔经济业务属某月转账业务的第48号，需填制三张转账凭证共同完成，那么这三张转账凭证的编号应是48（1/3）、48（2/3）、48（3/3），分母3表示这笔业务需三张记账凭证，分子1、2、3分别表示第1、2、3张。

（十）填写所附原始凭证的张数

记账凭证一般应当附有原始凭证。附件张数用阿拉伯数字写在记账凭证的“附件××张”行内。附件张数的计算方法有两种：

（1）按所附原始凭证的自然张数计算。

（2）有原始凭证汇总表的附件，可将原始凭证汇总表张数作为记账凭证的附件张数，再把原始凭证作为原始凭证汇总表的张数处理。

对于汽车票、火车票等外形较小的原始凭证，可粘贴在“原始凭证粘贴单”上，作为一张原始凭证附件。同时在原始凭证粘贴单上应注明所粘贴原始凭证的张数和金额。

当一张或几张原始凭证涉及几张记账凭证时，可将原始凭证附在一张主要的记账凭证后面，并在摘要栏内注明“本凭证附件包括××号记账凭证业务”字样，在其他记账凭证上注明“原始凭证附在××号记账凭证后面”字样。原始凭证的复印件，不能单独作为填制记账凭证的依据。

（十一）记账凭证的签章

记账凭证填制完成后，一般应由会计主管、记账、审核、出纳、制单人分别签名盖章，以示其经济责任，并使会计人员互相制约、互相监督，防止错误和舞弊行为的发生。

【例6-2】20×6年11月4日，销售部经理王磊出差需借支差旅费5 000元，他拿了经领导审批过的借支单，到财务室出纳处领取现金支票。会计人员依据借支单（如表6-8所示）和支票根（如表6-9所示），填制了记账凭证（如表6-10所示）。

表6-8 借支单

借 款 单

20×6年11月4日

借款人姓名	王磊	服务部门	销售部	职务	销售部经理
借款事由	北京出差				
借款金额	人民币（大写）伍仟元整（小写）￥5,000.00				
备注		审批	同意借支。 周华		

五、记账凭证的审核

记账凭证是登记账簿、科目汇总的直接依据，因此所有填制好的记账凭证都必须经过认真的审核。在审核记账凭证的过程中，如发现记账凭证填制有误，应当按照规定的方法及时加以更正。只有经过审核无误的记账凭证，才能作为登记账簿的依据。记账凭证的审核主要包括以下内容：

（一）完整性审核

审核记账凭证各项目填制是否齐全、字迹是否清楚规范、手续是否齐备、有关人员是否皆已签字盖章等。审核记账凭证是否附有原始凭证，原始凭证是否齐全，内容是否合法，记账凭证的所记录的经济业务与所附原始凭证所反映的经济业务是否相符。

表 6-9　借支现金支票存根

中国建设银行 （湘） 现金支票存根 VIV 20136691 附加信息
出票日期 20×6 年 11 月 4 日
收款人：王磊
金额：5000.00　现金付讫
用途：差旅费
单位主管周华　　会计李梅

表 6-10　依据借支原始凭证填制的记账凭证

记 账 凭 证

20×6 年 11 月 4 日　　　　记 字第 3 号

摘　要	会计科目		借方金额										贷方金额										登讫
	总账科目	明细科目	千	百	十	万	千	百	十	元	角	分	千	百	十	万	千	百	十	元	角	分	
王磊借支	其他应收款	王磊					5	0	0	0	0	0											
现支 6691	银行存款																5	0	0	0	0	0	
附原始凭证　2　张		合　计				¥	5	0	0	0	0	0				¥	5	0	0	0	0	0	

会计主管 杨洋　　记账 蔡娟　　审核 王凡　　出纳 李丽　　制单 李梅

（二）正确性审核

审核记账凭证的应借、应贷科目是否正确，账户对应关系是否清晰，所使用的会计科目及其核算内容是否符合会计制度的规定，金额计算是否准确。摘要是否填写清楚、项目填写是否齐全。审核记账凭证所反映的经济业务内容和原始凭证所反映的金额是否相等。但是在某些情况下，记账凭证上的金额会小于原始凭证所反映的金额。如在原始凭证金额超过报销标准情况下，记账凭证只能按批准的报销金额填列，出纳员也只能按经批准的报销金额办理款项收付和登记出纳账簿。如出现此类情况时，必须在原始单据上由经办人注明“实际报销××元”字样，以明确经济责任。

第四节　会计凭证的传递、装订和保管

科学、合理地组织会计凭证的传递，作好会计凭证的保管工作，是及时进行各项会计核算，为有关各方面提供真实、准确的数据资料的保证。同时，对于强化内部会计监督机制，加强岗责任制也具有重要的意义。

一、会计凭证的传递

会计凭证的传递是指从经济业务发生或完成时取得或填制原始凭证开始，直到会计凭证归档保管为止，会计凭证在企业、行政事业单位内部有关部门和人员之间，按照规定的手续、时间和传递路线，进行处理、移交的程序。

由于企业、行政事业单位取得或填制的会计凭证的渠道不一，会计凭证所记录的经济业务内容不同，经办业务的部门和人员及办理的时间、手续等也不尽一致。因此，各单位应尽可能科学、合理地制定和组织会计凭证的传递程序，以保证会计凭证能够经过必要的环节进行妥善的处理，提高会计核算的正确性和及时性。在设计会计凭证传递程序上应注意以下两个方面。

（一）制定科学合理的传递程序

企业、行政事业单位应根据自身的工作性质和所进行的经济活动的特点，并结合内部人员分工和管理制度，制定出会计凭证从取得或填制开始的整个传递程序以及应经手的部门和人员。所设计的程序要合理、适用，前后要紧密衔接，便于各环节的有机联系和相互监督，要保证能及时进行核算，提高会计凭证的质量和整体管理水平。

（二）确定合理的停留处理时间

根据规定的办理经济业务的手续和要求，确定会计凭证在各环节的停留时间。时间要恰当，不宜过紧或过松，要能够保证各经办部门和人员正确、及时地进行填制和审核，并及时进行移交。

会计凭证是企业重要的经济档案和历史资料，会计人员记账后应及时进行整理、装订和归档。会计凭证的装订一般每月装订一次，装订好的凭证按年分月妥善保管归档。

二、会计凭证的装订

原始凭证粘贴方法

（一）凭证的整理

凭证的整理主要是指对凭证进行排序、粘贴和折叠，这是会计人员必须具备的能力。在会计凭证装订前的整理方法如下所述：

（1）归档记账凭证。将所有应归档的记账凭证收集齐全，并根据记账凭证的种类进行分类，按记账凭证的顺序号或时间逐张排放好。检查记账凭证编号，如有颠倒要重新排列，发现缺号要查明原因。检查记账凭证上有关人员（如财务主管、复核、记账、制单等）的印章是否齐全。

（2）整理记账凭证附件（原始凭证）。检查原始凭证附在记账凭证后的顺序应与记账凭证所记载的内容顺序一致。同时检查附件是否有漏缺，如有漏缺就要补齐全，同时剔出一些没有归档必要的附件。

对于纸张面积大于记账凭证的原始凭证，可按记账凭证的面积尺寸，先自右向后，再自下向后两次折叠。注意应把凭证的左上角或左侧面让出来，以便装订后，还可以展开查阅。

对于纸张面积过小的原始凭证，一般不能直接装订，可先按一定次序和类别排列，再粘在一张同记账凭证大小相同的原始粘贴单上，粘贴时以胶水为宜。小票应分张排列，同类同金额的单据尽量粘在一起，同时，在一旁注明张数和合计金额。如果是板状票证（如火车票），可以将票面票底轻轻撕开，厚纸板弃之不用。

对于纸张面积略小于记账凭证的原始凭证，可以用回形针或大头针别在记账凭证后面，待装订凭证时，抽去回形针或大头针。

有的原始凭证不仅面积大，而且数量多，可以单独装订，如工资单、耗料单。但在记账凭证上应注明保管地点。

（3）确定装订的本数。为了保证装订牢固，美观大方，每一类记账凭证应按适当的厚度分为若干本，每册的厚度应基本一致，一般来说装订凭证厚度 1.5～2 厘米为比较合适，太薄不利于侧立放置，过厚不便于查阅，但不能把同属一份记账凭证的附件拆装在两册。也可以按凭证汇总日期归集（如按上、中、下旬汇总归集）确定装订成册的本数。

（4）清理凭证附着物。摘除凭证内的金属物（如订书钉、大头针、回形针），对大的张页或附件要折叠成同记账凭证大小，且要避开装订线，以便翻阅，保持数字完整。

（二）装订工具的准备

凭证的装订需要准备以下一些装订工具。

（1）凭证装订封面。规格要与记账凭证的大小相匹配，略大于所附记账凭证即可，封面材质应为结实、耐磨、韧性较强的 120g 以上牛皮纸。

（2）包角纸。也称护角纸，材质与凭证装订封面相同，一般为正方形，规格约为记账凭证尺寸的一半；也有裁切好直接使用的“L 形”包角纸。

（3）凭证档案盒。规格要与装订封面的大小相匹配。

（4）夹芯纸板。业务较多，凭证较厚时，可准备夹塞纸板，在装订处夹塞，以使凭证厚度左右持平，能避免右边翻翘而且美观。遵循节约和环保的原则，实际工作中使用废弃的特快专递纸袋剪裁即可。

（5）装订线。使用棉线或蜡线，棉线弹性较好，便于装订拉紧；蜡线耐磨性强，不易断，但无弹性。

（6）胶水。粘贴包角纸的胶水最好选择乳白胶，乳白胶对木材、纸张、纤维具有良好粘接性。

（7）装订机。分为半自动、全自动、智能型三种，半自动装订机只能打孔，需要手工穿线；全自动装订机可自动穿线，手工打结即可；智能型装订机不使用装订线，采用尼龙管加热高温铆钉。

（8）锥子。最好是带回线钩的。

（9）曲别针。如果没有带回线钩的锥子，可用曲别针钩线。

（10）其他。裁纸刀、铅笔、直尺、大号反尾夹、剪刀、锤子、0～9 数字印章。

（三）凭证的装订方法

会计凭证的装订按照方向分，包括侧订法（左侧装订，三孔引线）和订角法（左上角装订，两孔穿线）两种。在日常工作中一般采用订角法，具体的装订流程（见图 6-2）如下：

（1）将凭证的封面（见图 6-3）和封底（见图 6-4），分别放在凭证的前面和后面，再拿一张质地相同的纸（可以再找一张凭证封皮，裁下一半用，另一半为订下一本凭证备用）放在封皮上角，做护角线。

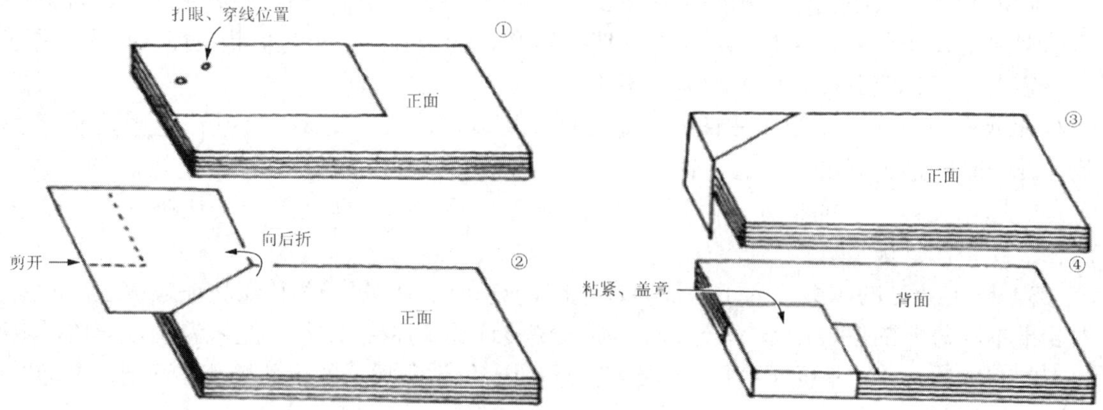

图 6-2　订角法装订

时间	年　　月　份
册数	本月共　　册　本　册是第　　册
张数	本册自第　　号至第　　号　共　　张
附记	

(　　年　月　日装订)　　　　会计主管　　　　装订者

图 6-3　会计凭证封面

抽出日期	抽出附件详细名称	抽出理由	抽取人盖章	会计主管盖章	归还日期	备注

图 6-4　会计凭证封底

（2）在凭证的左上角画一边长为 5 厘米的等腰三角形，用夹子夹住，用装订机在底线上分布均匀地打两个眼儿。

（3）用大针引线绳穿过两个眼儿，如果没有针，可以将回形别针顺直，然后两端折向同一个方向，折向时将线绳夹紧，即可把线引过来，因为一般装订机打出的眼儿是可以穿过的。

（4）在凭证的背面打结。线绳最好把凭证两端也系上。

（5）将护角向左上侧面折，并将一侧剪开至凭证的左上角，然后抹上胶水。

（6）向上折叠，将侧面和背面的线绳扣粘死。

（7）待晾干后，在凭证本的侧脊上面写上“某年某月第几册共几册”的字样。装订人在装订线封签处签名或者盖章。现金凭证、银行凭证和转账凭证最好依次顺序编号，一个月从头编一次序号，如果单位的凭证少，可以全年顺序编号。

三、会计凭证的保管

（一）凭证的保管

会计凭证是一个单位的重要经济档案，必须妥善保管，以便日后查阅。保管的方法和要求是：

（1）《会计档案管理办法》第六条规定：各单位每年形成的会计档案，应当由会计机构按照归档要求，负责整理立卷，装订成册，编制会计档案保管清册。当年形成的会计档案，在会计年度终了后，可暂由会计机构保管一年，期满之后，应当由会计机构编制移交清册，移交本单位档案机构统一保管；未设立档案机构的，应当在会计机构内部指定专人保管。出纳人员不得兼管会计档案。同时还规定会计凭证类的最低保管期限为15年，会计凭证的保管期限和销毁手续应严格遵守会计制度的有关规定。

（2）对一些性质相同、数量很多或多种随时需要查阅的凭证，可以单独装订保管。同时在记账凭证上注明“附件另订”和原始凭证的名称和编号，以便查找。

（3）原始凭证不得外借，其他单位因有特殊原因而需要使用原始凭证时，经本单位会计机构负责人和会计主管人员批准，可以复制，但要由提供人员和收取人员共同签章。

（4）会计人员必须做好保管工作，严格防止会计凭证错乱不全或丢失损坏，同时注意防潮防霉，防止鼠咬虫蛀，以确保会计凭证的安全和完整。

（二）凭证的销毁

《会计档案管理办法》规定：保管期满的会计档案可以按照以下程序销毁。

（1）由本单位档案机构会同会计机构提出销毁意见，编制会计凭证销毁清册（见表6-11），列明销毁会计档案的名称、卷号、册数、起止年度和档案编号、应保管期限、已保管期限、销毁时间等内容。

表6-11　会计凭证销毁清册

会计凭证销毁清册

年　　月　　日　　　　　　　　填表

类别	名称	年度	月份	数量	计量单位	已保管年限	备注

财务负责人：　　　　会计主管：　　　　档案保管人：

（2）单位负责人在会计档案销毁清册上签署意见。

（3）销毁会计档案时，应当由档案机构和会计机构共同派员监销。国家机关销毁会计档案时，应当由同级财政部门、审计部门派员参加监销。财政部门销毁会计档案时，应当由同级审计部门派员参加监销。

（4）监销人在销毁会计档案前，应当按照会计档案销毁清册所列内容清点核对所要销毁的会计档案；销毁后，应当在会计档案销毁清册上签名盖章，并将监销情况报告本单位负责人。

但是以下两种情况的凭证是不能销毁的：

（1）保管期满但未结清的债权债务原始凭证和涉及其他未了事项的原始凭证，不得销毁，应当单独抽出立卷，保管到未了事项完结时为止。单独抽出立卷的会计档案，应当在会计档案销毁清册和会计档案保管清册中列明。

（2）正在项目建设期间的建设单位，其保管期满的会计档案不得销毁。

名词互译

Accounting Document 会计凭证

Source Document 原始凭证

Posting Document 记账凭证

Compound Journal Entry 复合会计分录

Simple Journal Entry 简单会计分录

本章小结

经济业务发生时填制和取得的证明文件就是会计凭证。会计凭证是记录经济业务、明确经济责任、据以登记账簿的依据。会计凭证按其填列的程序和用途不同可以分为原始凭证和记账凭证。

原始凭证，又称单据，是在经济业务发生或完成时取得或填制的，用以记录或证明经济业务已发生或完成的文字凭据。它用来记录经济业务发生或完成情况，是进行会计核算的原始资料和重要依据。同时它还可以明确经济责任，是会计资料中最具有法律效力的一种文件。按其不同来源，原始凭证可分为外来原始凭证和自制原始凭证。按其填制的手续和内容不同，原始凭证可分为一次凭证、累计凭证、汇总原始凭证和记账编制凭证。按其格式不同，原始凭证可分为通用原始凭证和专用原始凭证。

记账凭证是会计人员根据审核无误的原始凭证按照经济业务的内容加以归类，并据以确定会计分录后所填制的会计凭证。它是登记账簿的直接依据。记账凭证按其适用的经济业务分为通用记账凭证和专用记账凭证两类。专用凭证按其所记录的经济业务与现金和银行存款的收付关系，又分为收款凭证、付款凭证和转账凭证三种。凡涉及现金、银行存款收入的业务用收款凭证，凡涉及现金、银行存款支出的业务用付款凭证，凡不涉及现金、银行存款收付业务用转账凭证。业务量少的单位也可用一种通用的记账凭证记账。

填制会计凭证应根据不同会计凭证的基本要素及填制要求，做到及时、准确、完整。对原始凭证的审核主要是对其真实性、完整性、合法性的审核。记账凭证审核的主要内容是审核记账凭证是否附有原始凭证，记账凭证所反映的经济业务的内容是否与所附原始凭证的内容相符；审核应借、应贷的会计科目和金额是否正确，账户的对应关系是否正确；审核填制手续是否完备，项目填写是否完整，有关人员签章是否齐全等。

会计凭证的传递，是指会计凭证从取得或填制审核、办理业务手续，整理、记账直至装订、归档保管为止的传递程序。会计凭证是重要的经济档案和历史资料，会计凭证的保管，既要保证会计凭证的安全，又要保证日后查找会计凭证迅速准确。

导入案例分析

1．李会计需要将领料单分门别类地进行归集汇总，编制材料领用汇总表，作为生产成本的“直接材料”入账的依据。

2．李会计需核对开出的销售发票与仓管员的发货单数量是否一致。

3．在领料凭证中，李会计需根据材料领用汇总表，填制生产领料的记账凭证；根据销售发票以及收款收据确认收入，编制收入确认的记账凭证；根据商品发货单，填制成本结转的记账凭证。

知识测试与能力训练

一、单项选择题

1．职工出差的借款单，按其填制手续和内容不同，属于（　　）。

A．通用凭证　　B．外来原始凭证

C．一次凭证　　D．累计凭证

2. 大写金额一律用正楷或行书字书写，大写金额前未印有“人民币”字样的，应加写（　　）字样。

A．$　　B．￥　　C．RMB　　D．人民币

3. 会计机构和会计人员对真实、合法、合理但内容不准确、不完整的原始凭证，应当（　　）。

A．不予受理并向单位负责人报告　　B．予以受理

C．予以纠正　　D．予以退回，要求更正、补充

4．付款凭证左上角的“贷方科目”可能登记的科目是（　　）。

A．预付账款　　B．银行存款　　C．应付账款　　D．其他应付款

5．关于原始凭证的审核，不正确的是（　　）。

A．数字不准确以及情况不清楚的原始凭证，应当退还给有关业务单位或个人

B．对外来原始凭证，必须有填制单位公章和填制人员签章

C．对自制原始凭证，必须有经办部门和经办人员的签名或盖章

D．对通用原始凭证，可以不必审核

6．下列业务应编制转账凭证的是（　　）。

A．支付购买材料价款　　B．支付材料运杂费

C．收回出售材料款　　D．车间领用材料

7．对于保管期满但未结清的债权债务原始凭证和涉及其他未了事项的原始凭证，正确的处理是（　　）。

A．保管期满，立即销毁

B．不得销毁，跟其他会计资料共同立卷保存

C．可以销毁，但应当予以记录

D．不得销毁，应当单独抽出立卷，由档案部门保管到未了事项完结时为止

8．对金额有错误的原始凭证，正确的做法是（　　）。

A．由出具单位在原始凭证上更正

B．由出具单位在原始凭证上更正，并加盖出具单位印章

C．由出具单位重开

D．本单位代替出具单位进行更正

9．下列选项中，属于自制原始凭证的是（　　）。

A．材料请购单　　B．购货合同

C．火车票　　D．收料单

10．各种原始凭证，除由经办业务的有关部门审核以外，最后都要由（　　）进行审核。

A．财务总监　　B．董事会　　C．总经理　　D．会计部门

11．某单位会计部门编制记账凭证时，第 7 号记账凭证的会计事项需要填制 2 张转账凭证，则这两张凭证编号为（　　）。

A．转字 7 号、转字 8 号

B．转字 6 号、转字 7 号

C．转字 7（1/2）号、转字 7（2/2）号

D．转字 1/2 号，转字 2/2 号

12．下列各项中，属于一次凭证和累计凭证的主要区别是（　　）。

A．一次凭证是通用凭证，累计凭证是专用凭证

B．累计凭证是自制原始凭证，一次凭证是外来原始凭证

C．累计凭证填制的手续是多次完成的，一次凭证填制的手续是一次完成的

D．累计凭证是汇总凭证，一次凭证是单式凭证

13．将现金送存银行，应填制的记账凭证是（　　）。

A．现金收款凭证　　B．现金付款凭证

C．银行存款收款凭证　　D．银行存款付款凭证

14．会计人员在审核支出凭单的时候发现其中有漏记的项目，则该原始凭证所反映的经济业务（　　）。

A．不合法　　B．不合理　　C．不完整　　D．不正确

15．会计日常核算工作的起点是（　　）。

A．填制和审核会计凭证　　B．财产清查

C．设置会计科目和账户　　D．登记账簿

16．档案机构接收保管的会计档案需要拆封重新整理的，应当由（　　）。

A．原封装人员拆封整理

B．会计机构拆封整理

C．档案机构拆封整理

D．档案部门会同会计机构和经办人员共同拆封整理

17．为保证会计账簿记录的正确性，会计人员填制记账凭证的依据必须是（　　）。

A．从企业外部取得的原始凭证　　B．填写齐全的原始凭证

C．审核无误的原始凭证　　D．盖有填制单位财务公章的原始凭证

18．在会计实务中，原始凭证按照填制手续及内容的不同，可以分为（　　）。

A．通用凭证和专用凭证　　B．收款凭证、付款凭证和转账凭证

C．外来原始凭证和自制原始凭证　　D．一次凭证、累计凭证和汇总原始凭证

19．下列原始凭证中，属于累计凭证的是（　　）。

A．收料单　　B．发货票　　C．领料单　　D．限额领料单

20．我国 1999 年 1 月 1 日起实施的《会计档案管理办法》规定，企业原始凭证、记账凭证和汇总凭证的保管期限为（　　）。

A．15 年　　B．5 年　　C．3 年　　D．10 年

二、多项选择题

1．记账凭证的基本内容，包括（　　）。

A．会计科目

B．填制凭证人员、稽核人员、记账人员、会计机构负责人、会计主管人员签名或者盖章

C．接受凭证单位名称

D．所附原始凭证张数

2．原始凭证的基本内容中包括（　　）。

A．原始凭证的名称　　B．原始凭证的种类

C．经济业务的性质　　D．数量、单价和金额

3．下列属于一次凭证的有（　　）。

A．材料领料单　　B．货物销售发票

C．限额领料单　　D．差旅费报销单

4．涉及现金与银行存款之间的划款业务时，可以编制的记账凭证有（　　）。

A．银行存款收款凭证　　B．银行存款付款凭证

C．现金收款凭证　　D．现金付款凭证

5．下列凭证中属于原始凭证的有（　　）。

A．产品成本计算表　　B．发出材料汇总表

C．发货票　　D．提货单

6．下列事项中，可以不附原始凭证而直接填制记账凭证的有（　　）。

A．计提职工福利费　　B．结账

C．转账支付水电费　　D．更正错账

7．下列经济业务中，（　　）应填制付款凭证。

A．提库存现金备用　　B．以银行存款支付前欠某单位账款

C．购买材料未付款　　D．购买材料预付订金

8．审核原始凭证的合法性包括审核原始凭证所记录的经济业务（　　）。

A．是否违反国家法律法规

B．是否有贪污等行为

C．是否履行了规定的凭证传递和审查程序

D．是否符合有关的计划，预算和合同等规定

9．下列各项中，属于记账凭证审核的内容有（　　）。

A．金额是否正确　　B．项目是否齐全

C．科目是否正确　　D．书写是否正确

10．下列属于自制原始凭证的有（　　）。

A．领料单　　B．发货单　　C．收料单　　D．发票

三、判断题

1．原始凭证一般不得外借，其他单位如有特殊原因确实需要使用时，经本单位会计机构负责人、会计主管人员批准，可以外借。（　　）

2．通用记账凭证是指用来反映所有经济业务的记账凭证，为各类经济业务所共同使用，其格式与转账凭证基本相同。（　　）

3．记账人员根据记账凭证记账后，在“记账符号”栏内作“√”记号。表示该笔金额已记入有关账户，以免漏记或重记。（　　）

4．单位购入甲材料 48 000 元，货款以银行存款支付 40 000 元，其余 8 000 元暂欠，该笔业务应编制一张转账凭证。（　　）

5．所有的记账凭证都必须附有原始凭证，否则，不能作为记账的依据。（　　）

6．在编制记账凭证时，可以只填会计科目编号，不填会计科目的名称，以简化工作。（　　）

7．对不真实、不合法的原始凭证，会计人员有权不予接受，对记载不准确、不完整的原始凭证，会计人员有权要求其重填。（　　）

8．收款凭证属于记账凭证，转账凭证属于原始凭证。（　　）

9．自制原始凭证都应由会计人员填制，以保持原始凭证填制的正确性。（　　）

10．在借贷记账法下，收款凭证左上方填列的凭证科目是贷方科目。（　　）

11．会计凭证按其取得的来源不同，可以分为原始凭证和记账凭证。（　　）

12．原始凭证是会计核算的原始资料和重要依据，是登记会计账簿的直接依据。（　　）

13．会计凭证的传递，应当满足内部控制制度的要求。（　　）

14．企业每笔经济业务的发生都必须从外部取得原始凭证。（　　）

15．保管期满的原始凭证均可予以销毁。（　　）

16．在证明经济业务发生，据以编制记账凭证的作用方面，自制原始凭证与外来原始凭证具有同等的效力。（　　）

17．会计机构、会计人员对记载不准确、不完整的原始凭证予以退回，并要求按照国家统一的会计制度的规定更正、补充。（　　）

18．一笔经济业务需要填制多张记账凭证的，可以采用分数编号法编号。（　　）

19．记账凭证的填制日期与原始凭证的填制日期应当相同。（　　）

20．从银行提取现金，既可编制现金收款凭证，也可编制银行存款付款凭证。（　　）

四、简答题

1．简述会计凭证的概念及意义。

2．简述原始凭证的概念及基本类型。

3．简述原始凭证的基本要素。

4．简述原始凭证的填制基本要求。

5. 简述原始凭证的审核内容。
6. 简述记账凭证的概念及基本类型。
7. 简述记账凭证的基本要素。
8. 简述记账凭证的填制基本要求。
9. 简述凭证订角法的装订步骤。
10. 简述凭证的保管与销毁要求。

五、实操题

将教材配套实训小册中21笔业务的原始凭证与记账凭证填制完整。

第七章　会计账簿的设置和登记

学习目标

1. 了解设置账簿的意义及其在会计核算工作中的作用。
2. 了解账簿的种类及其记账规则。
3. 掌握各种账簿的设置和登记方法。
4. 熟练运用错账更正方法更正错账。
5. 通过本章的学习，具备熟练登记会计账簿并能对差错进行正确更正的能力。

知识框架

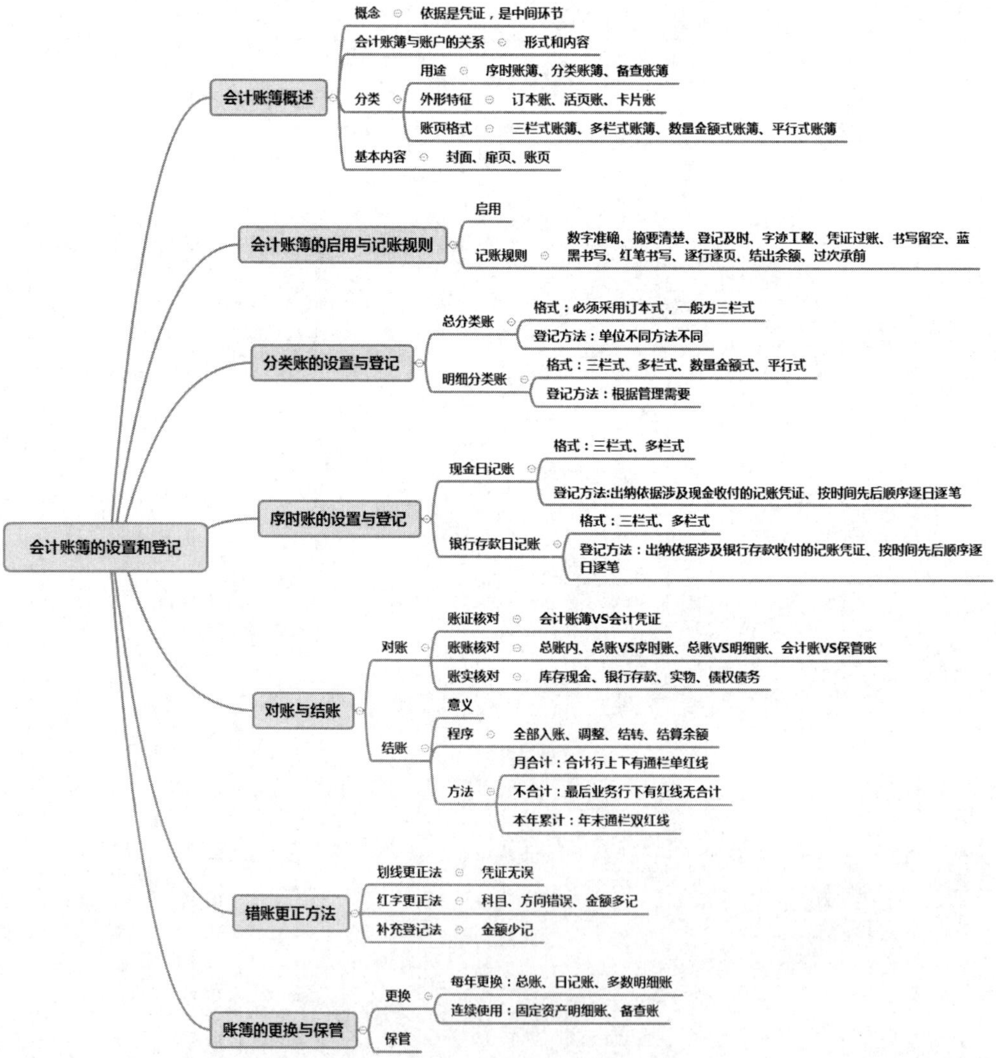

导入案例

案例： 2015 年 12 月 7 日，华钢股份的李梅（此前，李梅已于 2015 年 9 月 1 日开始出任了三个月的出纳员工作。当时的启用财务负责人为杨洋，此前的出纳员为谢红梅。）被调离了出纳岗位，接任材料会计工作，新接任出纳工作的是李丽，前任材料会计为吴嫦娥。李梅和吴嫦娥对各自的原工作做了他们认为必要的处理，并办理了交接手续，办理完交接手续后现金日记账和材料明细账的扉页及相关账页资料如表 7-1 至表 7-3 所示。

表 7-1　账簿启用与经管人员一览表

单位名称	华钢股份			
账簿名称	现金日记账			
册次及起止页数	自壹页起至壹百页止共壹百页			
启用日期	2015 年 1 月 1 日			
停用日期	年　月　日			
经管人员姓名	接管日期	交出日期	经管人员盖章	会计主管人员盖章
李梅	2015 年 9 月 1 日	2015 年 12 月 7 日	李梅、李丽	杨洋
	年　月　日	年　月　日		
	年　月　日	年　月　日		
	年　月　日	年　月　日		
	年　月　日	年　月　日		
备考			单位公章	
			华钢有限责任公司财务专用章	

表 7-2　账簿启用与经管人员一览表

单位名称	华钢股份			
账簿名称	原材料明细账			
册次及起止页数	自壹页起至　　页止共　　页			
启用日期	2015 年 1 月 1 日			
停用日期	年　月　日			
经管人员姓名	接管日期	交出日期	经管人员盖章	会计主管人员盖章
吴嫦娥	2015 年 3 月 5 日	2015 年 12 月 7 日	吴嫦娥	杨洋
李梅	2015 年 12 月 7 日	2015 年 12 月 31 日	李梅	杨洋
	年　月　日	年　月　日		
	年　月　日	年　月　日		
	年　月　日	年　月　日		
备考			单位公章	

表 7-3 现金日记账

现金日记账

2015 年		凭证号	摘 要	对 方 科 目	收入	支出	结余
月	日						
9	1	略	期初余额				5 000
	2	略	零星销售	主营业务收入	8 000		13 000
	12	略	报差旅费	管理费用		5 000	8 000
	13	略	零星销售	主营业务收入	5 000		13 000
	13	略	付广告费	营业费用		4 000	9 000

案例思考：请你指出李梅会计处理的不当之处，并加以纠正。

第一节 会计账簿概述

一、会计账簿的概念和作用

会计账簿是指由一定格式账页组成的，以经过审核的会计凭证为依据，全面、系统、连续地记录各项经济业务的簿籍。会计账簿通过开设账户，序时、分类地反映和监督经济业务的增减变动情况及其结果。各单位应当按照国家统一的会计制度的规定和会计业务的需要设置会计账簿。

在发生经济业务时，会计凭证作出了最初的反应和监督，但由于会计凭证记载的多是个别经济业务，使得其提供的会计资料分散零星，不能对某一时期内的经济业务形成全面、系统、连续的反应。因此，需要把分散在会计凭证上的核算资料加以归类、整理、集中，并将其记入设置在账簿中的账户里。所以说设置和登记会计账簿是会计核算工作的中心环节之一。设置和登记账簿是编制会计报表的基础，是连接会计凭证与会计报表的中间环节，在会计核算中具有重要意义。通过账簿的设置和登记，可以记载、储存会计信息，分类、汇总会计信息，检查、校正会计信息，编报、输出会计信息。

二、会计账簿与账户的关系

账户是根据会计科目开设的，账户存在于账簿之中，账簿中的每一账页就是账户的存在形式和载体，没有账簿，账户就无法存在；账簿序时、分类地记载经济业务，是在个别账户中完成的。因此，账簿只是一个外在形式，账户才是它的真实内容。账簿与账户的关系，是形式和内容的关系。

会计账簿的分类

三、会计账簿的分类

账簿的种类是多种多样的，一般可以按照其用途、账页格式、外形特征进行划分。

（一）会计账簿按用途分类

1. 序时账簿

序时账簿又称日记账，是按照经济业务发生或完成时间的先后顺序逐日逐笔进行登记的账簿。日记账按记录的内容不同又可分为普通日记账和特种日记账两种。

普通日记账又称为“会计分录簿”或“原始分类簿”，它是将发生的所有经济业务，按照时间的先后顺序，编成会计分录记入账簿中。登记普通日记账只能由一个人负责，并且每笔会计记录都需要逐笔分别转记到分录账中，工作量很大。特别是随着企业规模的扩大、经济业务的增多及记账凭证的出现，普通日记账不便于登记分类账和登账工作量很大的缺陷日渐显露。而且由于普通日记账不是分类记录经济业务，不便于日后的查阅，不利于对重要的经济业务的严格管理。因此，在当代会计的实际工作中普通日记账运用得较少。

特种日记账是按时间先后顺序专门登记某类经济业务发生情况的日记账，通常用来记录某一类比较重要的经济业务。我国的会计制度规定，那些发生频繁，要求严格管理和控制的业务，应设置特种日记账，一般必须设置现金和银行存款日记账，对库存现金和银行存款的收付及结存情况进行序时登记。各个单位还可根据自身的业务特点和管理需要来确定是否需要设置其他特种日记账，如为登记采购业务而设置的采购日记账，为登记产品销售业务而设置的销售日记账等。

2. 分类账簿

分类账簿是按照设置的会计科目开设账户对各项经济业务进行分类登记的账簿。分类账簿按其反映内容的详细程度和范围可分为总分类账簿和明细分类账簿两种。

总分类账簿简称总账，是根据总分类会计科目（一级科目）开设账户，总括反映会计主体经济业务情况的账簿。总分类账簿主要为编制会计报表提供直接数据资料。

明细分类账簿又称明细分类账，简称明细账，是根据二级或明细会计科目设置账户，详细记录某一类经济业务情况，提供明细核算资料的账簿。明细分类账簿可采用的格式主要有三栏式明细账、数量金额式明细账、多栏式明细账和平行式明细账。

分类账簿是会计账簿的主体，是编制会计报表的主要依据。

3. 备查账簿

备查账簿也称辅助账簿或备查簿，是用来补充登记日记账簿和分类账簿等主要账簿中未记载或记载不全的经济业务的账簿，可以为某项经济业务的内容提供必要的参考资料，加强企业对使用和保管的属于他人的财产物资的监督。例如，为反映企业租入的固定资产而开设的“租入固定资产登记簿”、帮其他企业代管商品而设置的“代管商品物资登记簿”以及“应付票据备查簿”“应收票据备查簿”等。备查账簿不一定在每个单位都设置，各单位根据具体需要而定。备查账簿没有固定的格式。备查账簿不是根据会计科目设置的，而是根据表外科目设置的，与其他账户之间不存在密切的依存关系。

备查账簿与序时账簿和分类账簿相比，存在两点不同之处：一是登记依据可能不需要记账凭证，甚至不需要一般意义上的原始凭证；二是账簿的格式和登记方法不同，备查账簿的主要栏目不记录金额，它更注重用文字来表述某项经济业务的发生情况，即无固定格式。

（二）会计账簿按外型特征分类

1. 订本账

订本账是指在账簿启用之前就把账页固定装订成册，并编好页码的账簿。采用订本式账簿，有利于防止账页散失，并防止非法抽换账页等舞弊行为的发生，保证账簿记录的安全、完整。但是，采用订本式账簿也存在缺点：一方面，由于账页序号和总数已经固定，不能增减，虽然开设账户时，凭借经验为每一账户预留好了账页，但是在使用中可能会出现某些账户预留账页不足，而另外一些账户预留账页过多的情况，不利于补充不足账页和抽换多余账页；另一方面，采用订本式账簿在同一时间里只能由一人登账，不便于会计人员的分工记账，也不利于计算机打印记账。

订本式账簿主要适用于比较重要、业务量较多的账簿，如总分类账和库存现金日记账、银行存款日记账等。

2. 活页账

活页账是在账簿登记完毕之前并不固定装订在一起，而是装在活页账夹中，可以根据记账内容的变化随时增减和抽换账页的账簿。这种账簿，可以根据实际需要，加入、抽出或移动账页，不会浪费账页，实用灵活，便于分工记账，分类计算和汇总。但是这种账簿的账页容易散失或被抽换，当账簿登记完毕之后（通常是一个会计年度结束之后），应将账页予以装订，加具封面，并给各账页连续编号。各种明细分类账一般采用活页账形式。

3. 卡片账

卡片账是将账户所需格式印刷在硬卡上。严格说，卡片账也是一种活页账，只不过它不是装在活页账夹中，而是装在卡片箱内。这种账簿的优缺点与活页账相同，在实际使用时，卡片上应连续编号并加盖有关人员的签章，卡片箱应由专人负责保管，以保证安全。卡片账一般适用于账页需要随着物资使用或存放地点的转移而重新排列的明细账，如固定资产明细账的核算采用卡片账形式。

（三）会计账簿按账页格式分类

1. 三栏式账簿

三栏式账簿是设有借方、贷方和余额（或收入、支出和结存）三个基本栏目的账簿。特种日记账、总分类账以及资本、债权、债务明细账都可采用三栏式账簿。三栏式账簿又分为设对方科目和不设对方科目两种，区别是在摘要栏和借方科目栏之间是否有一栏“对方科目”。有“对方科目”栏的，称为设对方科目的三栏式账簿；不设“对方科目”栏的，称为不设对方科目的三栏式账簿。

2. 多栏式账簿

多栏式账簿是在账簿的两个基本栏目借方和贷方中按需要分设若干专栏的账簿。收入、成本、费用、利润和利润分配明细账，一般均采用这种格式的账簿。

3. 数量金额式账簿

数量金额式账簿的借方、贷方和余额三个栏目内，都分设数量、单价和金额三小栏，借以反映财产物资的实物数量和价值量。原材料、库存商品、产成品等明细账一般都采用数量金额式账簿。

4. 平行式账簿

平行式账簿也称横线登记式账簿，其特点是将前后密切相关的经济义务登记在同一横格，以便检查每笔业务的发生和完成情况。其他应收款，在途物资等明细账一般均采用这种格式的账簿。

在经济业务比较简单的企业，日记账和分类账可以合并在一本账簿中登记，这种既进行序时登记，又进行分类登记的账簿称为联合账簿。此外，还可以根据需要，开设两栏式账簿。两栏式账簿是指只有借方和贷方两个基本金额栏目的账簿。

四、会计账簿的基本内容

由于会计主体的经济业务性质、特点不同，账簿的种类、形式和格式也不完全一样。但各种账簿一般都应具备以下基本内容：

1. 封面

封面主要用来标明账簿名称，如总分类账、各种明细分类账、现金日记账、银行存款日记账等。

2. 扉页

扉页主要列明科目索引、账簿启用和经管人员一览表，活页账、卡片账在装订成册后，填写账簿启用经管人员一览表（账簿启用登记表）。

3. 账页

账页是账簿用来记录经济业务事项的载体，包括账户的名称、登记账户的日期栏、凭证种类和号数栏、摘要栏（记录经济业务内容的简要说明）、金额栏（记录经济业务的金额增减变动情况）、总页次和分户页次等基本内容。

第二节　会计账簿的启用与记账规则

一、会计账簿的启用

在启用会计账簿时，应当在账簿封面上写明单位名称和账簿名称，并在账簿扉页上附启用表，表内详细载明：单位名称、账簿名称、账簿编号、账簿页数、启用日期、记账人员和会计主管人员姓名，并加盖有关人员的签章和单位公章。账簿启用表的格式如表 7-4 所示。

更换记账人员时，应办理交接手续，在交接记录内填写交接日期和交接人员姓名并签章。启用订本式账簿，应当从第一页到最后一页顺序编定页数，不得跳页、缺号。使用活页式账页，应当按账户顺序编号，并须定期装订成册；装订后再按实际使用的账页顺序编号页码，另加目录，记录每个账户的名称和页次。

二、会计账簿的记账规则

（1）登记会计账簿时，应当将会计凭证日期、编号、业务内容摘要、金额和其他有关资料逐项记入账内，做到数字准确、摘要清楚、登记及时、字迹工整。账簿记录中的日期，应该填写记账凭证上的日期。

（2）账簿登记完毕后，要在记账凭证上签名或者盖章，并在记账凭证的“过账”栏内注明或画“√”，表示已经记账完毕，避免重记、漏记。

（3）账簿中书写的文字和数字上面要留有适当的空格，不要写满格，一般应占格距的 1/2。

（4）为了保持账簿记录的持久性，防止涂改，登记账簿必须使用蓝黑墨水或碳素墨水书写，不得使用圆珠笔（银行的复写账簿除外）或者铅笔书写。

表 7-4 账簿启用表

<table>
<tr><td colspan="13">账簿启用及交接表</td></tr>
<tr><td colspan="2">单位名称</td><td colspan="8"></td><td colspan="3">单位盖章</td></tr>
<tr><td colspan="2">账簿名称</td><td colspan="8"></td><td colspan="3" rowspan="4"></td></tr>
<tr><td colspan="2">账簿编号</td><td colspan="8">年总 册 第 册</td></tr>
<tr><td colspan="2">账簿页数</td><td colspan="8">本账簿共计 页（本账簿页数
检点人盖章）</td></tr>
<tr><td colspan="2">启用日期</td><td colspan="8">年 月 日至 年 月 日</td></tr>
<tr><td rowspan="3">经管人员</td><td colspan="3">负责人</td><td colspan="3">主办会计</td><td colspan="3">复 合</td><td colspan="3">记 账</td></tr>
<tr><td>职别</td><td>姓名</td><td>盖章</td><td>职别</td><td>姓名</td><td>盖章</td><td>职别</td><td>姓名</td><td>盖章</td><td>职别</td><td>姓名</td><td>盖章</td></tr>
<tr><td></td><td></td><td></td><td></td><td></td><td></td><td></td><td></td><td></td><td></td><td></td><td></td></tr>
<tr><td rowspan="6">接交记录</td><td colspan="2">经 管 人 员</td><td colspan="4">接 管</td><td colspan="4">移 交</td><td colspan="2">印花税票粘贴处</td></tr>
<tr><td>职别</td><td>姓名</td><td>年</td><td>月</td><td>日</td><td>盖章</td><td>年</td><td>月</td><td>日</td><td>盖章</td><td colspan="2" rowspan="5"></td></tr>
<tr><td></td><td></td><td></td><td></td><td></td><td></td><td></td><td></td><td></td><td></td></tr>
<tr><td></td><td></td><td></td><td></td><td></td><td></td><td></td><td></td><td></td><td></td></tr>
<tr><td></td><td></td><td></td><td></td><td></td><td></td><td></td><td></td><td></td><td></td></tr>
<tr><td></td><td></td><td></td><td></td><td></td><td></td><td></td><td></td><td></td><td></td></tr>
</table>

（5）在下列情况下，可以用红色墨水记账：

1）按照红字冲账的记账凭证，冲销错误记录。

2）在不设借贷等栏的多栏式账页中，登记减少数。

3）在三栏式账户的余额栏前，如未印明余额方向的，在余额栏内登记负数余额。

4）根据国家统一的会计制度的规定可以用红字登记的其他会计记录。由于会计中的红字表示负数，因而除上述情况外，不得用红色墨水登记账簿。

（6）各种账簿应按页次顺序连续登记，不得隔页、跳行。如无意发生隔页、跳行现象，应在空页、空行处用红色墨水划对角线注销，或者注明“此页空白”或“此行空白”字样，并由记账人员签名或者签章。

（7）凡需要结出余额的账户，结出余额后，应当在“借或贷”栏目内注明“借”或“贷”字样，以示余额的方向；对于没有余额的账户，应在“借或贷”栏内写“平”字，并在“余额”栏用“0”表示。现金日记账和银行存款日记账必须逐日结出余额。

（8）每一账页登记完毕结转下页时，应当结出本页合计数及余额，写在本页最后一行和下页第一行有关栏内，并在摘要栏内注明“过次页”和“承前页”字样；也可以将本页合计数及金额只写在下页第一行有关栏内，并在摘要栏内注明“承前页”字样，以保持账簿记录的连续性，便于对账和结账。

1）对需要结计本月发生额的账户，结计“过次页”的本页合计数应当为自本月初起至本页末止的发生额合计数。

2）对需要结计本年累计发生额的账户，结计“过次页”的本页合计数应当为自年初起至本页末止的累计数。

3）对既不需要结计本月发生额也不需要结计本年累计发生额的账户，可以只将每页末的余额结转次页。

第三节　分类账的设置与登记

一、总分类账的格式和登记方法

（一）总分类账的格式

总分类账是按照总分类账户分类登记以提供总括会计信息的账簿。它是根据总分类科目（一级科目）开设，用以记录全部经济业务总括核算资料的分类账簿。因为总分类账能分类、连续、全面、总括地反映企业经济活动的情况，并为编制会计报表提供资料，所以，每一个企业必须设置总分类账簿。总分类账必须采用订本账，其账页格式，一般采用“借方”“贷方”“余额”三栏式，根据实际需要，也可以在“借方”“贷方”两栏内增设“对方科目”栏。总分类账的账页格式，也可以采用多栏式格式，如把序时记录和总分类记录结合在一起做成联合账簿，即日记总账。总分类账的格式如表 7-5 所示。

表 7-5　总分类账

<u>总分类账</u>

总第　　页

分第　　页

会计科目或编号

年		凭证		摘要	借方										√	贷方										√	借或贷	金额										√
月	日	字	号		千	百	十	万	千	百	十	元	角	分		千	百	十	万	千	百	十	元	角	分			千	百	十	万	千	百	十	元	角	分	

（二）总分类账的登记方法

由于采用的账务处理程序不同，其登记依据和登记程序不一样。总分类账可以直接根据收款凭证、付款凭证和转账凭证，按经济业务发生时间的先后顺序逐笔登记，也可以通过一定的科目汇总表或汇总记账凭证等按期或分次汇总登记。

明细分类账格式小结

二、明细分类账的格式和登记方法

（一）明细分类账的格式

明细分类账是根据二级账户或明细账户开设账页，分类、连续地登记经济业务以提供明细核算资料的账簿。其格式有三栏式、多栏式、数量金额式和平行式（或称横线登记式）等多种。

1. 三栏式明细分类账

三栏式明细分类账是设有借方、贷方和余额三个栏目，用以分类核算各项经济业务，提供详细核算资料的账簿，其格式与三栏式总账格式相同，如表 7-6 所示。三栏式明细账适用于只进行金额核算的资本、债权、债务类账户，如应收账款、应付账款、短期借款、实收资本等账户。

表 7-6　明细分类账

明细分类账

总第　　页

分第　　页

会计科目或编号

年		凭证		摘要	借方										√	贷方										√	借或贷	金额										√
月	日	字	号		千	百	十	万	千	百	十	元	角	分		千	百	十	万	千	百	十	元	角	分			千	百	十	万	千	百	十	元	角	分	

2. 多栏式明细分类账

多栏式明细分类账是将属于同一个总账科目的各个明细科目合并在一张账页上进行登记，即在这种格式账页的借方或贷方金额栏内按照明细项目设若干专栏。多栏式明细分类账适用于收入、成本、费用、利润和利润分配明细账的核算，如生产成本、制造费用、管理费用、销售费用等账户。多栏式明细账的常见格式如表 7-7 所示。

表 7-7　管理费用账户

总第　　页

分第　　页

会计科目或编号管理费用

年		凭证		摘要	合计										借方																													
															工资及福利费										办公费										折旧费									
月	日	字	号		千	百	十	万	千	百	十	元	角	分	千	百	十	万	千	百	十	元	角	分	千	百	十	万	千	百	十	元	角	分	千	百	十	万	千	百	十	元	角	分

3. 数量金额式明细分类账

数量金额式明细分类账其借方（收入）、贷方（发出）和余额（结存）都分别设有数量、单价和金额三个专栏。该明细账适用于既要进行金额核算又要进行数量核算的存货类账户。如原材料、库存商品、产成品等科目（账户）的明细分类核算。数量金额式明细分类账的格式如表 7-8 所示。

表 7-8 明细分类账

明细分类账

会计科目或编号

材料名称： 总第 页

计量单位： 分第 页

年		凭证		摘要	借（增加）方											贷（减少）方											金额											√
年	日	字	号		数量	平均单价	金额									数量	平均单价	金额									数量	平均单价	金额									
							百	十	万	千	百	十	元	角	分			百	十	万	千	百	十	元	角	分			百	十	万	千	百	十	元	角	分	

4. 平行式明细分类账

平行式明细分类账是采用横线登记，即将每一相关的业务登记在同一行，从而可依据每一行各个栏目的登记是否齐全来判断该项业务的进展情况。这种明细账实际上也是一种多栏式明细账，适用于登记其他应收款，在途物资、应收票据等明细账。

（二）明细分类账的登记方法

不同类型经济业务的明细分类账，可根据管理需要，依据记账凭证、原始凭证或汇总原始凭证逐日逐笔或定期汇总登记。

固定资产、债权、债务等明细账应逐日逐笔登记；库存商品、原材料、产成品收发明细账以及收入、费用明细账可以逐笔登记，也可定期汇总登记。

库存现金、银行存款账户由于已设置了日记账，不必再设明细账，其日记账实质上也是一种明细账。

第四节　序时账的设置与登记

一、现金日记账的格式和登记方法

（一）现金日记账的格式

现金日记账是用来核算和监督库存现金每天的收入、支出和结存情况的账簿，其格式有三栏式和多栏式两种。无论采用三栏式还是多栏式现金日记账，都必须使用订本账。三栏式现金日记账的格式如表 7-9 所示。

表 7-9　库存现金日记账

库存现金日记账

年		凭证号数	对方科目	摘要	总页	收入（借方）										付出（贷方）										结存									
月	日					千	百	十	万	千	百	十	元	角	分	千	百	十	万	千	百	十	元	角	分	千	百	十	万	千	百	十	元	角	分

（二）现金日记账的登记方法

现金日记账由出纳人员根据涉及现金收、付的记账凭证，按经济业务发生的先后顺序，逐日逐笔进行登记，并根据“上日余额+本日收入–本日支出=本日余额”的公式（即期初余额+本期增加–本期减少=期末余额），逐日结出现金余额，与库存现金实存数核对，以检查每日现金收付是否有误。

（1）三栏式现金日记账的具体登记方法如下：

1）日期栏：系指记账凭证的日期，应与现金实际收付日期一致。

2）凭证栏：系指登记入账的收付款凭证的种类和编号，如：“现金收（付）款凭证”，简写为“现收（付）”；“银行存款收（付）款凭证”，简写为“银收（付）”。凭证栏还应登记凭证的编号数，以便于查账和核对。

3）摘要栏：摘要说明登记入账的经济业务的内容。文字要简练，但要能说明问题。

4）对方科目栏：系指现金收入的来源科目或支出的用途科目。如银行提取现金，其来源科目（即对方科目）为“银行存款”。其作用在于了解经济业务的来龙去脉。

5）收入、支出栏（或借方、贷方）：系指现金实际收付的金额。每日终了，应分别计算现金收入和付出的合计数，结出余额，同时将余额与出纳员的库存现金核对，即通常说的“日清”。如账款不符应查明原因，并记录备案。月终同样要计算现金收、付和结存的合计数，通常称为“月结”。

（2）在实际工作中，如果收付业务较多需要设多栏式现金日记账，一般常把现金收入业务和支出业务分设“现金收入日记账”和“现金支出日记账”两本账（格式分别见表7-10和表7-11）。其中：现金收入日记账按对应的贷方科目设置专栏，另设“支出合计”栏和“结余”栏；现金支出日记账则只按支出的对方科目（借方）设专栏，不设“收入合计”栏和“结余”栏。

表7-10 库存现金收入日记账

20××年		凭证		摘要	贷方科目			收入合计	支出合计	结余
月	日	字	号		银行存款	主营业务收入	营业外收入			

表7-11 库存现金支出日记账

20××年		凭证		摘要	借方科目			支出合计	结余
月	日	字	号		银行存款	管理费用	其他应收款		

借贷方分设的多栏式现金日记账的登记方法是：

1）根据有关现金收入业务的记账凭证登记现金收入日记账，根据有关现金支出业务的记账凭证登记现金支出日记账。

2）每日营业终了，根据现金支出日记账结计的支出合计数，一笔转入现金收入日记账的“支出合计”栏中，并结出当日余额。

二、银行存款日记账的格式和登记方法

银行存款日记账是用来核算和监督银行存款每日的收入、支出和结余情况的账簿。银行存款日记账应按企业在银行开立的账户和币种分别设置，每个银行账户设置一本日记账。由出纳员根据与银行存款收付业务有关的记账凭证，按时间先后顺序逐日逐笔进行登记，每日结出存款余额。银行存款日记账的格式和登记方法与现金日记账相同。

第五节 对账与结账

一、对账

（一）对账的意义

对账，是指对账簿记录进行核对。在会计核算工作中，由于种种原因，有时难免会发生各种差错和账实不符的现象。对账就是为了保证账簿记录的真实性、完整性和准确性，在记账以后结账之前，定期或不定期地对有关数据进行检查、核对，以便为编制会计报表提供真实可靠数据资料的重要会计工作。对账工作至少每年进行一次。

（二）对账的内容

按照《会计基础工作规范》的要求，各单位应当对会计账簿记录的有关数字与库存实物、货币资金、有价证券、往来单位或个人等进行相互核对，保证账簿的记录与记账凭证应相符，账簿与账簿之间的相关数字应相符，账簿记录与实物记录应相符。由此可见，对账的主要内容包括账证核对、账账核对、账实核对三个方面。

1. 账证核对

账证核对，是指核对会计账簿记录与原始凭证、记账凭证的时间、凭证字号、内容、金额是否一致，记账方向（二者都有的项目）是否相符，目的是检查登账中有无错误，以保证账证相符。这种核对平常是通过编制凭证和记账过程中的“复核”环节进行的。月末如果发现账账不符，也须追本溯源，进行账簿记录与会计凭证的检查核对，以保证账账相符。

2. 账账核对

账账核对是在账证核对相符的基础上，对不同账簿记录之间的有关数字进行的核对。主要包括：

（1）总分类账簿有关账户的余额核对。总分类账中全部总账账户的期末借方余额合计数与全部总账账户的期末贷方余额合计数应核对相符。这种核对可以通过编制总账账户试算平衡表进行。

（2）总分类账簿与序时账簿核对。总账中“库存现金”和“银行存款”账户期末余额应分别与库存现金日记账、银行存款日记账的期末余额核对相符。

（3）总分类账簿与所属明细分类账簿核对。总分类账中各账户的期末余额应与其所属明细分类账的期末余额合计数核对相符。这种核对可以通过编制“总分类账户与明细分类账户发生额及余额对照表”来进行。

（4）明细分类账簿之间的核对。财会部门的各种财产物资明细分类账的期末余额应与财产物资保管和使用部门的财产物资明细账的结存数核对相符。

3. 账实核对

账实核对是在账账核对的基础上，将各种财产物资和结算款项的账面余额与实存数额核对相符。包括：

（1）库存现金日记账账面余额应与库存现金实存数核对相符。

（2）银行存款日记账账面余额应与银行对账单核对相符。每月至少核对一次。

（3）各种应收、应付款项明细账账面余额应与有关债务人、债权人的相关账面余额核对相符。与上下级单位、财政和税务部门的拨缴款项也应定期核对无误。

（4）各种财产物资明细分类账账面余额应与财产物资实存数核对相符。

二、结账

（一）结账的意义

结账，是指在将一定期间发生的经济业务全部登记入账的基础上，结算出各个账户的本期发生额和期末余额的一项工作。通过结账可以全面、系统地反映单位一定时期内发生的全部经济活动的变化情况及其结果，为总结生产经营情况、考核财务成果及编制会计报表提供资料。

（二）结账程序

（1）检查本期内发生的经济业务是否已经全部登记入账。结账前，必须将本期内所发生的各项经济业务全部登记入账，并通过对账确保账簿记录正确。若发现漏账、错账，应及时补记、更正。不能为了赶编会计报表而提前结账或将本期发生的经济业务拖延至下期登账，也不能先编会计报表而后结账。

（2）在实行权责发生制的单位，应按照权责发生制的要求，编制有关账项调整的记账凭证，进行账项调整，以正确反映本期的收入和费用；对于需要在本月办理的有关转账业务，如销售成本的结转、税金及附加的计算结转等，均应编制有关记账凭证并登记入账，从而确保会计信息的真实性和可靠性。

（3）编制记账凭证，结转损益类账户本期发生额。将本期实现的各种收入从“主营业务收入”等收入账户转入“本年利润”账户的贷方；将本期发生的各项费用从“主营业务成本”“管理费用”等费用账户转入“本年利润”账户的借方，以便计算确定本期的财务成果。

（4）结算出所有账户的本期发生额和期末余额，年末结账时，应将有余额账户的年末余额结转下年。

（三）结账的方法

结账的方法

结账工作一般按月度、季度、半年度和年度进行。结账时，应当结出每个账户的期末余额，有些账户还要求结出本期发生额。结出余额后，应在余额栏前的“借或贷”栏内写明“借”或“贷”字样，没有余额的账户，应在余额栏前的“借或贷”栏内写“平”字，并在余额栏内用“0”表示。结账一般都划“结账线”。平时结账划单线，年末结账划双线。“结账线”位用通栏红线表示，不能只在账页中的金额部分划线。

1. 月结

月结时，对于需要按月结计发生额的账户如库存现金和银行存款日记账，应在各账户本月最后一笔金额下划一条通栏单红线，并在红线下的“摘要”栏中注明“本月发生额及余额”或“本月合计”字样，同时结算出本月借方和贷方发生额及期末余额，并标明余额方向，然后在本行下面再划一条通栏单红线，表示月结工作完毕；对不需要按月结计发生额的账户，如各项应收应付款明细账和财产物资明细账等，在每次记账后，都要随时结出余额，每月最后一笔余额即为月末余额，月末结账时，在最后一笔经济业务记录下划一条通栏单红线即可。对需要结出本年累计发生额的某些明细账户，每月结账时，应在“本月合计”行下结出自年初起至本月止的累计发生额，并在摘要栏内注明“本年累计”字样，在本行下再划一条通栏单红线。

2. 季结

季度结账时，应在本季度末最后一个月进行月结后。在季终月的“月结”行下的“摘要”栏内注明“本季发生额及季末余额”字样，并在季结行下再划一条通栏单红线。半年度结账方法可比照季结进行。

3. 年结

年度终了时，所有总账账户都应结出全年发生额及年末余额。具体做法是：在本年的第四季度季结的红线下面一行，结算出全年四个季度的借贷方发生额和年末余额，并标明余额方向。在摘要栏内注明“本年发生额及余额”“本年合计”或“年结”字样，并在下面划通栏双红线，表示“封账”。采用棋盘式总账和科目汇总表代总账的单位，年终结账时，应汇编一张全年合计的棋盘式总账和科目汇总表。

年度终了结账时，有余额的账户，要将其余额结转下年，并在摘要栏注明“结转下年”字样；在下一会计年度新建有关会计账户的第一行余额栏内填写上年结转的余额，并在摘要栏注明“上年结转”字样。

将有余额的账户的余额直接记入新账余额栏内，不需要编制记账凭证，也不必将余额再记入本年账户的借方或贷方。

第六节　错账更正方法

如果账簿记录发生错误，必须按照规定的方法予以更正，不准涂改、挖补、刮擦或者用药水消除字迹，不准重新抄录。错账更正方法通常有：划线更正法、红字更正法、补充登记法。

一、划线更正法

错账更正方法

划线更正法又称红线更正法，适用于：在结账前发现的账簿记录有文字或数字错误，而记账凭证无误，可以采用划线更正法。即：纯属登账时文字或数字上的笔误。

更正方法是：在错误的文字或数字上划一条红线，在红线上方填写正确的文字或数字，并由记账及相关人员在更正处盖章。划线时，对于错误的数字，应全部划红线更正，不能只更改其中的错误数字。对于文字错误，可只划去错误的部分。如张玲在记账过程中将“870”误写成“780”，发现后更改时应将“780”用单红线全部划去，再在红线上用蓝笔书写“870”字样，并在旁边加盖私章，不能只划去“78”两字。

二、红字更正法

红字更正法又称红字冲账法，适用于对以下两种错误的更正：

（1）记账后在当年内发现记账凭证中所记的会计科目、记账方向错误，可以采用红字更正法。

更正方法是：先用红字填制一张内容与原错误记账凭证完全相同的记账凭证，以示注销原记账凭证，在摘要中写明“冲销某月某日×字第×号错误凭证”，然后再用蓝字填制一张正确的记账凭证，在摘要栏内写明“补记某月某日账”，并据以登记入账。即先用红字冲销错误分录，后用蓝字填制正确分录。

【例 7-1】华钢股份计提固定资产折旧，在编制记账凭证时误将应属于管理费用的行政部门用固定资产折旧 1 100 元计入“制造费用”，并已登记入账。

原错误记账凭证：

借：制造费用　1 100

　　贷：累计折旧　1 100

发现错误时填制一张红字金额记账凭证，并据以登记入账，冲销原错误记录：

借：制造费用　[1 100]

　　贷：累计折旧　[1 100]

再用蓝字填制一张正确的记账凭证，并据以登记入账：

借：管理费用　1 100

　　贷：累计折旧　1 100

（2）记账后在当年内发现记账凭证中所记会计科目或记账方向无误，但所记金额大于应记金额，即记账凭证中金额多记了，从而引起记账错误。

更正方法及步骤：

按多记的金额用红字填制一张与原记账凭证应借、应贷科目完全相同的记账凭证，以冲销多记的金额，在摘要栏中注明“冲销某月某日第×号记账凭证多记金额”，并据以记账。

承上例，假设记账凭证中会计科目、借贷方向均未发生错误，但所记录金额大于应记金额，正确金额应为 1 000 元。在这种情况下，更正时只要按多计的金额 100 元填制一张红字金额的记账凭证，在摘要栏内注明“冲销某月某日×字第×号凭证多计金额”字样并据以入账即可。

原错误记账凭证：

借：制造费用　1 100

　　贷：累计折旧　1 100

发现错误更正时：

借：制造费用　[100]

　　贷：累计折旧　[100]

三、补充登记法

记账后发现记账凭证填写的会计科目或记账方向无误，但是所记金额小于应记金额，即记账凭证中金额少记了，致使账簿记录发生错误，可以采用补充登记法。

更正方法及步骤：

按少计的金额用蓝字填制一张记账凭证，与原记账凭证应借、应贷科目完全相同的记账凭证，以补充少计的金额，在摘要栏内注明“补记某月某日×字第×号凭证少计金额”字样，并据以记账。

承上例，假设正确的制造费用金额应为 2 000 元，则只要用蓝字填制一张 900 元（2 000–1 100）的记账凭证并据以入账，即可将错误更正。

原错误记账凭证：

借：制造费用　1 100

　　贷：累计折旧　1 100

发现后更正时，将少计的金额补记：

借：制造费用　900

　　贷：累计折旧　900

第七节　账簿的更换与保管

一、会计账簿的更换

年度结账后，必须按规定更换新账。总账、日记账和大部分明细账每年都应更换一次新账。一些财产物资明细账和债权债务明细账，如固定资产明细账、应收账款明细账等，可以跨年度继续使用，各种备查账簿也可以跨年度连续使用，不必每年更换新账，以避免重复抄账增加工作量。

更换新账时，应将各账户的年末余额过入下一年度新账簿。在新账簿有关账户新账页的第一行“余额”栏内，填上该账户上年的余额;同时在“摘要”栏内加盖“上年结转”戳记。

二、账簿的保管

会计账簿与会计凭证、会计报表一样都是会计核算的重要档案资料，也是重要的经济档案，必须按照国家会计档案管理办法的规定，妥善保管，不得丢失和任意销毁。年度终了，各种账户在结转下年、建立新账后，一般都要把旧账送交总账会计集中统一管理。会计账簿暂由本单位财务会计部门保管一年，期满之后，由财务会计部门编造清册移交本单位的档案部门保管。保管期满后，需要销毁的，应按照规定的审批程序报经批准后，再行销毁。对会计账簿的管理包括以下几个方面的内容：

（1）各种账簿要分工明确，指定专人管理，账簿经管人员既要负责记账、对账、结账等工作，又要负责保证账簿安全。

（2）会计账簿未经领导和会计负责人或者有关人员批准，非经管人员不能随意翻阅查看、摘抄和复制会计账簿。

（3）会计账簿除需要与外单位核对外，一般不能携带外出，对携带外出的账簿，一般应由经管人员或会计主管人指定专人负责。

（4）会计账簿不能随意交与其他人员管理，以保证账簿安全和防止任意涂改账簿等问题发生。

名词互译

Account Book 账簿

Subsidiary Ledger 明细分类账

Journalizing 编制分录

Account Balance 账户余额

Closing Process 结账

Reconciliation 对账

General Ledger 总分类账

Journal 日记账

Posting 过账

Balance Column Account 余额栏账户

Closing entries 结转分录

本章小结

会计账簿是以会计凭证为依据，由具有一定格式而又相互连结的账页所组成。用来序时地、分类地记录和反映各项经济业务的簿籍。通过账簿对经济业务进一步系统的汇总、整理，以提供各项总括的和明细的资料，进而通过会计报表的编制和分析，以反映一个单位经济活动的全貌，是监督财产物资安全完整的重要手段。

账簿按用途分为序时账簿、分类账簿和备查账簿；按其外表形式分为订本式账簿、活页式账簿和卡片式账簿；按账页格式分为三栏式账簿、多栏式账簿和数量金额式账簿。

序时账簿即日记账，它是按照各项经济业务发生的时间先后顺序，逐日逐笔登记经济业务的账簿。常见的有现金日记账和银行存款日记账。

总分类账簿是按照一级账户设置的，一本总账基本上包括了一个单位的所有一级账户，每个一级账户在总分类账里占有独立的账页。总分类账簿可以总括反映资产、负债、所有者权益、费用成本和收入成果的情况，可以为编制会计报表和进行会计分析检查提供资料。总分类账的格式，一般采用三栏格式。

明细分类账簿是按照二级账户或明细账户设置的，采用活页账簿，可以反映某些总分类账户增减变动的详细情况，为编制会计报表，进行会计分析提供资料。明细分类账簿的格式常用的有三种：三栏式账簿、数量金额式账簿和多栏式账簿。

对账就是定期地对各种账簿记录进行核对，做到账证相符、账账相符和账实相符，以保证账簿记录的真实性和正确性、保证会计报表数据的真实可靠。

结账是在把一定时期内所发生的经济业务全部登记入账的基础上，将各种账簿记录的经济业务结算清楚，结出本期发生额合计和期末余额，或将余额结转下期，以便编制会计报表，分清上下期会计记录和分期继续核算。

发生记账错误时，必须更正，常用的错账更正方法有划线更正法、红字更正法、补充登记法。

导入案例分析

错误 1：李梅是 2015 年 9 月 1 日接任出纳工作的，但在现金日记账的扉页中没有李梅接任出纳工作前的相关记录及李梅接任时的账簿交接记录。

错误 2：在原材料明细账的扉页中，吴嫦娥的接管日前的账簿使用人与接管日不明，李梅交出日期为 2015 年 12 月 31 日不一定正确，2015 年 12 月 31 日这一天尚未有到，2015 年 12 月 31 日会计主管人员杨洋的监交记录是不应该有的。

错误 3：在现金日记账中，2015 年 9 月 1 日的现金结余数是 5 000 元，在 2015 年 9 月 12 日报销差旅费时全部支出，从 2015 年 9 月 1 日至 9 月 13 日，企业没有从银行提取现金，但 2015 年 9 月 13 日又从企业金库中支取现金 4 000 元，李梅至少坐支现金 4 000 元，违法了有关现金管理规定。

在手工会计记账的条件下，账簿是会计数据的储存转换器，也是实现内部控制、明确经济责任的重要工具。账簿的运用分为启用、日常登记、错账更正、对账、结账、交接诸环节。要使账簿能够及时、有效地提供有用的会计信息，明确相关经济责任，发挥内部控制制度的效用，就必须加强账簿的启用、日常登记、错账更正、对账、结账、交接诸环节。正确填写或登记从账簿封面、扉页到账页的全部内容，及时进行对账、更正错账和结账，在记账人员更换时，要按相关要求办理相关的财物和账簿交接手续，在盘存相关财物后，填制财物交接清册，并在相关账簿的扉页上详尽记录相关交接内容，履行相关交接手续。

知识测试与能力训练

一、单项选择题

1．登记账簿的依据是（　　）。
A．经济合同　　B．会计凭证
C．会计报表　　D．经济活动

2．（　　）为编制会计报表提供依据。
A．填制和审核凭证　　B．编制记账凭证
C．设置和登记账簿　　D．编制会计分录

3．从银行提取现金的经济业务，应根据（　　）登记现金日记账的收入栏。
A．现金收款凭证　　B．现金付款凭证
C．银行存款收款凭证　　D．银行存款付款凭证

4．“原材料”明细分类账一般采用的账页格式是（　　）。
A．数量金额式　　B．三栏式
C．多栏式　　D．横线式

5．多栏式账页格式一般适用于（　　）明细分类账户的登记。
A．资产类　　B．负债类
C．费用类　　D．所有者权益类

6．从外形特征看，总分类账应采用（　　）。
A．活页式　　B．卡片式　　C．订本式　　D．备查式

7．租入固定资产备查登记簿按用途分类属于（　　）。
A．分类账簿　　B．通用日记账
C．备查账簿　　D．专用日记账

8．活页账簿与卡片账簿可适用于（　　）。
A．库存现金日记账　　B．总账
C．通用日记账　　D．明细分类账

9．从外形特征看，材料明细账可采用（　　）。
A．数量金额式　　B．活页式
C．三栏式　　D．多栏式

10．从外形特征看，固定资产明细账一般采用（　　）。
A．三栏式　　B．数量金额式
C．多栏式　　D．卡片式

11．必须逐日逐笔登记的账簿是（　　）。
A．明细账　　B．总账　　C．日记账　　D．备查账

12．以下采用三栏式的明细账是（　　）。

A．库存商品明细账　　B．制造费用明细账

C．固定资产明细账　　D．债权债务明细账

13．甲企业与乙企业之间存在购销关系，甲企业定期将“应收账款—乙企业”明细账与乙企业的“应付账款—甲企业”明细账进行核对。该对账性质属于（　　）。

A．账实核对　B．账账核对　C．账证核对　D．余额核对

14．现金日记账和银行存款日记账属于（　　）。

A．序时账　B．分类账　C．备查账　D．总账

15．账簿按（　　）不同分为序时账、分类账和备查账。

A．用途　B．经济内容　C．外表形式　D．会计要素

16．登记账簿时，错误的做法是（　　）。

A．文字和数字的书写占格距的二分之一

B．发生的空行、空页一定要补充书写

C．用红字冲销错误记录

D．在发生的空页上注明“此页空白”

17．在登记账簿时，每记满一页时，应（　　）。

A．只计算本页的发生额

B．只计算本页的余额

C．计算本页的发生额和余额，同时在摘要栏注明“转次页”字样

D．不计算本页的发生额和余额，但应在摘要栏注明“转次页”字样

18．需要结计本年累计发生额的账户，结计“过次页”的合计数为（　　）。

A．自年初起至本日止累计数　　B．自年初起至本页末止累计数

C．自月初至本页末止累计数　　D．自本页初至本页末止累计数

19．现金日记账（　　）结出发生额和余额，并与结存现金核对。

A．每月　　B．每十五天

C．每隔三至五天　　D．每日

20．更正错账时，划线更正法的适用范围是（　　）。

A．记账凭证上会计科目或记账方向错误，导致账簿记录错误

B．记账凭证正确，在记账时发生错误，导致账簿记录错误

C．记账凭证上会计科目或记账方向正确，所记金额大于应记金额，导致账簿记录错误

D．记账凭证上会计科目或记账方向正确，所记金额小于应记金额，导致账簿记录错误

21．采用补充登记法，是因为（　　），导致账簿记录错误。

A．记账凭证上会计科目错误

B．记账凭证上记账方向错误

C．记账凭证上会计科目、记账方向正确，所记金额大于应记金额

D．记账凭证上会计科目、记账方向正确，所记金额小于应记金额

22．某企业7月份“以银行存款支付前欠货款10 000元”，会计人员依据有关原始凭证填制了记账凭证：“借：应收账款10 000元，贷：银行存款10 000元”。记账凭证经审核后登记入账。年末，在进行往来账清查时发现了错误，会计人员应采取的更正方法是（　　）。

A．补充登记法　　B．红字更正法
C．划线更正法　　D．重新编制一张记账凭证

23．年终结账，将余额结转下年时（　　）。
A．不需要编制记账凭证，但应将上年账户的余额反向结平才能结转下年
B．应编制记账凭证，并将上年账户的余额反向结平
C．不需编制记账凭证，也不需将上年账户的余额结平，直接注明“结转下年”即可
D．应编制记账凭证予以结转，但不需要将上年账户的余额反向结平

24．结账时，应当划通栏双红线的是（　　）。
A．结出当月发生额后　　B．各月末结出本年累计发生额后
C．12 月末结出全年累计发生额后　　D．结出本季累计发生额后

25．下列哪种账簿每年不必更换一次（　　）。
A．现金日记账　　B．银行存款日记账
C．应收账款明细账　　D．总账

26．现金日记账中，“凭证字号”不可能出现（　　）。
A．现收　　B．现付　　C．银收　　D．银付

27．企业用现金支付行政管理部门购买的文具用品 68 元，会计人员编制的付款凭证为借记“管理费用”账户 86 元，贷记“库存现金”账户 86 元，并登记入账。对发生的该项记账错误，应采用的更正方法是（　　）。
A．红字更正法　　B．划线更正法
C．除 9 法　　D．补充更正法

28．月末结账前发现所填制的记账凭证无误，根据记账凭证登记账簿时，将 1 568 元误记为 1 586 元，按照有关规定，更正时应采用的错账更正方法最好是（　　）。
A．平行登记法　　B．红字登记法
C．补充登记法　　D．划线更正法

29．账簿中的日期，应填写（　　）。
A．登记账簿的当天　　B．经济业务发生时的日期
C．记账凭证上的日期　　D．原始凭证上的日期

30．企业在记录管理费用时，通常所采用的明细账格式是（　　）。
A．多栏式明细账　　B．卡片式明细账
C．数量金额式明细账　　D．横线登记式明细账

二、多项选择题

1．账簿按其外型特征不同可分为（　　）。
A．总分类账簿　　B．订本账簿
C．活页账簿　　D．卡片账簿

2．数量金额式明细分类账一般适用于下列（　　）账户的登记。
A．应付账款　　B．原材料　　C．库存商品　　D．制造费用

3．现金、银行存款日记账应采用（　　）。
A．三栏式　　B．卡片式

C．订本式　　D．数量金额式

4．多栏式明细分类账的账页格式适用于（　　）。

A．应收账款　　B．管理费用

C．主营业务收入　　D．制造费用

5．下列账簿必须采用订本式账簿的是（　　）。

A．明细账　　B．总账

C．库存现金日记账　　D．银行存款日记账

6．账簿扉页上的内容包括（　　）。

A．启用日期　　B．账簿起止页数

C．账户目录　　D．账簿交接时间

7．账页包括的内容是（　　）。

A．账户名称　　B．起止页次

C．摘要栏　　D．总页次和分页次

8．下列符合登记会计账簿基本要求的是（　　）。

A．文字和数字的书写应占格距的 1/3

B．不得使用圆珠笔书写

C．应连续登记，不得跳行、隔页

D．无余额的账户，在“借或贷”栏内写“平”

9．出纳人员可以登记和保管的账簿是（　　）。

A．现金日记账　　B．银行存款日记账

C．现金总账　　D．银行存款总账

10．关于银行存款日记账的登记方法，下列说法中正确的是（　　）。

A．由会计负责登记　　B．按时间先后顺序逐日逐笔进行登记

C．每日结出存款余额　　D．月终计算出全月收入、支出的合计数

11．现金日记账的登记依据有（　　）。

A．银行存款收款凭证　　B．现金收款凭证

C．现金付款凭证　　D．银行存款付款凭证

12．账账核对包括（　　）。

A．总账与日记账核对

B．总账与明细账核对

C．会计账与保管账核对

D．各种应收、应付账款明细账面余额与有关债权、债务单位的账目余额相核对

13．账实核对是指账簿与财产物资实有数额是否相符。具体包括（　　）核对。

A．现金日记账余额与现金实际库存数

B．银行存款日记账余额与银行对账单余额

C．各种财产物资明细账余额与其实存数额

D．债权、债务明细账余额与对方单位或个人的记录

14．账账核对包括（　　）的核对是否相符。

A．所有总账的借方发生额合计和贷方发生额合计

B．总账余额和所属明细账余额合计

C．现金日记账和银行存款日记账余额与其总账余额

D．银行存款日记账和银行对账单

15．记账后，发现记账凭证中的金额有错误，导致账簿记录错误，不能采用的错账更正方法是（　　）。

A．划线更正法　　　　B．红字更正法

C．补充登记法　　　　D．重新抄写法

16．生产车间生产产品领用原材料 5 000 元，填制记账凭证时，将金额误记为 50 000 元，科目没有错，并已登记入账。当年更正此种错误时（　　）。

A．应用红字更正法　　　　B．应用补充登记法

C．红字凭证的分录为：

借：生产成本 -45 000

贷：原材料 -45 000

D．补记凭证的分录为：

借：生产成本 45 000

贷：原材料 45 000

17．下列各种工作的错误，应当用红字更正法予以更正的是（　　）。

A．在登记账簿时将 256 元误记为 265 元，记账凭证正确无误

B．在填制记账凭证时，误将“应收账款”科目填为“应付账款”，并已登记入账

C．在填制记账凭证时，误将 3 000 元填作 300 元，尚未入账

D．记账凭证中的借贷方向用错，并已入账

18．结账时，正确的做法是（　　）。

A．结出当月发生额的，在“本月合计”下面通栏划单红线

B．平时，结出本年累计发生额的，在“本年累计”下面通栏划单红线

C．12 月末，结出全年累计发生额的，在下面通栏划单红线

D．12 月末，结出全年累计发生额的，在下面通栏划双红线

19．必须每年更换的账簿有（　　）。

A．现金日记账　　　　B．总分类账簿

C．备查账簿　　　　D．固定资产卡片

20．年度结束后，对于账簿的保管应做到（　　）。

A．装订成册　　B．加上封面　　C．统一编号　　D．归档保管

21．平行登记的记账原则可以概括为（　　）。

A．方向相同　　B．期间一致　　C．繁简一样　　D．金额相等

22．下列关于账簿与账户的关系表述，正确的有（　　）。

A．账户存在于账簿之中，没有账簿，账户就无法存在

B．账簿存在于账户之中，没有账户账簿就无法存在

C．账户只是一个外在形式，账簿才是它的真实内容

D．账簿只是一个外在形式，账户才是它的真实内容

23．下列书写工具中，（　　）可以用于账簿资料登账使用。

A．蓝黑墨水　　B．碳素墨水　　C．圆珠笔　　D．铅笔

24．订本式账簿的主要优点有（　　）。

A．避免账页散失　　　　B．防止任意抽换账页

C．灵活安排分工记账　　D．防止记账错误

25．关于账簿的启用，表述正确的是（　）。

A．启用订本式账簿，应当从第一页到最后一页顺序编定页数

B．订本账不得跳页、缺号

C．使用活页式账簿，应当按账户顺序编号，并须定期装订成册

D．使用活页式账簿，装订后再按实际使用的账页顺序编定页码，另加目录以便于记明每个账户的名称和页次

三、判断题

1．使用订本账时，要为每一账户预留若干空白账页。（　）

2．账簿按外型特征不同，分为日记账、分类账和备查账。（　）

3．备查账簿是对某些在日记账和分类账中未能记录的事项进行补充登记的账簿，因此，各单位必须设置。（　）

4．在整个账簿体系中，序时账和分类账是主要账簿，备查账为辅助账簿。（　）

5．库存现金日记账和银行存款日记账必须采用订本式账簿，但企业可以用银行对账单代替日记账。（　）

6．登记账簿必须用蓝黑墨水笔或碳素墨水笔书写，不得使用圆珠笔或铅笔书写。（　）

7．记账时，既可用蓝黑墨水笔、碳素墨水笔书写，也可用圆珠笔或铅笔书写，但不得使用红色水笔书写。（　）

8．为了满足内部牵制原则，实行钱、账分管，通常由出纳人员根据收、付款凭证进行现金收支；然后由会计人员登记三栏式现金日记账。（　）

9．对账也包括账表核对。（　）

10．记账后，如发现记账凭证中，应借应贷科目正确，但所记金额大于应记金额，可采用补充登记法进行更正。（　）

11．采用划线更正法时，对错误的文字和数字，可以只划去错误的部分进行改正。（　）

12．错账更正的方法也适用于会计凭证错误的更正。（　）

13．结账时，没有余额的账户，应当在“借或贷”栏内用“0”表示。（　）

14．年末结账时，应当在全年累计发生额下面划通栏的双红线。（　）

15．对需要按月进行月结的账簿，结账时，应在“本月合计”字样下面通栏划单红线，而不是双红线。（　）

16．结账就是结算、登记每个账户期末余额的工作。（　）

17．结账是在会计期末计算并结转各账户的本期发生额和期末余额的工作。（　）

18．对既不要需要结计本月发生额也不需要结计本年累计发生额的账户，可以只将每页末的余额结转次页。（　）

19．在登记账簿时，应在记账凭证上注明所记账簿的页数，或划“√”符号，表示已经入账，避免重记、漏记。（　）

20．年度终了，应编制记账凭证把上年账户余额结平，并结转下年。（　）

21．月度结账划通栏单红线，季度结账划通栏双红线表示。（　）

22．固定资产明细账不必每年更换，可以连续使用。（　）

23．实行会计电算化的单位，发生收款和付款业务的。在输入收款凭证和付款凭证的当天必须打印现金日记账和银行存款日记账。（　）

24．受托加工来料不必在账簿中登记。（　）

25．年终更换新账时，新旧账簿有关账户之间的转记金额，应该编制记账凭证。（　）

26．结账后，严禁采用划线更正法更正错误。（　）

27．红色墨水仅限于结账、划线更正时使用。（　）

28．会计发现本单位自己记录的前年记账凭证有错误时，不必用红字冲销，直接填制一张更正的记账凭证即可。（　）

29．现金日记账的“日期”栏，是指记账凭证的日期，应与现金实际收、付日期一致。（　）

30．会计中的红色数字表示负数。（　）

第八章　财产清查

学习目标

1. 理解财产清查的概念、意义、种类。
2. 掌握各种财产清查的方法。
3. 掌握银行余额调节表的编制及财产清查的账务处理。
4. 通过本章学习能对各种财产物资进行财产清查并进行账务处理；能编制银行余额调节表。

导入案例

案例：华钢股份的副总吴某，将企业在用的机器设备借给其亲属使用，但未办理任何手续。年底清查人员盘点时发现盘亏了一台设备，原值 500 000 元，已提折旧 100 000 元，净值为 400 000 元。经调查得知是吴副经理所为，于是派人向其亲属索要，但其亲属称该设备已经被偷走。当问及吴副经理对此的处理意见时，他建议按正常报废处理。

案例思考：1. 该盘亏的设备按正常报废处理是否符合规定？

2. 企业应该怎样正确处理盘亏的资产？

知识框架

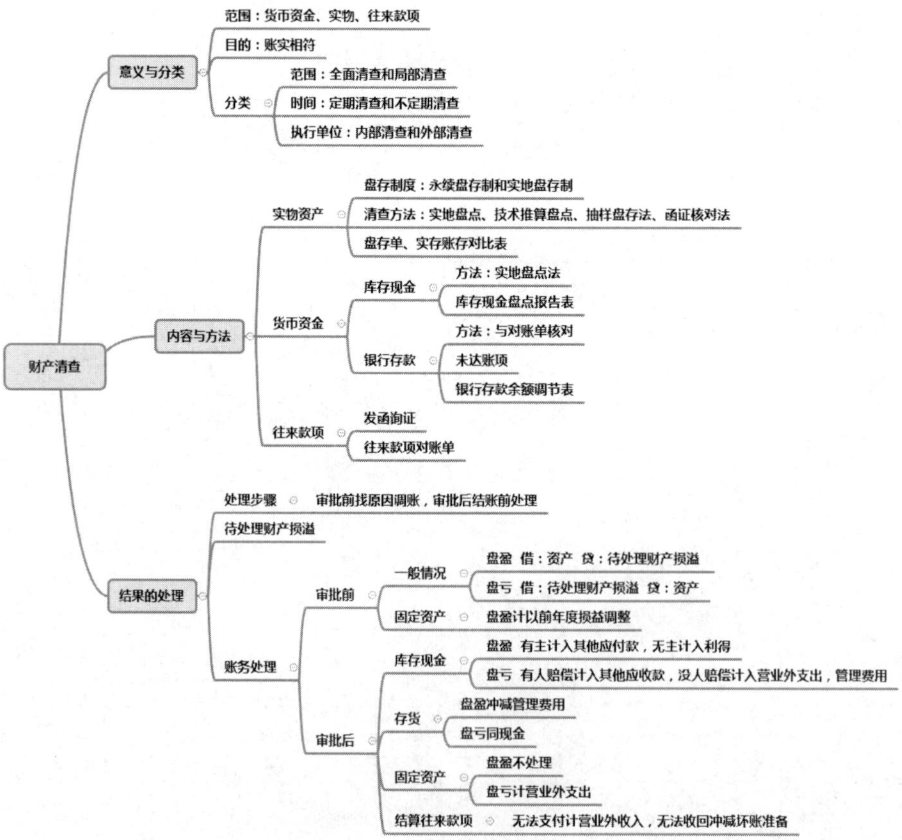

第一节 财产清查的意义与分类

一、财产清查的意义

企业的各项财产包括货币资金、存货、固定资产及各项债权等。各项财产物质的增减变动和结存情况都是通过账簿记录如实加以反映。为了保证账簿记录的正确性，必须对财产物资进行定期或不定期的清点和审查工作即财产清查。财产清查是会计核算的专门方法之一，它是根据账簿记录，对企业的货币资金、实物资产和往来款项等财产物资进行盘点或核对，查明各项财产的实存数与账存数是否一致，并为定期编制会计报表提供准确、完整、系统的核算信息的一种专门方法。

会计核算的任务之一，就是反映和监督财产物资的保管和使用情况，保护企业财产物资的安全与完整，提高各项财产物资的使用效率。在企业的会计核算方法体系中，复式记账本身具有一定的内部控制机制。从理论上讲，会计账簿上所记录的财产物资的增减和结存情况与实际的财产物资收发和结存相符。但在实际工作中有很多主客观原因造成了某些财产物资的账面数额与实际结存数额发生差异，比如，财产物资在运输、保管或收发工作中有时会发生自然损耗或因计量、检验不准确而发生品种、数量、质量上的差错；财产物资在保管中因风灾、火灾、水灾等自然灾害而造成损失；管理不善或工作人员失职造成财产物资短缺；不法分子贪污盗窃、营私舞弊等造成财产物资损失等等。另外在实际工作中，还存在着隐性账实不符情况。例如，财产物资因企业外部环境的变化，发生了贬值；应收账款因长期未经清偿而造成事实的坏账等等。这些现象都会造成账实不符。因此，为确保会计账簿记录的真实性和准确性，进一步建立健全财产物资的管理制度，确保企业财产的完整无损，就必运用财产清查这一会计核算方法，对各项财产进行清查，做到账实相符。财产清查的意义主要体现在以下几个方面：

（一）财产清查为会计信息系统正常运行提供有效保证

会计以凭证形式输入资金运动发出的初始信息，经过确认、分类、记录、整理和汇总，最后以财务报表为载体输出供决策之用的真实可靠的财务信息。在对会计信息质量的要求中，财务报表信息的可靠性最为重要，它是会计报表的“生命源泉”。为避免信息在传输过程中受主客观因素干扰而失真，提高会计信息的质量，就必须查明各项财产物资的实存数，并与账簿记录相核对，为会计信息系统正常、有效地运行奠定坚实的基础。

（二）财产清查为内部控制制度的实施创造了有力条件

为防止企业内部控制制度不健全、管理失控等情况的发生，《会计法》对企业建立内部控制制度的问题做出来明确规定。建立有效的财产内部控制制度的目的之一是为了保证企业经营活动的有效进行，保证财产物资的安全与完整，提高会计信息的质量。而内部控制制度执行的好坏，又可通过财产清查的方法加以检验。通过财产清查，可以查明各项财产物资的保管情况，如是否完整，有无毁损、变质、被非法挪用、贪污、盗窃等；还可以查明各项财产物资的储备和利用情况，如有无储备不足，有无超储、积压、呆滞现象等。以便及时采取措施、堵塞漏洞、加强管理，使内部控制制度充分发挥作用。

（三）挖掘财产物资的潜力，提高财产物资的使用效率

通过财产清查，可以揭示各项财产物资的使用情况，查明财产物资有无超储、积压、呆滞等情况，发现财产物资管理上出现的问题，从而促进企业改善经营管理，挖掘各项财产物资的潜力，加速资金周转，提高财产物资的使用效果。

二、财产清查的分类

财产清查总是在一定范围和具体时间、地点进行的，为了合理地组织财产清查，正确地使用财产清查的方法，必须对财产清查进行科学的分类。

（一）财产清查按清查的范围不同，可分为全面清查和局部清查

（1）全面清查。全面清查是指对企业所有的财产进行全面的盘点和核对。它涉及到企业资产的全部，一般包括：货币资金及有价证券、存货、固定资产、投资和债权债务等。

全面清查的范围广、工作量大、清查时间长、涉及人员多，为不影响正常生产经营活动，全面清查只在下列情况下进行：①在年终决算时，为确保年终决算会计信息的真实和准确，需要进行一次全面清查；②在企业关停并转或改变隶属关系时，为明确经济责任，需要进行全面清查；③中外合资、国内联营，需要进行全面清查；④企业开展清产核资，需要进行全面清查；⑤企业主要负责人调离或离任时，需要进行全面清查。

（2）局部清查。局部清查是指根据需要对企业的部分财产进行盘点和核对。

由于全面清查费时费力，难以经常进行，因而企业时常采用局部清查。局部清查一般在下列情况下进行：①存货中流动性较大或易发生溢余或损耗的，除在年终决算时进行全面清查外，还应在每月、每季轮流盘点或重点抽查；②贵重物资至少每月清查盘点一次；③库存现金由出纳员在每日终了时自行清查一次；④银行存款每月应与银行核对一次；⑤各种债权债务每年至少核对一至两次。

（二）财产清查按清查的时间不同，可分为定期清查和不定期清查

（1）定期清查。定期清查是指按照预先计划安排的时间对财产进行的盘点和核对。这种清查通常在年末、季末和月末结账时进行，可以进行全面清查，也可以进行局部清查，多数情况下，年末进行全面清查，季末和月末进行局部清查。

（2）不定期清查。不定期清查是指事先并无规定的清查时间，而是根据实际需要临时决定对财产进行的盘点和核对。一般在下列情况下进行：①为明确经济责任，财产物资和现金保管人员更换时；②为查明损失情况，发生非常损失时；③监管部门对企业进行审计查账时；④按规定进行临时清产核资时等等。不定期清查通常为局部清查，如有必要也可进行全面清查。

（三）财产清查按清查的执行单位不同，可分为内部清查与外部清查

（1）内部清查。内部清查是指由本单位内部自行组织清查工作小组所进行的财产清查工作。大多数财产清查都是内部清查，这种清查也称为“自查”。

（2）外部清查。外部清查是指由上级主管部门、审计机关、司法部门、注册会计师根据国家有关规定或情况需要对本单位所进行的财产清查。一般来说，进行外部清查时应有本单位相关人员参加。

三、财产清查的一般程序

财产清查工作细致，涉及面广，进行财产清查，要严格按照下列程序进行，以保证财产清查工作的顺利进行。下面以企业为例，说明财产清查的一般程序。

（一）成立清查小组

企业应根据清查性质、种类和范围，成立清查小组，确定清查小组成员构成。清查小组成员由单位领导、财会人员和与清查内容相关的技术人员、保管人员和职工代表等构成。必要时还可以将清查小组分为清查领导小组和清查工作小组。

（二）清查前准备

企业单位应根据清查的性质、种类和范围，拟定清查计划，确定清查的内容、方法、时间进度及相关的准备工作，确定具体工作人员的分工和职责。

（三）实施财产清查

清查前的准备工作包括账簿记录的准备、实物整理的准备和度量衡的准备等。

（1）账簿记录准备。财产清查是为了检查账实相符情况，所以清查前要把有关账目应记录的经济业务登记齐全，并进行总账与明细账核对，账簿记录与凭证记录相核对，做到账账相符、账证相符，只有做到账证相符、账账相符，才可进行账面结存与实物结存的核对工作。

（2）实物整理准备。对于准备清查的财产物资，应整理清楚，按类别、组别存放整齐，以便进行清查。

（3）度量衡的准备。盘点时，有些财产物资需要称量，事前应准备好各种需要的度量衡器具，并校正准备，以备使用。

4. 财产清查结果的处理

在清查过程中，要根据清查对象的特点，作好实地盘点、往来单据核对和查询工作。能够进行盘点清查的，要进行盘点清查，不能进行盘点清查的，要做好核对或查询。清查时，实物保管人员、出纳人员、往来账户经管人员均应在场。清查过程中，要做好盘点盈亏的记录和有关的手续。

第二节　财产清查的内容与方法

财产清查不仅包括实物的清点，而且也包括各种债权、债务等往来款项的查询核对。另外，财产清查范围不仅包括存放于本企业的各项财产物资，也包括属于但未存放于本企业的财产物资（也可以包括存放但不属于本企业的财产物资）。财产清查是一项涉及面广、业务量大的会计工作，为提高财产清查工作质量，提高工作效率，达到财产清查的目的，在财产清查时应针对不同的清查内容而采用不同的方法。

一、实物的清查

实物财产是指具有实物形态的各种财产，包括：原材料、半成品、在产品、产成品、低值易耗品、包装物和固定资产等。

（一）实物存货盘存制度

实物财产清查的重要环节是盘点实物财产的实存数量，尤其是存货实存数量。为使盘点工作顺利进行，应建立一定的盘存制度。存货的盘点一般有两种：永续盘存制和实地盘存制。

1. 永续盘存制

永续盘存制也称账面盘存制，就是通过设置存货明细账，对日常发生的存货增加或减少，都必须根据会计凭证在账簿中进行连续登记，并随时在账面上结算各项存货的结存数，并定期与实际盘存数对比，确定存货盘盈盘亏的一种制度。永续盘存制可以通过存货的明细账记录。具体做法是：收入某项财产物资时，根据有关的会计凭证将收入的数量和金额记在有关明细账的收入栏；当发出某项财产物资时，将支出的数量和金额记在有关的明细账支出栏，并及时计算出该财产物资在明细账上的结存数量和金额。计算公式如下：

账面期末结存数=账面期初结存数+本期增加数–本期减少数

由于永续盘存制能够随时反映某一存货在一定会计期间内收入、发出及结存的详细情况，有利于加强对存货的管理与控制。但是，相对于定期存制而言，永续盘存制下存货明细账的会计核算工作量较大，尤其是月末一次结转销售成本或耗用成本时，存货结存成本及销售或耗用成本的计算工作比较集中；采用这种方法需要将财产清查的结果同账面结存进行核对，在账实不符的情况下还需要对账面记录进行调整。

2. 实地盘存制

实地盘存制又称定期盘存制，是指会计期末通过对财产物资进行实地盘点确定期末结存数量的方法。就是以期末具体盘点实物的结果为依据来确定财产物资的结存数量的方法。该方法是在期末通过盘点实物、来确定财产物资结存数量，并据以倒算出发出数量。具体做法是：平时只登记财产物资收入数，不登记财产物资发出数，期末通过实地盘点，确定结存数量，并倒算发出数量及金额，完成账簿记录，使账实相符。在实地盘存制下，本期减少数的计算公式是：

期初结存数+本期增加数–期末结存数=本期减少数

实地盘存制的优点是核算工作比较简单，工作量较小。缺点是手续不够严密，不能通过账簿随时反映和监督各项财产物资的收、发、结存情况，反映的数字不精确，仓库管理中尚有多发少发、物资毁损、盗窃、丢失等情况，在账面上均无反映，而全部隐藏在本期的发出数内，不利于存货的管理，也不利于监督检查。因此，实地盘存制只适应数量大、价值低、收发频繁的存货。与永续盘存制相比没有安全性。实地盘存制的适用范围一般只是用于核算那些价值低和数量不稳定损耗大的鲜活商品。

（二）实物财产的清查方法

不同品种的实物财产，在形态、体积重量、存放方式等方面的不同，所采用的清查方法也有所不同。常用的实物财产的清查方法包括以下几种：

（1）实地盘点。实地盘点是指在财产物资堆放现场进行逐一清点数量或用计量仪器确定实存数的一种方法。大部分的财产物资采用这种方法，比如机器设备、包装好的原材料、在产品和库存商品等。这种方法适用范围广，数字准确可靠，清查质量高，但工作量比较大。

（2）技术推算盘点。技术推算盘点是利用技术方法，如量方计尺等对财产物资的实存数进行推算的一种方法。这种方法又称“估堆”，一般适用于散装、大量成堆且难以逐一清点其实存数的各种资产，如煤炭、盐、化肥、饲料等清查。

（3）抽样盘存法。这是指采用抽取一定数量的样品的方式对实物资产的实有数进行估算确定的一种方法。这种方法一般适用于数量多、重量和体积均匀的实物财产的清查。

（4）函证核对法。这是指通过向对方发函对实物资产的实有数进行确定的一种方法。这种方法一般适用于对委托外单位加工或保管的实物资产的清查。

（三）实物财产清查使用的凭证

为明确经济责任，进行财产清查时，有关财产物资的保管人员必须在场，并参加清查盘点工作。对各项财产的盘点结果，应如实准确地登记在“盘存单”上，并由参加盘点人员同时签章。“盘存单”是财产盘点结果的书面证明，也是反映实物财产实有数额的原始凭证。“盘存单”的一般格式见表 8-1。

表 8-1　盘 存 单

单位名称：__________　　存放地点：__________　　编号：______

财产类别：__________　　盘点时间：__________

序号	名 称	规 格	计量单位	盘点数量	单 价	金 额	备 注

盘点人签章：　　　　保管人签章：

盘点完毕，将“盘存单”中所记录的实存数与账面结存余额相核对，如发现实物盘点结果与账面结存结果不相符时，应根据“盘存单”和有关账簿记录，填制“实存账存对比表”，以确定实物财产的盘盈数或盘亏数。“实存账存对比表”是记录财产清查经过的原始凭证，也是分析盈亏原因，明确经济责任，以及进行账务处理的重要依据。“实存账存对比表”如表 8-2 所示。

表 8-2　实存账存对比表

单位名称：　　　　年　月　日

序号	名称	规格	计量单位	实存		账存		对比结果				备注
								盘盈		盘亏		
				数量	金额	数量	金额	数量	金额	数量	金额	
合计												
盈亏总计			数量				金额（元）					

盘点人员签章：　　　　会计人员签章：

二、货币资金的清查

货币资金的清查包括对库存现金、银行存款和其他货币资金的清查。

（一）库存现金的清查方法

库存现金清查的基本方法是实地盘点法。实地盘点法是通过库存现金的盘点实存数，与现金日记账的账面余额核对的方法，以查明账实是否相符。

库存现金的清查可分为以下两种情况：

（1）出纳员自查。现金收支业务频繁，容易出错，出纳人员应每日清点库存现金实有数额，并及时与库存现金日记账的余额进行核对，做到日清月结，账账相符，账实相符。这种清查方法实际上是现金出纳的分内职责。

（2）专门人员清查。在清查小组清查前，出纳人员应将全部有关现金的收付款凭证登记入账，结出库存现金余额并填列在“库存现金盘点报告表”的“账存金额”栏内。在清查小组盘点时，出纳人员必须在场，现金应逐张查点。清查人员还应认真审核收付款凭证，注意有无违反现金管理制度（如白条抵库、挪用现金等）的情况。盘点完成后，应编制“库存现金盘点报告表”（见表 8-3），并由盘点人员和出纳人员共同签章。库存现金盘点报告表兼有盘存单和实存账存对比表的作用，是证明现金实有数额的重要原始凭证，也是查明账实不符的原因和据以调整账簿记录的重要依据。

表 8-3 库存现金盘点报告表

单位名称： 年 月 日 单位：元

实存金额	账存金额	对比结果		备注
		盘盈	盘亏	

盘点人（签章）： 出纳人员（签章）：

盘点以后，对发现的差错应查明原因，等待处理。对白条抵库、坐支现金和库存现金超限额等情况，应在备注栏中说明。

（二）银行存款的清查方法

银行存款的清查，是采用与开户银行核对账目的方法进行的，清查前应先检查本单位银行存款日记账的正确性与完整性，再将本单位的银行存款日记账与开户银行转来的对账单逐笔进行核对，以查明银行存款的收入、支出和结余的记录是否正确。但即使双方记账都没有错误，银行存款日记账的余额和银行对账单的余额也往往不一致。这种不一致的原因一是一方或双方账目存在错误，发生重记、漏记或者金额、科目记错等问题；二是存在未达账项。未达账项是指由于双方记账时间不一致而发生的一方已经入账，而另一方尚未入账的款项。未达账项有以下四种情况：

（1）单位已记银行存款增加，而开户银行尚未记账。

（2）开户银行已记单位存款增加，而单位尚未记账。

（3）单位已记银行存款减少，而开户银行尚未记账。

（4）开户银行已记单位存款减少，而单位尚未记账。

银行存款余额调节表的作用

上述任何一种未达账项的存在，都会使企业银行存款日记账与银行提供的“对账单”的余额不一致。在与银行对账时，应首先查明有无未达账项，如果有未达账项，可编制“银行存款余额调节表”予以调整。“银行存款余额调节表”的编制应在企业银行存款日记账余额和银行对账单余额的基础上，分别加减未达账项，调整后双方余额应该相符，并且是企业当时实际可以动用的款项。其计算公式如下：

企业银行存款日记账余额+银行已收企业未收款项–银行已付企业未付款项=银行对账单余额+企业已收银行未收款项–企业已付银行未付款项

现举例说明“银行余额调节表”的具体编制方法。

【例 8-1】华钢股份 20×6 年 3 月 31 日银行存款日记账的账面余额为 920 000 元，银行对账单余额为 1 050 000 元，经逐笔核对，查明有以下几笔未达账项：

（1）公司月末将收到的一张转账支票 6 000 元送存银行，公司已记账，而银行因尚未办妥划款手续，尚未记账。

（2）公司月末开出一张转账支票 4 500 元，公司已记账，而收票人尚未向银行办理进账手续，银行尚未记账。

（3）银行代公司收入销货款 133 000 元，银行已记账，而公司尚未收到银行收款通知，尚未记账。

（4）银行收取了公司短期借款第一季度的利息 1 500 元，银行已记账，而公司尚未收到银行的计付利息通知单，尚未记账。

根据上述资料，编制“银行存款余额调节表”如表 8-4 所示。

表 8-4 银行存款余额调节表

20×6 年 3 月 31 日　　　　单位：元

项目	金额	项目	金额
公司银行存款账面余额	920 000	银行对账单账面余额	1 050 000
加：银行已收，公司未收	133 000	加：公司已收，银行未收	6 000
减：银行已付，公司未付	1 500	减：公司已付，银行未付	4 500
调节后的存款余额	1 051 500	调节后的存款余额	1 051 500

应该指出，表 8-4 调节后的银行存款余额，是月末公司银行存款的真正实有数额，即公司实际可动用的存款数额。需要注意的是：编制银行存款余额调节表，只是为了检查账簿记录的正确性，而不是要更改账簿记录。所以，公司不得按照银行存款余额调节表调整账面余额，各项未达账项要待收到银行转来的有关收、付结算凭证时，方可进行账务处理。

（三）应收账款的清查方法

对各种应收款项一般采取“函证核对法”进行清查，即通过同经济往来单位核对账目的方法。清查单位应在其各种应收款项记录正确的基础上，按每一个经济往来单位编制“往来款项对账单”（一式两份，其中一份作为回联单）送往各经济往来单位，对方经过核对相符后，在回联单上加盖公章退回，表示已核对；如果经核对数字不相符，对方应在回联单上注明情况，或另抄对账单退回本单位，进一步查明原因，再行核对，直到相符为止。“往来款项对账单”的格式和内容如下：

往来款项对账单

__________________单位：

贵单位 20××年 8 月 25 日购入我单位 A 产品 100 件，已付货款 16 000 元，尚有 22 000 元货款未支付，请核对后将回联单寄回。

清查单位：（盖章）

20×6 年 12 月 20 日

沿此虚线裁开，将以下回联单寄回！

....

往来款项对账单（回联）

________________清查单位

贵单位寄来的“往来款项对账单”已收到，经核实相符无误。

××单位（盖章）

20×6 年 12 月 24 日

清查方法小结

第三节 财产清查结果的处理

一、财产清查结果处理的要求

对于财产清查中发现的问题，如财产物资的盘盈、盘亏、毁损或其他各种损失，应核实情况，调查分析产生的原因，按照国家有关法律法规的规定，进行相应的处理。具体要求有：

（一）分析产生差异的原因和性质，提出处理意见

对于财产清查中发现的盘盈、盘亏，应及时查明原因，明确经济责任，并依据有关规定进行处理。对于一些合理的损耗等，只有在规定的损耗标准和范围内，会计人员可按照规定及时作出处理。对于超出职权范围的，会计人员无权自行处理，应及时报请单位负责人处理。一般而言，个人造成的损失，应由个人赔偿；因管理不善造成的损失，应作为企业管理费用入账；因自然灾害造成的非常损失，应列入企业的营业外支出。

（二）积极处理多余积压财产，清查往来款项

对于财产清查中发现的多余、积压物资应分为不同情况处理。属于盲目采购或者盲目生产等原因造成的积压，一方面积极利用或者改造出售，另一方面要停止采购或生产。

（三）总结经验教训

财产清查后，要针对存在的问题或不足，总结经验教训，采取必要的措施，建立健全财产管理制度，进一步提高财产管理水平。

（四）及时调整账簿记录，保证账实相符

对于财产清查中发现的盘盈或盘亏，应根据清查中取得的原始凭证填制记账凭证，登记有关账簿，及时调整账面记录，使各种财产物资的账存数与实存数相一致，同时反映待处理财产损溢的发生。

二、财产清查结果处理的步骤

财产清查之后，应及时核实财产清查中所发现的财产物资的盘盈和盘亏及毁损等情况。当实存大于账存时称为“盘盈”；当实存小于账存时称为“盘亏”；当实存与账存一致，但财产物资有质量问题，不能按正常财产物资使用的称为“毁损”。清查后，账实相符时，不需进行账务处理；账实不符时，则需进行账务处理，调整账存数，使账实相符。通常包括审批之前的账务处理和审批之后的账务处理，其处理步骤如下：

（一）审批之前的处理

根据“清查结果报告表”“盘点报告表”等已经查实的数据资料，编制记账凭证，记入有关账簿，使账簿记录与实际盘存数相符，同时根据企业的管理权限，将处理建议报股东大会或董事会，或经理（厂长）会议或类似机构批准。

（二）审批之后的处理

根据审批的意见，进行差异处理，调整账项。

三、财产清查结果的账务处理方法

（一）账户的设置

需设置“待处理财产损溢”账户。“待处理财产损溢”属于资产类账户，借方用来登记原材料、库存商品、固定资产等盘亏、毁损的数额，待盘亏、毁损的原因查明后，经领导及上级部门批准作出处理，再从“待处理财产损溢”账户的贷方转入有关账户的借方；该账户贷方用来登记原材料、库存商品等盘盈的数额（企业如有盘盈的固定资产，应作为前期差错记入“以前年度损益调整”科目），待原因查明并作处理时，再从“待处理财产损溢”账户的借方转入有关账户的贷方；本账户应于期末结账前查明原因并处理完毕，处理后本账户应无余额。处理前的借方余额，反映企业尚未处理的各种财产的净损失；处理前的贷方余额，反映企业尚未处理的各种财产的净溢余。

“待处理财产损溢”账户的结构如图 8-1 所示。

待处理财产损溢

借	贷
①发生的待处理财产盘亏和毁损数 ②结转已批准处理的财产盘盈数	①发生的待处理财产盘盈数 ②结转已批准处理的财产盘亏和毁损数
尚未处理的财产净损失	尚未处理的财产净溢余

图 8-1　“待处理财产损溢”账户结构示意图

（二）现金清查结果的账务处理

（1）现金盘盈的账务处理。发生现金盘盈后，应查明盈余的原因，及时办理现金入账手续，调整现金账簿记录。借记“库存现金”账户，贷记“待处理财产损溢—待处理流动资产损溢”账户。并经有关部门批准后，借记“待处理财产损溢—待处理流动资产损溢”账户，贷记有关账户。

【例 8-2】华钢股份在现金清查中，发现现金长款 50 元，经查，其中 45 元是在与甲单位结算零星销货款时，在发票以外多收的现金，另外 5 元原因不明。

在清点后（报批前），先做到账实相符，应根据“实存账存对比表”所确认长款数额，作如下调整分录：

借：库存现金　　　50

　　贷：待处理财产损溢—待处理流动资产损溢　　　50

经批准以后，作如下会计分录：

借：待处理财产损溢—待处理流动资产损溢　50

　　贷：管理费用　　　5

　　　　应付账款—甲单位　　　45

（2）现金盘亏和毁损的账务处理。现金盘亏和毁损后，在盘点后即应转入“待处理财产损溢－待处理流动资产损溢”账户，待批准后根据不同情况进行处理：能确定具体交款单位的少收款，应先计入其他应收款；不能确定具体交款单位的少收款或者虽能确定具体交款单位但数额较小或对方不认账时，应由过失人赔偿，超过过失人赔偿额部分，计入管理费用；由于自然灾害所造成现金毁损，计入营业外支出。

【例 8-3】华钢股份在现金清点中发现现金短款 100 元，出纳人员无法说明原因，经领导研究决定由出纳员赔偿。

在盘点后（报批前）先做到账实相符，根据“实存账存对比表”，编制如下调整分录：

借：待处理财产损溢—待处理流动资产损溢　100

　　贷：库存现金　　100

经批准后，编制如下会计分录：

借：其他应收款—出纳人员　100

　　贷：待处理财产损溢—待处理流动资产损溢　100

（三）存货清查结果的账务处理

（1）存货盘盈的账务处理。发生盘盈的存货，经查明是收发计量或核算上的误差原因造成的，应及时办理存货入账手续，调整存货账簿的实存数，借记有关存货账户，贷记“待处理财产损溢”账户，经有关部门批准后，再冲减管理费用，借记“待处理财产损溢—待处理流动资产损溢”账户，贷记“管理费用”账户。

【例 8-4】华钢股份经财产清查，发现盘盈甲材料 2 000 元。经查明是由于收发计量上的错误所致。

在批准前，根据“实存账存对比表”所确定的甲材料盘盈数额，编制如下会计分录：

借：原材料—甲材料　　2 000

　　贷：待处理财产损溢—待处理流动资产损溢　　2 000

批准以后，冲减管理费用，作如下会计分录：

借：待处理财产损溢—待处理流动资产损溢　2 000

　　贷：管理费用　　2 000

（2）存货盘亏和毁损的账务处理。发生盘亏和毁损的存货，批准以前应先结转到“待处理财产损溢—待处理流动资产损溢”账户；批准以后再根据造成亏损的原因，分情况进行账务处理，其进项税额应转入有关账户。

1）属于正常损失，经批准后转作管理费用，借记“管理费用”账户，贷记“待处理财产损溢—待处理流动资产损溢”账户。

2）属于非正常损失（包括加计的应转出的增值税进项税额），能确定过失人的由过失人负责赔偿；属于自然灾害造成的存货损失，扣除保险公司赔款和残值后，记入“营业外支出”账户的借方和“待处理财产损溢—待处理流动资产损溢”账户的贷方。

【例 8-5】华钢股份进行盘点，发现甲产品短缺 50 千克，单位成本 20 元，经查属于定额内正常损耗。

审批前，根据“实存账存对比表”所确定的甲产品盘亏数额编制如下分录：

借：待处理财产损溢—待处理流动资产损溢　　1 000

　　贷：库存商品—甲产品　　1 000

审批后，批准损失列入管理费用处理，编制如下会计分录：

借：管理费用　　1 000

　　贷：待处理财产损溢—待处理流动资产损溢　　1 000

【例 8-6】华钢股份发生非正常损失乙材料 1 000 吨，每吨进价 200 元。根据购货发票增值税进项税额 34 000 元，经检查确定是非正常损失，批准对损失部分列作营业外支出。

批准之前，根据“账存实存对比表”编制如下会计分录：

借：待处理财产损溢—待处理流动资产损溢　234 000

　　贷：原材料—乙材料　200 000

　　　　应交税费—应交增值税（进项税额转出）　34 000

批准计入营业外支出，应编制如下会计分录：

借：营业外支出　234 000

　　贷：待处理财产损溢—待处理流动资产损溢　234 000

原材料存货盘盈、盘亏账务处理如图 8-2 所示。

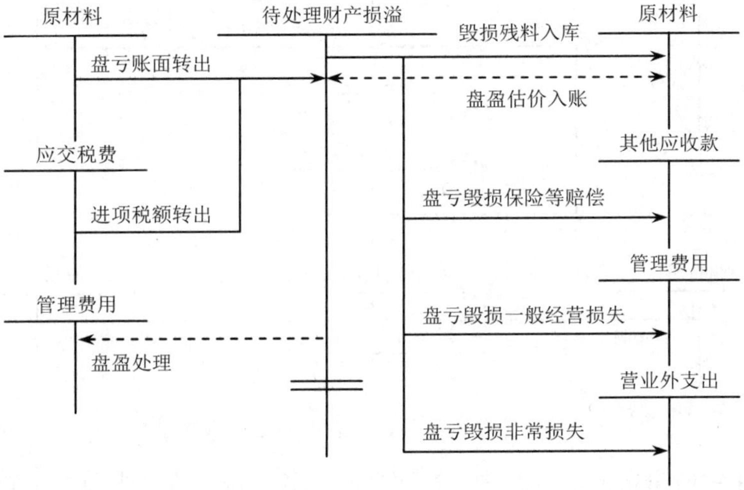

图 8-2　原材料存货清查账务处理示意图

（四）固定资产清查结果的账务处理

（1）固定资产盘盈的账务处理。按同类或类似固定资产市场价格，减去按该项资产的新旧程度估计的价值损耗的余额作为前期会计差错记入“以前年度损益调整”科目。

【例 8-7】华钢股份对固定资产进行清查，发现盘盈一台五成新机器设备，该设备市场同类产品价格为 160 000 元。该企业适用的企业所得税税率为 25%，并按净利润的 10% 计提法定盈余公积金。

该企业账务处理为：

（1）审批前

借：固定资产　160 000

　　贷：累计折旧　80 000

　　　　以前年度损益调整(160 000×50%)　80 000

（2）审批后

借：以前年度损益调整　20 000

　　贷：应交税费—应交所得税　20 000

借：以前年度损益调整(80 000–20 000)　　60 000

　　贷：盈余公积—法定盈余公积(60 000×10%)　　6 000

　　　　利润分配—未分配利润　　54 000

（2）固定资产盘亏的账务处理。对于盘亏的固定资产，企业应及时办理固定资产注销手续，按盘亏固定资产净值，借记“待处理财产损溢”账户，按已提折旧额借记“累计折旧”账户，按其原值，贷记“固定资产”账户。按规定程序批准后，应按盘亏固定资产的原值扣除累计折旧和过失人及保险公司赔偿后的差额，借记“营业外支出”账户，同时按过失人及保险公司应赔偿额，借记“其他应收款”账户，按盘亏固定资产的净值，贷记“待处理财产损溢”账户。固定资产盘盈、盘亏账务处理见图 8-3。

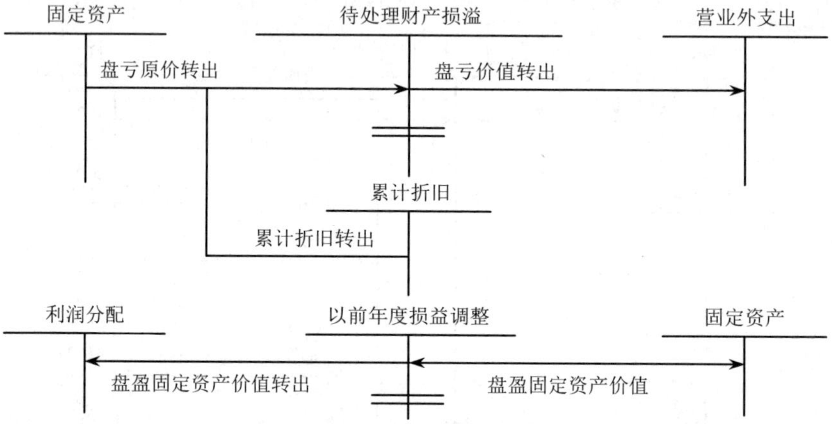

图 8-3　存货盘亏、盘盈账务处理示意图

【例 8-8】华钢股份在财产清查中，发现盘亏设备一台，其原值为 50 000 元，已提折旧额 30 000 元。编制如下会计分录：

借：待处理财产损溢—待处理固定资产损溢　　20 000

　　累计折旧　　30 000

　　贷：固定资产　　50 000

上述盘亏设备按规定程序批准后转销，编制如下会计分录：

借：营业外支出　　20 000

　　贷：待处理财产损溢—待处理固定资产损溢　　20 000

仍如上例，如果经查明是由于过失人造成的毁损，应由过失人赔偿 10 000 元，其账务处理如下：

借：其他应收款—×××　　10 000

　　贷：待处理财产损溢—待处理固定资产损溢　　10 000

扣除累计折旧，过失人赔偿后的差额计入营业外支出，编制如下会计分录：

借：营业外支出　　10 000

　　贷：待处理财产损溢—待处理固定资产损溢　　10 000

（五）结算往来款项盘存的账务处理

对于经查明确实无法支付的应付款项可按规定程序报经批准后，转作营业外收入。对于无法收回的应收款项则作为坏账损失冲减坏账准备。坏账是指企业无法收回或收回的可能性极小的应收账款。由于发生坏账而产生的损失，称为坏账损失。

一般来讲，企业的应收款项符合下列条件之一的，应确认为坏账。

（1）债务人死亡，以其遗产清偿后仍然无法收回。

（2）债务人破产，以其破产财产清偿后仍然无法收回。

（3）债务人较长时期内未履行其偿债义务，并有足够的证据表明无法收回或者收回的可能性极小。

企业对有确凿证据表明确实无法收回的应收款项，经批准后作为坏账损失。应当指出，对已确认为坏账的应收款项，并不意味着企业放弃了追索权，一旦重新收回，应及时入账。

对于坏账的会计处理，理论上讲有两种核算办法，其一为直接转销法，即在实际发生坏账时将其计入当期损益；其二为备抵法，即在每个会计期末事先估计可能发生的坏账损失，计提坏账准备，实际发生坏账损失时冲减坏账准备。我国企业会计准则规定，企业只能采用备抵法。

【例 8-9】华钢股份在财产清查中，查明应付某单位的货款 500 元确实无法支付，经批准转作营业外收入。作如下会计分录：

借：应付账款—某单位　　500

　　贷：营业外收入　　　　　500

【例 8-10】华钢股份在财产清查中，查明应收某单位的货款 4 000 元。过期已久，经再三催要只收回 3 000 元，转存开户银行，其余 1 000 元作为坏账损失。

（1）收回的 3 000 元，转入银行：

借：银行存款　　3 000

　　贷：应收账款—某单位　　3 000

（2）不能收回的 1 000 元，作为坏账损失冲减“坏账准备”账户：

借：坏账准备　　1 000

　　贷：应收账款—某单位　　1 000

盘盈盘亏处理

名词互译

Physical Inventory 实地盘存

Periodic Inventory System 实地盘存制

Perpetual Inventory System 永续盘存制

Cash and Cash Equivalents 现金及现金等价物

Cashier 出纳

Bank Account 银行存款账户

Bank Reconciliation 银行余额调节表

Bank Statement 银行对账单

Cash Over and Short 长款和短款

Deposit Ticket 存款单

Deposits in Transit 未到账项

Bad Debts 坏账

本章小结

财产清查是会计核算的专门方法之一，它是根据账簿记录，对企业的财产物资进行盘点或核对，查明各项财产的实存数与账存数是否一致，并为定期编制会计报表提供准确、完整、系统的核算信息的一种方法。财产清查按清查的范围不同，可分为全面清查和局部清查；按清查的时间不同，可分为定期清查和不定期清查；按清查的执行单位不同，可分为内部清查与外部清查。财产清查包括实物的清点，货币资金的清查，各种债权、债务等往来款项的查询核对。

实物财产有两种盘存制度：永续盘存制和实地盘存制。实物财产的清查方法有：实地盘点、技术推算盘点、抽样盘存法、函证核对法。银行存款的清查，是采用与开户银行核对账目的方法进行的，由于未达账项的存在，即使银企双方没有记账错误，银行存款对账单余额与企业银行存款日记账余额也往往不一致，这需要编制银行存款余额调节表调节。

财产清查之后，应及时核实财产清查中所发现的财产物资的盘盈和盘亏及毁损等情况。清查后，账实相符时，不需进行账务处理；账实不符时，则需进行账务处理，调整账存数，使账实相符。通常包括审批之前的账务处理和审批之后的账务处理。

导入案例分析

1．不符合规定。

2．正确处理方式：在固定资产清查过程中，如果发现有盘盈盘亏的固定资产，填制固定资产盘盈、盘亏报告表并写出书面报告，报经企业上级主管部门批准后才能增减营业外收支。在批准之前，企业应按盘亏固定资产的净值借记“待处理财产损溢”账户。按已计提折旧额借记“累计折旧”账户，按原值贷记“固定资产”账户。按规定程序批准后，在本案例中，盘亏的固定资产是由于吴副经理的个人行为造成的亏损应由过失人负债赔偿，借记“其他应收款”账户，贷记“待处理财产损溢”账户。

知识测试与能力训练

一、单项选择题

1．企业在遭受自然灾害后，对其受损的财产物资进行的清查，属于（　　）。

A．局部清查和定期清查　　B．全面清查和定期清查

C．局部清查和不定期清查　　D．全面清查和不定期清查

2．对库存现金的清查应采用的方法是（　　）。

A．实地盘点法　　B．检查现金日记账

C．倒挤法　　D．抽查库存现金

3．对应收账款进行清查时，应采用的方法是（　　）。

A．与记账凭证核对　　B．函证法

C．实地盘点法　　D．技术推算法

4．财产清查是对（　　）进行盘点和核对，确定其实存数，并查明其账存数与实存数是否相符的一种专门方法。

A．存货　　B．固定资产　　C．货币资金　　D．各项财产

5．银行存款清查的方法是（　　）。

A．定期盘存法　　B．和往来单位核对账目的方法

C．实地盘存法　　D．与银行核对账目的方法

6．往来款项的清查方法是（　　）。

A．实地盘点法　　B．发函询证法

C．技术推算法　　D．抽查法

7．银行存款的清查一般采用（　　）法。

A．实地盘点　　B．技术推算　　C．核对账目　　D．抽查盘点

8．各种应收款项、应付款项的清查方法一般采用（　　）。

A．实地盘点法　　B．核对账项

C．询证法　　D．技术测定法

9．一般说来，单位撤销、合并或者改变隶属关系时，要进行（　　）。

A．全面清查　　B．局部清查　　C．实地盘点　　D．技术推算

10．局部清查包括对（　　）等流动性较大的财产的清查。

A．固定资产　　B．无形资产　　C．货币资金　　D．在建工程

二、多项选择题

1．属于全面清查的有（　　）。

A．年度决算之前的清查　　B．单位撤销、合并或改变隶属关系时的清查

C．开展清产核资时的清查　　D．发生非常灾害或损失时的清查

2．定期清查一般是在（　　）。

A．年度终了时　　B．季度终了时

C．月末结账时　　D．单位撤销时

3．未达账项通常有（　　）等几种情况。

A．银行已收款入账而企业未入账

B．银行已付款入账而企业未入账

C．银行已付款入账而企业也付款入账

D．企业已收款入账而银行未入账

4．财产清查中查明的各种流动资产盘亏或毁损数，根据不同的原因，报经批准后可能列入的账户有（　　）。

A．管理费用　　B．营业外收入

C．营业外支出　　D．其他应收款

5．财产物资清查中，常用的方法有（　　）。

A．全面清查　　B．局部清查

C．实地盘点　　D．技术推算盘点

6．对银行存款进行清查的方法是将企业银行存款日记账与银行对账单相核对，如果二者不符，其可能的原因有（　　）。

A．企业账务记录有误　　B．银行账务记录有误

C．企业已记账，银行未记账　　D．银行已记账，企业未记账

7．当财产物资发生的盘亏和损失在报经批准后，应转入的账户有（　　）。

A．管理费用　　B．营业外支出

C．其他应收款　　D．应收账款

8．实地盘点法一般适用于（　　）的清查。

A．各项实物财产物资　　B．库存现金

C．银行存款　　D．应收账款

9．财产清查按清查范围可分为（　　）。

A．定期清查　　B．不定期清查

C．全面清查　　D．局部清查

10．财产清查按清查时间可分为（　　）。

A．定期清查　　B．全面清查

C．不定期清查　　D．局部清查

三、判断题

1．存货的盘亏、毁损和报废，在报经批准后均应记入“管理费用”账户。（　　）

2．属于自然灾害造成的存货毁损，扣除保险公司赔款和残值后的净损失，应记入“管理费用”账户。（　　）

3．一般情况下，全面清查是定期清查，局部清查是不定期清查。（　　）

4．银行存款日记账与银行对账单余额不一致的主要原因是由于记账错误和未达账项所造成的。（　　）

5．对于盘亏固定资产的净损失，报经批准后应转入“营业外支出”账户。（　　）

6．财产清查就是对货币资金、实物财产和往来款项进行的清查盘点与核对。（　　）

7．“待处理财产损溢”账户是损益类账户。（　　）

8．现金和银行存款的清查是采用实地盘点的方法进行的。（　　）

9．未达账项是指银行已经记账，而企业因未接到有关凭证而尚未记账的账项。（　　）

10．企业在银行的实有存款应是银行对账单上列明的余额。（　　）

四、简答题

1．什么是财产清查？它有何重要作用？

2．引起财产物资账实不符的原因有哪些？

3．永续盘存制与实地盘存制的主要区别是什么？各有何优缺点？

4．何为未达账项？为什么会发生未达账项？如何编制银行余额调节表？

5．财产清查结果的处理步骤是怎样的？如何进行固定资产盘盈与盘亏的账务处理？

第九章　账务处理程序

学习目标

1. 了解会计账务处理程序的概念。
2. 理解会计账务处理程序的要素。
3. 熟悉几种常见的账务处理程序的主要特点。
4. 掌握科目汇总表的编制和总账的登记方法，汇总收、付、转记账凭证的编制及其总账的登记方法。

知识框架

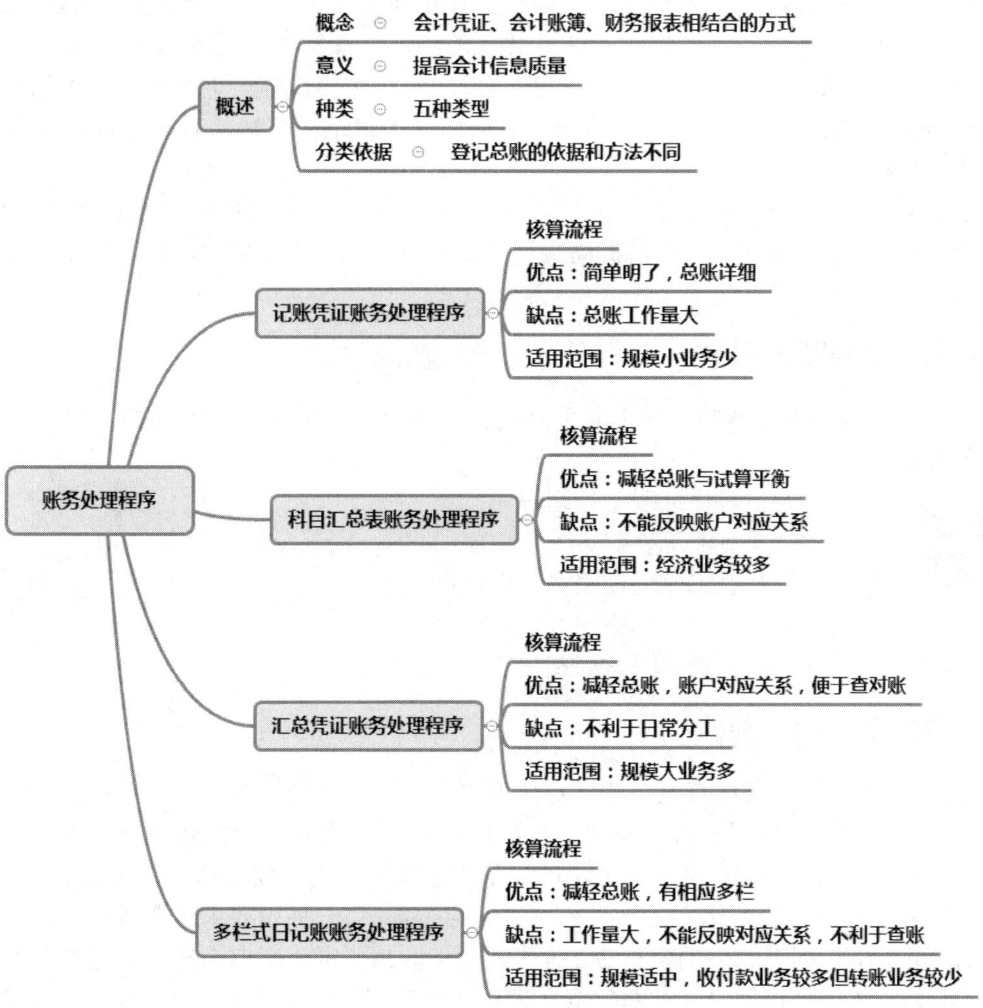

导入案例

案例：小刘任职于华钢股份的新收购的小型子公司，负责全盘的会计业务处理，由于公司规模小，业务较杂，会计业务不规范，该公司没有使用财务会计软件。每月根据各项业务凭证登记总账的工作量是最让小刘感到棘手的事情，而且往往出现错误，对账需花很长的时间。

案例思考：1. 小刘如何能减少登记总账的工作量？

2. 小刘可采用什么样的方法提高登记总账的正确率？

第一节　账务处理程序概述

一、账务处理程序的意义

汇总原始凭证示例

账务处理程序，也称会计核算形式，是指从取得原始凭证到产生完整会计信息的步骤和方法。其主要内容包括整理、汇总原始凭证，填制记账凭证，登记各种账簿，编制会计报表这一整个过程的步骤和方法。在会计工作中，不仅要了解会计凭证的填制、账簿的设置和登记，以及会计报表的编制，还必须明确规定各会计凭证、会计账簿和会计报表之间的关系，使之构成一个有机整体。而不同的账簿组织、记账程序和记账方法的有机结合，就构成了不同的账务处理程序。

一个单位由于规模大小、经济业务和管理要求的不同，决定其适用账务处理程序也不同。为此，科学地组织账务处理程序，对提高会计核算质量和会计工作效率，充分发挥会计的核算和监督职能，具有重要意义。

二、账务处理程序的种类

在会计工作的长期实践中，根据具体登记会计总分类账的依据和方式的不同，形成了以下5种账务处理程序：

账务处理程序的种类与主要区别

（1）记账凭证账务处理程序；

（2）科目汇总表账务处理程序；

（3）汇总记账凭证账务处理程序；

（4）多栏式日记账账务处理程序；

（5）日记总账账务处理程序。

三、账务处理程序分类的依据

以上 5 种账务处理程序有很多相同点，但也有区别。其主要的区别，即各自的特点主要表现在登记总分类账的依据和方法不同。从总体上来分析，登记总分类账的方法可以分为两大类，即直接登记和汇总登记。直接登记是以记账凭证为依据直接登记总分类账的方法，记账凭证账务处理程序和日记总账账务处理程序则属于这一类；另一种则要求定期对记账凭证以一定的方式进行汇总，依据汇总后的资料登记总分类账，这在一定程度上简化了登记总分类账的工作，科目汇总表账务处理程序和汇总记账凭证账务处理程序则属于这一类。多栏式日记账账务处理程序则综合了这两种方式的特点，对于现金和银行存款的收付业务通过汇总登记的形式登记总分类账，而对于业务量不多的转账业务则依据记账凭证直接登记总分类账，只有在转账业务也较多时，才以汇总的方式登记总分类账。本章主要介绍前 4 种账务处理程序的具体特点、基本内容和应用范围。

四、账务处理程序的要求

科学、合理地组织账务处理程序是做好会计工作的重要前提之一。账务处理程序一般应符合以下几点要求：第一，要与本单位的经济性质、经营特点、规模大小及业务的繁简程度相适应，有利于岗位责任制的建立和分工协作。第二，要能够及时、准确、全面、系统地提供会计信息，满足各会计信息使用者对会计信息的需要。第三，要在保证核算资料及时、准确、完整的前提下，尽可能地提高会计工作效率，节约核算费用。

经济性质

第二节 记账凭证账务处理程序

一、记账凭证账务处理程序的概念

记账凭证账务处理程序是指对发生的经济业务事项，都要根据原始凭证或汇总原始凭证编制记账凭证，再直接根据记账凭证逐笔登记总分类账的一种账务处理程序。记账凭证账务处理程序也是最基本的账务处理程序，其他账务处理程序都是在此基础上发展演变而形成的。在记账凭证账务处理程序下，应当设置现金日记账、银行存款日记账、明细分类账和总分类账。日记账和总账可采用三栏式；明细分类账可根据需要采用三栏式、数量金额式和多栏式；记账凭证一般使用收款凭证、付款凭证和转账凭证三种格式，也可采用通用记账凭证。

二、记账凭证账务处理程序的核算流程

为了简化会计核算工作，对于经济业务内容相同的原始凭证，应尽可能地先将其予以汇总，然后再根据汇总后的原始凭证编制记账凭证。

（一）编制记账凭证

根据原始凭证或汇总原始凭证编制各种记账凭证（包括收款凭证、付款凭证和转账凭证）。

（二）登记日记账

根据收款凭证和付款凭证，逐日逐笔登记现金（银行存款）日记账。

（三）登记明细分类账

根据原始凭证或汇总原始凭证、记账凭证，登记各种明细分类账。

（四）登记总分类账

根据记账凭证，逐笔登记总分类账。

（五）对账

月末，将现金（银行存款）日记账的余额、明细分类账的余额分别与总分类账中的相关账户的余额相核对。

（六）编制会计报表

月末，根据审核无误的总分类账和明细分类账的记录，编制会计报表。

记账凭证账务处理程序的核算流程如图 9-1 所示。

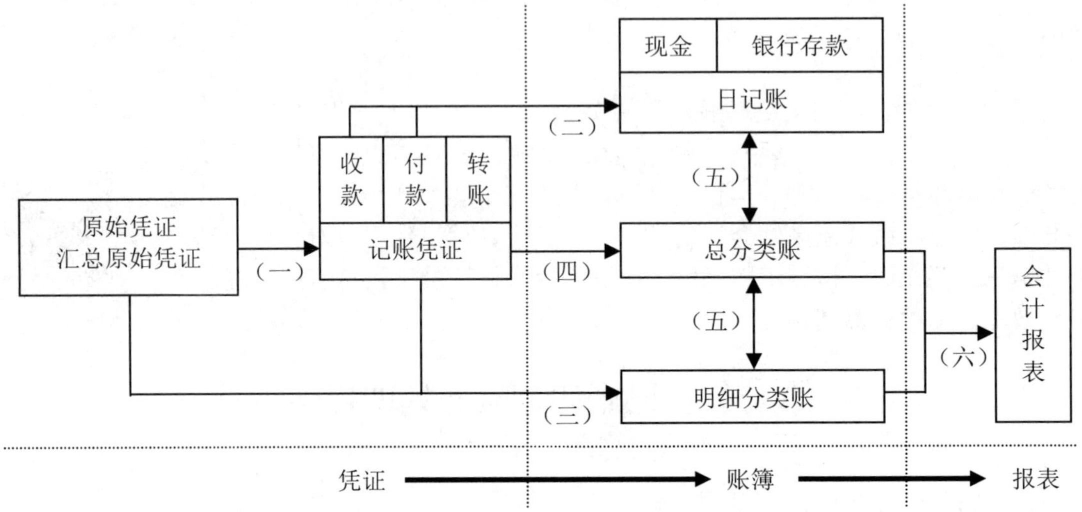

图 9-1　记账凭证账务处理程序流程图

三、记账凭证账务处理程序举例

【例 9-1】华钢股份 20×6 年 6 月 1 日的总分类账户期初余额如表 9-1 所示（单位：元）。

表 9-1　华钢股份 20×6 年 6 月 1 日总分类账户期初余额

科目	借方余额	贷方余额
库存现金	3 000	
银行存款	21 000	
应收账款	80 000	
原材料	40 000	
生产成本	11 000	
库存商品	24 000	
其他应收款	1 000	
固定资产	40 000	
应付职工薪酬		120 000
应付账款		21 000
累计折旧		1 000
本年利润		70 000
利润分配		8 000

20×6 年 6 月 1 日有关明细账户余额如下：

原材料——甲 30 000 元，甲材料每公斤 100 元，共 300 公斤。

原材料——乙 10 000 元，乙材料每公斤 200 元，共 50 公斤。

生产成本——A 产品　6 000 元。

生产成本——B 产品　5 000 元。

库存商品——A 产品　10 000 元，A 产品单位成本额 250 元，共 40 件。

库存商品——B 产品　14 000 元，A 产品单位成本额 200 元，共 70 件。

20×6 年 6 月华钢股份发生以下经济业务：

（1）1 日，采购甲材料 20 公斤，单价 100 元，增值税进项税额 340 元，款项以银行存款支付，材料已验收入库。

（2）4 日，生产 A 产品领用甲材料 100 公斤，单价 100 元；车间一般耗用乙材料 10 公斤，单价 200 元；企业行政管理部门领用甲材料 30 公斤，单价 100 元。

（3）5 日，采购员王某出差预支差旅费 1 000 元，支付现金。

（4）8 日，以银行存款支付生产车间修理费 3 000 元。

（5）10 日，销售 B 产品 50 件，单价 600 元，增值税销项税额 5 100 元，款项已收存银行。

（6）12 日，从银行提取现金 40 000 元，以备发工资。

（7）16 日，采购员王某出差回来报销差旅费 1 500 元，补付现金 500 元。

（8）18 日，以现金发放工资 40 000 元。

（9）20 日，分配工资，A 产品生产工人 10 000 元，B 产品生产工人 20 000 元，车间管理人员 4 000 元，企业行政管理人员 6 000 元。

（10）24 日，计提本月固定资产折旧 10 000 元，其中车间设备折旧 6 000 元，行政管理部门折旧 4 000 元。

（11）30 日，结转本月制造费用 12 000 元，按工人工资分配。

（12）30 日，结转本月完工产品成本，本月投入生产 A、B 产品各 100 件，A 产品全部完工，B 产品均未完工。

（13）30 日，结转本月销售 B 产品成本。

（14）30 日，结转本月各损益类账户。

（一）根据华钢股份 6 月份发生的经济业务，按时间顺序编制记账凭证（如表 9-2 所示）

表 9-2　记账凭证一览表

20×6 年		凭证号数	摘要	一级科目	明细科目	借方金额	贷方金额
月	日						
6	1	银付 1	购甲材料付款	原材料	甲材料	2 000	
				应交税费	应交增值税	340	
				银行存款			2 340
6	4	转 1	生产领用材料	生产成本	A 产品	10 000	
				制造费用	材料费	2 000	
				管理费用	材料费	3 000	
				原材料	甲材料		13 000
					乙材料		2 000

续表

20×6 年		凭证号数	摘要	一级科目	明细科目	借方金额	贷方金额
月	日						
6	5	现付 1	预支差旅费	其他应收款	王某	1 000	
				库存现金			1 000
6	8	银付 2	付车间修理费	管理费用	修理费	3 000	
				银行存款			3 000
6	10	银收 1	销售 B 产品	银行存款		35 100	
				主营业务收入	B 产品		30 000
				应交税费	应交增值税（销项税额）		5 100
6	12	银付 3	提现	库存现金		40 000	
				银行存款			40 000
6	16	现付 2	报销差旅费	管理费用	差旅费	1 500	
				其他应收款			1 000
				库存现金			500
6	18	现付 3	发放工资	应付职工薪酬		40 000	
				库存现金			40 000
6	20	转 2	分配工资	生产成本	A 产品	10 000	
					B 产品	20 000	
				制造费用	工资	4 000	
				管理费用	工资	6 000	
				应付职工薪酬			40 000
6	24	转 3	计提折旧	制造费用	折旧	6 000	
				管理费用	折旧	4 000	
				累计折旧			10 000
6	30	转 4	结转制造费用	生产成本	A 产品	4 000	
					B 产品	8 000	
				制造费用			12 000
6	30	转 5	结转完工产品	库存商品	A 产品	33 000	
				生产成本	A 产品		33 000
6	30	转 6	结转销售 B 产品成本	主营业务成本		10 000	
				库存商品	B 产品		10 000
6	30	转 7	结转本月费用	本年利润		27 500	
				主营业务成本			10 000
				管理费用			17 500
6	30	转 8	结转本月收入	主营业务收入		30 000	
				本年利润			30 000

（二）根据收款凭证和付款凭证，逐日逐笔登记现金（银行存款）日记账（以银行存款日记账为例，如表 9-3 所示）

表 9-3 银行存款日记账

20×6 年		凭证号数	摘要	对方账户	收入	支出	结余
月	日						
6	1	期初余额					21 000
	1	银付 1	购甲材料付款	原材料		2 000	
				应交税费		340	
6	8	银付 2	支付车间修理费	管理费用		3 000	
6	10	银收 1	销售 B 产品	主营业务收入	30 000		
				应交税费	5 100		
6	18	银付 3	提现	库存现金		40 000	
6	30		本月合计		35 100	45 340	10 760

（三）登记明细分类账（以原材料—甲材料为例，如表 9-4 所示）

表 9-4 甲材料明细账

类别：甲材料　　　　计量单位：千克

20×6 年		凭证号数	摘要	收入			发出			结存		
月	日			数量	单价	金额	数量	单价	金额	数量	单价	金额
6	1		期初余额							300	100	30 000
	1	银付 1	购入	20	100	2 000						
6	4	转 1	领用				130	100	13 000			
6	30		本月合计	20		2 000	130		13 000	190	100	19 000

（四）登记总分类账（本例只列示“银行存款”总账，其他总账、日记账及明细分类账从略，“银行存款”总账如表 9-5 所示）

表 9-5 总分类账

账户名称：银行存款

20×6 年		凭证号数	摘要	借方金额	贷方金额	借或贷	余额
月	日						
6	1		期初余额			借	21 000
	1	银付 1	采购甲材料		2 340	借	18 660
	8	银付 2	支付修理费		3 000	借	15 660
	10	银收 1	销售 B 产品	35 100		借	50 760
	12	银付 3	提现		40 000	借	10 760
6	30		本月合计	35 100	45 340	借	10 760

（五）对账

月末，将总账与日记账核对，总账与所属明细账核对。

（六）编制会计报表

月末，根据审核无误的总分类账和明细分类账的记录，编制会计报表。

四、记账凭证账务处理程序的优缺点

记账凭证账务处理程序的优点是：手续简便，易于理解，总分类账可详细地反映经济业务状况，来龙去脉清楚，便于了解经济业务的动态和核对账目。缺点是：由于总分类账是直接根据记账凭证逐笔登记，如果企业规模大，经济业务繁多，会导致记账凭证多，从而加大登记总分类账的工作量。因而这种账务处理程序一般适应于规模小、业务量少、经济业务较为简单的企业。

第三节　科目汇总表账务处理程序

一、科目汇总表账务处理程序的概念

科目汇总表账务处理程序是定期将所有记账凭证进行汇总，编制科目汇总表，再根据科目汇总表登记总分类账的一种账务处理程序。由于科目汇总表是根据记账凭证汇总编制而成的，因此，科目汇总表也称为记账凭证汇总表，相应地，科目汇总表账务处理程序也称为记账凭证汇总表账务处理程序。与记账凭证账务处理程序相似，在科目汇总表账务处理程序下，应当设置现金日记账、银行存款日记账、明细分类账和总分类账。日记账和总账可采用三栏式；明细分类账可根据需要采用三栏式、数量金额式和多栏式；记账凭证一般使用收款凭证、付款凭证和转账凭证三种格式，也可采用通用记账凭证。但应增设科目汇总表，以作为登记总分类账的依据。

二、科目汇总表的编制方法

科目汇总表，是定期对全部记账凭证进行汇总，按各个会计科目列示其借方发生额和贷方发生额的一种汇总凭证。填制科目汇总表时，先将汇总期内各项经济业务所涉及到的会计科目填列在科目汇总表的“会计科目”栏内，填列的顺序最好与总分类账上会计科目的顺序相同，如此可避免遗漏，便于登记总分类账；然后，依据汇总期内所有的记账凭证，按照相同的会计科目归类，分别计算各会计科目的借方发生额合计数和贷方发生额合计数，并将其填入科目汇总表的相应栏内；最后，进行本期发生额试算平衡。由于借贷记账法的记账规则是“有借必有贷，借贷必相等”，所以在编制的科目汇总表中，全部总账科目的借方发生额的合计数必定等于其贷方发生额的合计数。试算无误后，据以登记总分类账。科目汇总表的编制频率根据企业经济业务量的多少来确定，可以每月汇总一次，也可以每旬汇总一次。科目汇总表可以每汇总一次编制一张，也可以每月编制一张。其格式如表 9-6、表 9-7 所示。

表 9-6　科目汇总表（格式一）

年　月　日　　　　　　字 第　号

序号	会计科目	记账凭起讫号数证	借方发生额	贷方发生额	总账页码
合　计					

会计主管：　　　　记账：　　　　审核：　　　　制表：

表 9-7　科目汇总表（格式二）

年　月　　　　　　第　号

会计科目	1～10 日		11～20 日		21～31 日		本月合计		总账账页
	借方	贷方	借方	贷方	借方	贷方	借方	贷方	
合　计									

会计主管：　　　　记账：　　　　审核：　　　　制表：

三、科目汇总表账务处理程序的核算流程

为了简化会计核算工作，对于经济业务内容相同的原始凭证，应尽可能地先将其予以汇总，然后再根据汇总后的原始凭证编制记账凭证。

（一）编制记账凭证

根据原始凭证或汇总原始凭证，编制各种记账凭证（包括收款凭证、付款凭证和转账凭证）。为了便于编制科目汇总表，所有记账凭证中的科目对应关系最好按一个借方科目和一个贷方科目相对应。转账凭证最好一式两份，以便分别归类借方科目和贷方科目的本期发生额。

（二）登记日记账

根据收款凭证和付款凭证，逐日逐笔登记现金（银行存款）日记账。

（三）登记明细分类账

根据原始凭证或汇总原始凭证、记账凭证，登记各种明细分类账。

（四）编制科目汇总表

根据一定时期内的全部记账凭证，定期汇总编制科目汇总表。

（五）登记总分类账

根据定期编制的科目汇总表，登记总分类账。

（六）对账

月末，将现金（银行存款）日记账的余额、明细分类账的余额分别与总分类账中的相关

账户的余额相核对。

（七）编制会计报表

月末，根据审核无误的总分类账和明细分类账的记录，编制会计报表。科目汇总表账务处理程序的核算流程如图 9-2 所示。

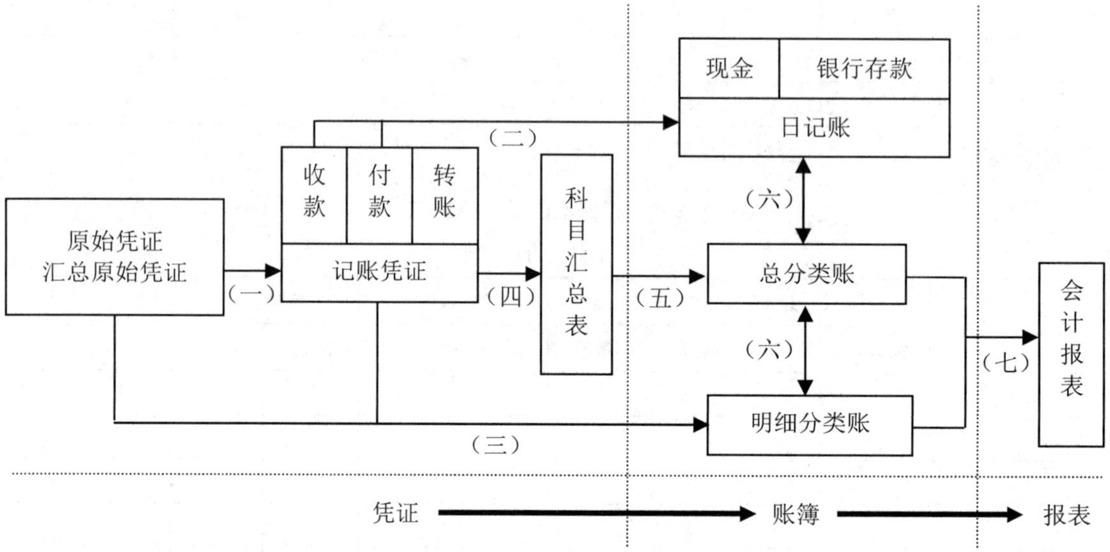

图 9-2　科目汇总表账务处理程序流程图

四、科目汇总表账务处理程序举例（资料见【例 9-1】）

（1）根据华钢股份 6 月份发生的经济业务，按时间顺序编制记账凭证见第九章第二节表 9-2。

（2）根据收款凭证和付款凭证登记日记账（以银行存款日记账为例，见表 9-3）。

（3）登记明细分类账（以原材料—甲材料为例，见表 9-4）。

（4）根据上述记账凭证编制科目汇总表如表 9-8 所示。

表 9-8　科目汇总表

20×6 年 6 月 1 日至 6 月 10 日　　　　汇字第 01 号

会计科目	本期发生额		总账页数
	借方金额	贷方金额	
原材料	2 000	15 000	
应交税费	340	5 100	
银行存款	35 100	5 340	
生产成本	10 000		
制造费用	2 000		
管理费用	6 000		
其他应收款	1 000		

续表

会计科目	本期发生额		总账页数
	借方金额	贷方金额	
库存现金		1 000	
主营业务收入		30 000	
合计	56 440	56 440	

科目汇总表

20×6 年 6 月 11 日至 6 月 20 日　　汇字第 02 号

会计科目	本期发生额		总账页数
	借方金额	贷方金额	
银行存款		40 000	
生产成本	30 000		
制造费用	4 000		
管理费用	7 500		
其他应收款		1 000	
库存现金	40 000	40 500	
应付职工薪酬	40 000	40 000	
合计	121 500	121 500	

科目汇总表

20×6 年 6 月 21 日至 6 月 30 日　　汇字第 03 号

会计科目	本期发生额		总账页数
	借方金额	贷方金额	
生产成本	14 000	33 000	
制造费用	6 000	14 000	
管理费用	4 000	17 500	
累计折旧		10 000	
库存商品	33 000	10 000	
主营业务成本	10 000	10 000	
本年利润	27 500	30 000	
主营业务收入	30 000		
合计	124 500	124 500	

（5）根据科目汇总表登记总分类账（银行存款为例，其他总账及日记账、明细账从略）。银行存款总账如表 9-8 所示。

（6）按照对账要求，定期将总分类账与日记账、明细分类账核对。

（7）根据总分类账和明细分类账编制会计报表。

五、科目汇总表账务处理程序的优缺点

科目汇总表账务处理程序的优点是：由于总分类账的登记日期是根据科目汇总表的编制时间而定，采用了汇总登记总分类账的方法，故大大减少了登记总分类账的工作量；并且编制科目汇总表的方法简便易学，还能起到试算平衡的作用。其缺点是：由于科目汇总表是定期汇总计算每一账户的借方、贷方发生额，并不考虑账户间的对应关系，因而在科目汇总表和总分类账中，不能反映各科目之间的对应关系，不便于分析和检查经济业务的来龙去脉和核对账目。因此，这种账务处理程序一般适用于经济业务量大、记账凭证较多的企业，尤其是业务较多的企业和单位。

第四节　汇总记账凭证账务处理程序

一、汇总记账凭证账务处理程序的特点

汇总记账凭证账务处理程序是根据原始凭证或原始凭证汇总表编制记账凭证，定期根据记账凭证分类编制汇总收款凭证、汇总付款凭证和汇总转账凭证，再根据汇总记账凭证登记总分类账的一种账务处理程序。其主要特点是：定期根据记账凭证编制汇总记账凭证，然后根据汇总记账凭证登记总分类账。其总账可全面反映账户汇总的对应关系，提供的总分类核算指标比较详细，可反映资金运动的来龙去脉。

二、汇总记账凭证账务处理程序的凭证和账簿设置

汇总记账凭证账务处理程序的凭证设置要求是：企业必须设置收款凭证、付款凭证、转账凭证，不可使用通用凭证；同时还要设置汇总收款凭证、汇总付款凭证、汇总转账凭证，统称汇总记账凭证。收、付、转记账凭证与汇总收、付、转凭证存在对应关系，故总账常采用在借、贷两栏内设有“对方科目”的三栏式。

汇总收款凭证是根据一定时期的全部收款凭证，按月汇总编制而成。汇总收款凭证分别按借方科目库存现金和银行存款设置，将其对应的贷方科目加以归类，定期（如 5 天或 10 天）汇总填列一次，每月编制一张，月终时结算出汇总收款凭证的合计数，据以登记总分类账。登记时，根据合计数，分别计入库存现金和银行存款总分类账的借方，根据汇总收款凭证上汇总的各个贷方科目的合计数分别计入相应的总分类账的贷方。以第二节案例中的有关收款业务所编制的收款凭证为例来编制“汇总收款凭证”如表 9-9 所示（本例因没有现金收款凭证，故只编制银行存款的汇总收款凭证）。

汇总付款凭证是根据一定时期的全部付款凭证，按月汇总编制而成。汇总付款凭证分别按贷方科目库存现金和银行存款设置，将其对应的借方科目加以归类，定期（5 天或 10 天）汇总填列一次，每月编制一张，月终时结算出汇总付款凭证的合计数，据以登记总分类账。登记时，根据合计数，分别计入库存现金和银行存款总分类账的贷方，根据汇总付款凭证上汇总的各借方科目的合计数分别计入有关总分类账的借方。以本章第二节案例中的有关付款业务编制的付款凭证为例，编制汇总付款凭证，如表 9-10、表 9-11 所示。

表 9-9　汇总收款凭证

借方科目：银行存款　　　　20×6 年 06 月　　　　汇收字第 01 号

贷方科目	金额				总账页数	
	上旬	中旬	下旬	月合计	借方	贷方
主营业务收入	30 000			30 000	略	略
应交税费—应交增值税	5 100			5 100		
旬合计	35 100			35 100		

会计主管：　　记账：　　复核：　　出纳：　　制证：

表 9-10　汇总付款凭证

贷方科目：库存现金　　　　20×6 年 06 月　　　　汇付字第 01 号

借方科目	金额				总账页数	
	上旬	中旬	下旬	月合计	借方	贷方
其他应收款	1 000			1 000	略	略
管理费用		500		500		
应付职工薪酬		40 000		40 000		
旬合计	1 000	40 500		41 500		

会计主管：　　记账：　　复核：　　出纳：　　制证：

表 9-11　汇总付款凭证

贷方科目：银行存款　　　　20×6 年 06 月　　　　汇付字第 02 号

借方科目	金额				总账页数	
	上旬	中旬	下旬	月合计	借方	贷方
原材料	2 000			2 000	略	略
应交税费—应交增值税	340			340		
管理费用	3 000			3 000		
库存现金		40 000		40 000		
旬合计	5 340	40 000		45 340		

会计主管：　　记账：　　复核：　　出纳：　　制证：

汇总转账凭证应当按照每一账户的贷方分别设置，并根据转账凭证对应的借方账户归类，定期汇总填列一次，每月填制一张。为了便于填制汇总转账凭证，平时填制转账凭证时，应使账户的对应关系保持一个贷方账户同一个或几个借方账户相对应，而一个借方账户不要同几个贷方账户相对应。月终，根据汇总转账凭证的合计数，分别记入总分类账中各个应借账户的借方以及该汇总转账凭证所列的应贷账户的贷方。如果在汇总期内某一个贷方账户的转账凭证为数不多时，也可不填制汇总转账凭证，直接根据转账凭证记入总分类账。

仍以第二节案例中的有关转账业务所编制的转账凭证为例，选取原材料、累计折旧和制造费用三个贷方科目编制汇总转账凭证，如表 9-12 所示，其余汇总转账凭证从略。

表 9-12　汇总转账凭证

贷方科目：原材料　　　　20×6 年 06 月　　　　汇转字第 01 号

借方科目	金额				总账页数	
	上旬	中旬	下旬	月合计	借方	贷方
生产成本	10 000			10 000	略	略
制造费用	2 000			2 000		
管理费用	3 000			3 000		
旬合计	15 000			15 000		

会计主管：　　记账：　　复核：　　出纳：　　制证：

汇总转账凭证

贷方科目：累计折旧　　　　20×6 年 06 月　　　　汇转字第 02 号

借方科目	金额				总账页数	
	上旬	中旬	下旬	月合计	借方	贷方
制造费用			6 000	6 000	略	略
管理费用			4 000	4 000		
旬合计			10 000	10 000		

会计主管：　　记账：　　复核：　　出纳：　　制证：

汇总转账凭证

贷方科目：制造费用　　　　20×6 年 06 月　　　　汇转字第 03 号

借方科目	金额				总账页数	
	上旬	中旬	下旬	月合计	借方	贷方
生产成本			12 000	12 000	略	略
旬合计			21 000	10 000		

会计主管：　　记账：　　复核：　　出纳：　　制证：

三、汇总记账凭证账务处理程序的核算流程

汇总记账凭证账务处理程序的核算流程有以下七步。

（一）编制记账凭证

根据当前会计期的原始凭证和汇总原始凭证，编制收款凭证、付款凭证和转账凭证。

（二）登记日记账

根据收款凭证和付款凭证，逐笔序时登记库存现金日记账和银行存款日记账。

（三）登记明细分类账

根据原始凭证、汇总原始凭证或收、付、转记账凭证，逐笔序时登记各种明细分类账。

（四）编制汇总收、付、转凭证

根据当期审核无误的收、付、转记账凭证，编制汇总收、付、转记账凭证。

（五）登记总分类账

根据编制的汇总收、付、转凭证登记总分类账。

（六）对账

月末，将库存现金日记账、银行存款日记账、明细分类账与总分类账进行核对，以确定各种账簿记录是否正确。

（七）编制会计报表

月末，在账账核对无误的情况下，依据总分类账和明细分类账的资料，编制会计报表。

汇总记账凭证账务处理程序的核算流程如图 9-3 所示。

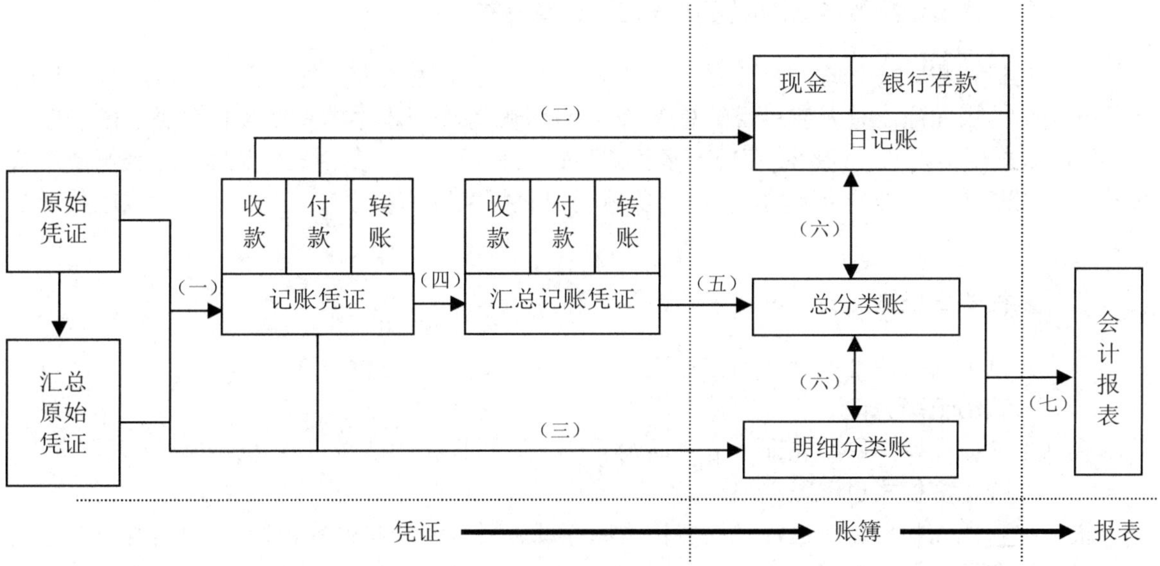

图 9-3 汇总记账凭证账务处理程序流程图

四、汇总记账凭证账务处理程序的优缺点及适用范围

汇总记账凭证账务处理程序的优点是：根据汇总记账凭证登记总账，大大减少了登记总账的工作量；其次汇总记账凭证是按科目对应关系对记账凭证进行归类编制的，可反映汇总对应关系；其总分类账全面反映账户汇总的对应关系，有利于分析资金运动的来龙去脉。

汇总记账凭证账务处理程序的缺点是：增加了编制汇总记账凭证的工作量；同时，由于汇总记账凭证的编制有一定难度，没按经济业务的性质进行归类，不利于日常合理分工，且对会计人员的业务水平要求较高。

汇总记账凭证账务处理程序一般适用于经济业务比较多、规模比较大的企事业单位。

第五节　多栏式日记账账务处理程序

一、多栏式日记账账务处理程序的概念

多栏式日记账示例

多栏式日记账务处理程序是指根据多栏式库存现金日记账、多栏式银行存款日记账和转账凭证登记总分类账的一种账务处理程序。

该账务处理程序需根据收款凭证和付款凭证逐日登记多栏式现金日记账和多栏式银行存款日记账，根据转账凭证编制转账凭证汇总表或科目汇总表。

二、多栏式日记账账务处理程序的凭证和账簿设置

多栏式日记账账务处理程序下的凭证设置要求与记账凭证账务处理程序类似，且依据转账凭证编制转账凭证汇总表或科目汇总表；采用此种账务处理程序的企业设置分类账簿和序时账，序时账采用多栏式，包括库存现金多栏式日记账和银行存款多栏式日记账，分类账簿需要设置总分类账簿和明细分类账簿，明细分类账簿可根据实际需要设置三栏式、多栏式或数量金额式。

三、多栏式日记账账务处理程序的核算流程

多栏式日记账账务处理程序的核算流程有以下七步。

（一）编制记账凭证

根据当前会计期的原始凭证和汇总原始凭证，编制收款凭证、付款凭证和转账凭证。

（二）登记多栏式日记账

根据收款凭证和付款凭证，登记多栏式库存现金日记账和多栏式银行存款日记账。

（三）登记明细分类账

根据原始凭证、汇总原始凭证，逐笔序时登记明细分类账，包括三栏式、多栏式和数量金额栏式的明细分类账。

（四）编制转账凭证汇总表或科目汇总表

根据当期审核无误的转记账凭证，编制转账凭证汇总表或科目汇总表。

（五）登记总分类账

根据编制的多栏式日记账、转账凭证汇总表或科目汇总表登记总分类账。

（六）对账

月底按照对账要求，将库存现金日记账、银行存款日记账、明细分类账与总分类账进行核对，以确定各种账簿记录是否正确。

（七）编制会计报表

月末，在账账核对无误的情况下，依据总分类账和明细分类账记录，编制会计报表。

多栏式日记账账务处理程序的核算流程如图 9-4 所示。

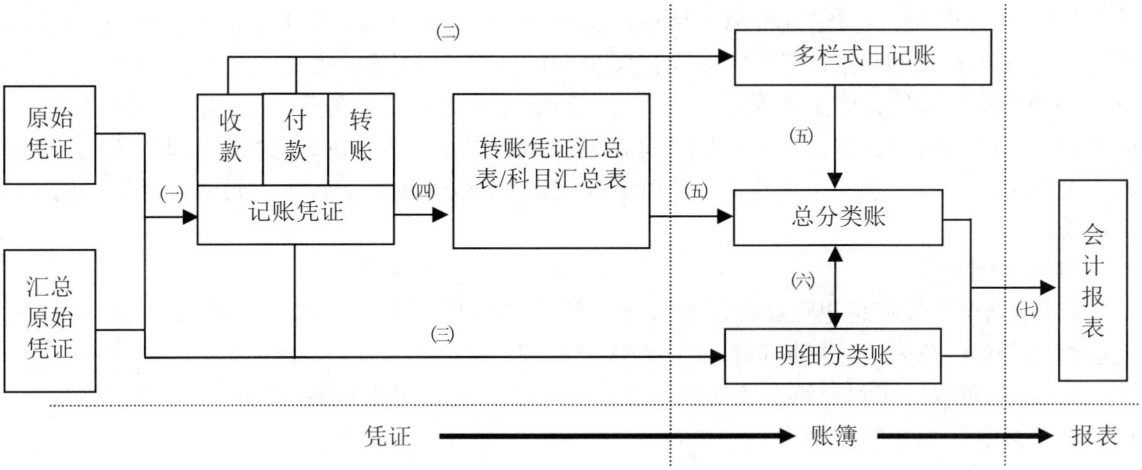

图 9-4　多栏式日记账账务处理程序流程图

四、多栏式日记账账务处理程序的优缺点及适用范围

多栏式日记账账务处理程序的优点是：通过多栏式日记账汇总后再登记总账，转账凭证汇总表汇总各种转账业务，可大大减少登记总账的工作量，多栏式日记账中有相应的对应多栏，清楚而细致地反映企业货币资金的流向，便于加强日常资金的管理。

多栏式日记账账务处理程序的缺点是：登记多栏式日记账的工作量大，若企业业务较多，会造成日记账栏目过多、账页庞大、容易串行串栏、不便于记账。转账凭证汇总表或科目汇总表，不能反映对应关系，不利于查账。

多栏式日记账账务处理程序适用于规模适中，收付款业务较多但转账业务较少的企事业单位。

四种程序的优缺点及适用范围

名词互译

Accounting Cycle　会计循环，账务处理程序

Chart of Accounts　科目汇总表

本章小结

本章主要介绍了账务处理程序的概念、类型、各类会计账务处理程序的特点及具体步骤，并举例说明了其中几种程序的运用。目前我国企事业单位采用的账务处理程序包括记账凭证账务处理程序、科目汇总表账务处理程序、汇总记账凭证账务处理程序、多栏式日记账账务处理程序和日记总账账务处理程序。记账凭证账务处理程序是依据各种记账凭证登记总分类账的处账务处理程序，手续简便、易于理解，但只适用于规模小、业务量少且记账凭证不多的企业；科目汇总表账务处理程序需定期根据各种记账凭证登记科目汇总表，再根据科目汇总表登记总账，该账务处理程序大大减少了登记总分类账的工作量，但不能反映各科目之间的对应关系，一般在经济业务量大、记账凭证较多的企业适用；汇总记账凭证账务处理程序是记账凭证账务

处理程序的发展，企业需定期根据各种记账凭证登记汇总记账凭证，并据此登记总账，采用专用记账凭证格式，此账务处理程序可大大减少登记总账的工作量，反映资金的对应关系，但增加了编制汇总记账凭证的工作量，一般适用于经济业务比较多、规模比较大的企事业单位；多栏式日记账账务处理程序需编制转账凭证汇总表或科目汇总表，并据此登记总账，该账务处理程序登记多栏式日记账的工作量大，适用于规模适中，收付款业务较多但转账业务较少的企事业单位。

导入案例分析

1．小刘可以先汇总记账凭证，再进行账务登记可大大减少工作量；或者先根据各种记账凭证编制科目汇总表，再根据科目汇总表登记总账。

2．小刘可以采用科目汇总表账务处理程序或多栏式日记账账务处理程序来登记总账，可以大大提高登记总账的正确率。

知识测试与能力训练

一、单项选择题

1．规模较大、经济业务量较多的单位适用的账务处理程序是（　　）。

A．记账凭证账务处理程序　　B．汇总记账凭证账务处理程序

C．多栏式日记账账务处理程序　　D．日记账账务处理程序

2．会计报表是根据（　　）资料编制的。

A．日记账、总账和明细账　　B．日记账和明细分类账

C．明细账和总分类账　　D．日记账和总分类账

3．下列属于记账凭证账务处理程序优点的是（　　）。

A．总分类账反映经济业务较详细　　B．减轻了登记总分类账的工作量

C．有利于会计核算的日常分工　　D．便于核对账目和进行试算平衡

4．各种账务处理程序之间的区别在于（　　）。

A．总账的格式不同　　B．编制会计报表的依据不同

C．登记总账的程序和方法不同　　D．会计凭证的种类不同

5．以下属于汇总记账凭证账务处理程序主要缺点的是（　　）。

A．登记总账的工作量较大

B．当转账凭证较多时，编制汇总转账凭证的工作量较大

C．不便于体现账户间的对应关系

D．不便于进行账目的核对

6．在科目汇总表账务处理程序下，（　　）是其登记总账的直接依据。

A．汇总记账凭证　　B．科目汇总表

C．记账凭证　　D．原始凭证

7．汇总记账凭证账务处理程序与科目汇总表账务处理程序的相同点是（　　）。

A．登记总账的依据相同　　B．记账凭证的汇总方法相同

C．保持了账户间的对应关系　　D．简化了登记总分类账的工作量

8．规模较小、业务量较少的单位适用（　　）。
A．记账凭证账务处理程序　B．汇总记账凭证账务处理程序
C．多栏式日记账账务处理程序　D．科目汇总表账务处理程序

9．在各种不同账务处理程序中，不能作为登记总账依据的是（　　）。
A．记账凭证　B．汇总记账凭证
C．汇总原始凭证　D．科目汇总表

10．（　　）账务处理程序是最基本的一种账务处理程序。
A．日记总账　B．汇总记账凭证
C．科目汇总表　D．记账凭证

二、多项选择题

1．账务处理程序的内容包括（　　）。
A．整理、汇总原始凭证　B．填制记账凭证
C．登记账簿　D．编制财务报表

2．常见的账务处理程序的种类有（　　）。
A．记账凭证账务处理程序　B．科目汇总表账务处理程序
C．汇总记账凭证账务处理程序　D．多栏式日记账账务处理程序

3．关于记账凭证账务处理程序，下列说法正确的是（　　）。
A．根据记账凭证逐笔登记总分类账，是最基本的账务处理程序
B．简单明了，易于理解，总分类账可以较详细地反映经济业务的发生情况
C．登记总分类账的工作量较大
D．适用于规模较大、经济业务量较多的单位

4．以记账凭证为依据，按有关账户的贷方设置，按借方账户归类的有（　　）。
A．汇总收款凭证　B．汇总转账凭证
C．汇总付款凭证　D．科目汇总表

5．在我国，常用的账务处理程序主要有（　　）。
A．记账凭证账务处理程序　B．汇总记账凭证账务处理程序
C．多栏式日记账账务处理程序　D．科目汇总表账务处理程序

6．账务处理程序的主要内容包括（　　）。
A．会计凭证、会计账簿的种类及格式
B．会计凭证与账簿之间的联系方法
C．由原始凭证到编制记账凭证、登记总账和明细账、编制会计报表的工作程序和方法
D．会计资料立卷归档的程序和方法

7．记账凭证账务处理程序下可以采用的记账凭证有（　　）。
A．收款凭证　B．付款凭证　C．转账凭证　D．通用记账凭证

8．汇总记账凭证账务处理程序的特点主要表现在（　　）。
A．记账凭证可以采用一种通用的格式，即通用记账凭证
B．定期将全部记账凭证按收、付款凭证和转账凭证分别归类编制成汇总记账凭证
C．根据汇总记账凭证登记总账

D．根据原始凭证或汇总原始凭证编制记账凭证

9．下列登账方法中正确的有（　　）。

A．依据记账凭证和原始凭证逐日逐笔登记明细账

B．依据记账凭证和汇总原始凭证逐日逐笔或定期汇总登记明细账

C．依据记账凭证逐笔登记总账

D．依据汇总原始凭证定期汇总登记现金日记账

10．记账凭证账务处理程序、汇总记账凭证账务处理程序、科目汇总表账务处理程序和多栏式日记账账务处理程序应共同遵循的程序有（　　）。

A．根据原始凭证、汇总原始凭证和记账凭证登记各种明细分类账

B．期末，现金日记账、银行存款日记账和明细分类账的余额与有关总分类账的余额核对相符

C．根据记账凭证逐笔登记总分类账

D．根据总分类账和明细分类账的记录，编制会计报表

三、判断题

1．汇总记账凭证账务处理程序既能保持账户的对应关系，又能减轻登记总分类账的工作量。（　　）

2．在不同的账务处理程序下，会计报表的编制依据不同。（　　）

3．记账凭证账务处理程序的特点是直接根据记账凭证逐笔登记总分类账，是最基本的账务处理程序。（　　）

4．采用多栏式日记账账务处理程序增加了一道填制汇总记账凭证的工作程序，增加了总分类账的登记工作量。（　　）

5．在记账凭证账务处理程序下，其记账凭证必须采用收款凭证、付款凭证和转账凭证三种格式。（　　）

6．科目汇总表可以每汇总一次编制一张，也可以按旬汇总一次，每月编制一张。（　　）

7．记账凭证账务处理程序是最基本的账务处理程序，其特点就是登记账簿的工作量小。（　　）

8．各种账务处理程序的不同之处在于登记明细账的直接依据不同。（　　）

9．为了便于编制汇总转账凭证，要求所有的转账凭证也应按一个贷方科目与一个或几个借方科目的对应关系来填制，不应填制一个借方科目与几个贷方科目相对应的转账凭证。（　　）

10．各个企业的业务性质、组织规模、管理上的要求不同，企业应根据自身的特点，制定出恰当的会计账务处理程序。（　　）

四、综合题

（一）目的练习填制收、付、转记账凭证

（二）资料

（1）华钢股份20×6年6月份各账户期末余额如表9-13所示。

表 9-13 华钢股份 20×6 年 6 月份各账户期末余额

账　户	借方余额	账　户	贷方余额
库存现金(1001)	3 700	累计折旧(1602)	400 000
银行存款(1002)	90 400	短期借款(2001)	551 000
应收账款(1122)	140 000	应付账款(2202)	705 000
预付账款(1123)	15 400	预收账款(2203)	4 000
原材料 (1403)	560 000	应交税费(2221)	7 000
库存商品(1405)	370 000	实收资本(4001)	1 200 000
固定资产(1601)	1 860 000	盈余公积(4101)	460 000
利润分配(4104)	830 000	本年利润(4103)	952 500
生产成本(5001)	410 000		
合　计	4 279 500	合　计	4 279 500

（2）华钢股份 7 月份发生下列经济业务：

1）2 日，购入材料一批，其中甲材料价值 100 600 元，乙材料价值 30 300 元，增值税率 17%，货款以银行存款支付。

2）3 日，销售 A 产品一批，价款 200 000 元，增值税率 17%，款项收存银行。

3）5 日，以银行存款支付上月欠交税金 7 000 元。

4）5 日，2 日的外购材料验收入库，结转材料采购成本。

5）6 日，生产 A 产品领用材料，其中甲材料 66 000 元，乙材料 140 000 元。

6）7 日，收回大华厂货款 140 000 元，存入银行。

7）8 日，以银行存款支付上月应付振华厂材料款 130 000 元。

8）10 日，收到国家投入全新机器设备一台投入使用，价值 100 000 元。

9）12 日，向达华公司销售 A 产品一批，价值 200 000 元，增值税率 17%，货款未收。

10）14 日，向银行借入短期借款 120 000 元，存入银行。

11）15 日，从银行提取现金 80 000 元，备发工资。

12）15 日，以现金发放工资 80 000 元。

13）15 日，以银行存款预交所得税 15 000 元。

14）16 日，收回达华公司货款 234 000 元，存入银行。

15）16 日，以现金支付办公费 800 元。

16）20 日，以银行存款支付销售产品的广告费 18 000 元。

17）22 日，向新华厂销售 A 产品一批，价值 30 000 元，增值税率 17%，货款未收。

18）24 日，以银行存款采购材料一批，其中甲材料价值 40 000 元，乙材料价值 30 000 元，增值税率 17%；并以银行存款支付采购费用 600 元，其中甲材料负担 240 元，乙材料负担 360 元。

19）26 日，24 日的外购材料验收入库，结转材料采购成本。

20）31 日，本月预提短期借款的利息费用 4 000 元。

21）31 日，摊销应计入本期管理费用的保险费 5 200 元。

22）31 日，计提本期固定资产折旧，其中车间固定资产折旧 26 000 元，管理部门固定资产折旧 14 000 元。

23）31 日，分配本月工资费用，其中生产工人工资 50 000 元，车间管理人员工资 10 000 元，行政管理人员工资 20 000 元。

24）31 日，用 T 型账归集本月发生的制造费用，并结转到“生产成本”账户。

25）31 日，本期 A 产品部分完工，结转完工 A 产品生产成本 325 000 元。

26）31 日，结转已销 A 产品成本 198 000 元。

27）31 日，结转各收入类账户到“本年利润”账户，其中“主营业务收入”330 000 元。

28）31 日，结转各费用类账户到“本年利润”账户，其中“主营业务成本”198 000 元，“销售费用”18 000 元，“财务费用”4 000 元，“管理费用”40 000 元。

29）31 日，计算本月利润总额，并按利润总额的 25%计算应交所得税。

30）31 日，结转本期所得税费用到“本年利润”账户。

31）31 日，按本月净利润的 10%向股东分配股利。

（三）要求

（1）按题号和日期分收、付、转记账凭证编制会计分录（验收入库材料实行逐笔结转）。

（2）根据所编制的收、付、转记账凭证（会计分录），用 T 型账分上、中、下旬编制三张科目汇总表。

第十章　财务会计报告

学习目标：

1. 了解财务会计报告体系，作用和种类。
2. 掌握资产负债表的编制原理和填列方法。
3. 掌握利润表的编制原理和填列方法。

知识框架

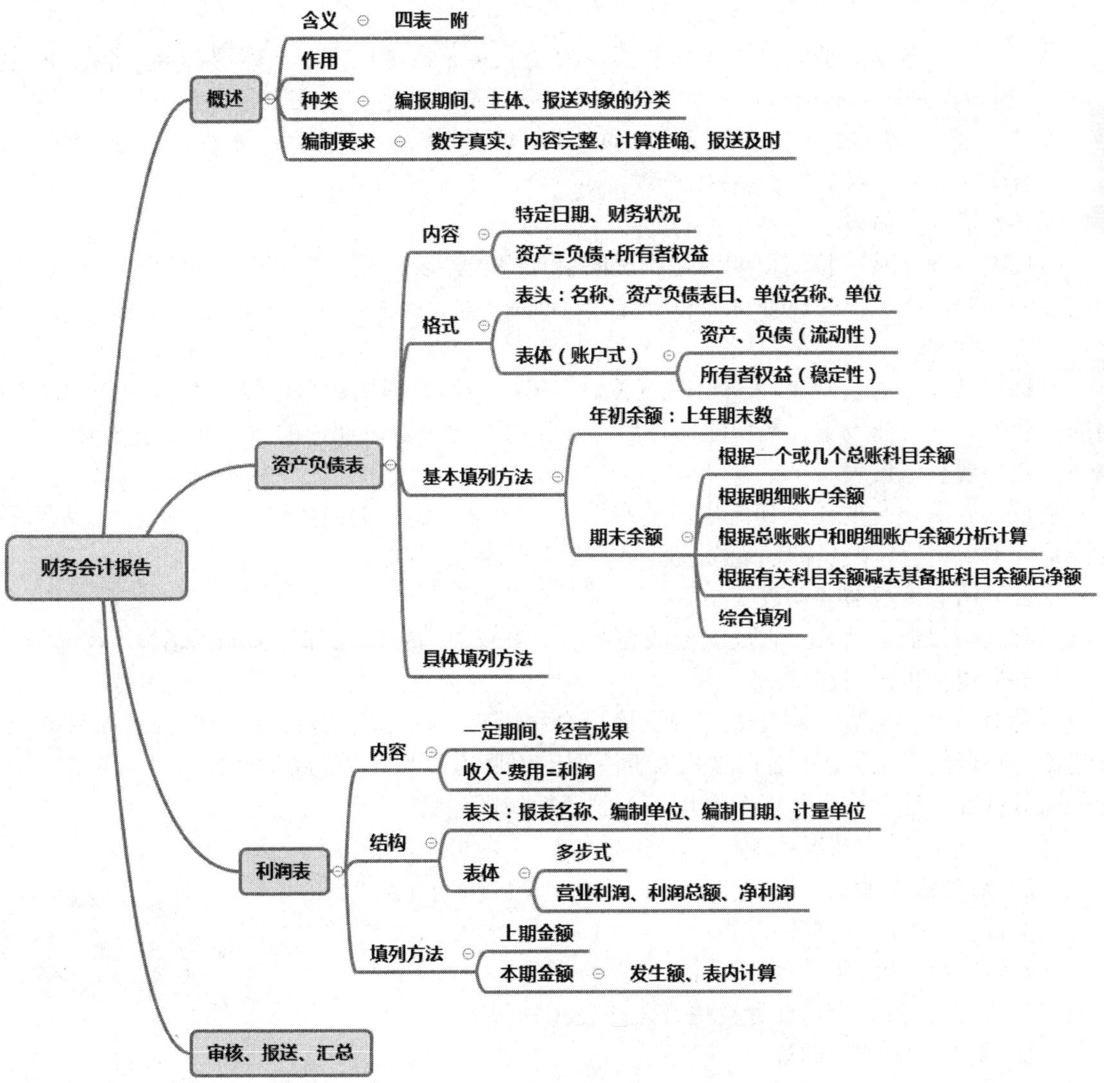

导入案例：

案例：华钢有限责任公司因某一项投资失误，导致近期出现了资金紧张，公司急需对外筹集资金，公司计划向工商银行、建设银行等几家银行、某财务公司和投资公司等金融机构申请借款。在谈判过程中，对方提出要查阅本公司的财务会计报告，据以判断是否能对其贷款，以及贷款的期限和额度。

案例思考：1. 什么是财务会计报告？

2. 为什么金融机构在提供贷款时，需要查阅华钢有限责任公司的财务报告？

第一节　财务会计报告概述

一、财务会计报告涵义

财务会计报告是企业对外提供的总括反映企业某一特定日期财产状况和某一会计期间经营成果、现金流量的书面报告。财务报告包括财务报表和其他应当在财务报告中披露的相关信息和资料。一套完整的财务报表包括资产负债表、利润表、现金流量表、所有者权益变动表（或股东权益变动表）和财务报表附注。

（一）资产负债表

它反映企业在某一特定日期财务状况的会计报表，表明企业在某一特定日期所拥有或控制的经济资源、所承担的现时义务和所有者对净资产的要求权。

（二）利润表

又称损益表，它反映企业一定期间（如一年、半年）内的经营成果，它将企业一定期间内的营业收入与营业成本、费用配比之后，计算出企业一定时期内的净利润或净亏损。

（三）现金流量表

它反映企业现金的流入和流出，动态地体现企业现金流量的变化。一般我们将现金流分为经营活动现金流、投资活动现金流及筹资活动现金流三部分。

（四）所有者权益变动表

又称股东权益变动表，它反映构成企业所有者权益的各组成部分当期的增减变动情况。

（五）财务报表附注

它是对资产负债表、利润表、现金流量表和所有者权益变动表等报表中列示项目的文字描述或明细资料，以及对未能在这些报表中列示项目的说明等。可以使报表使用者全面了解企业的财务状况、经营成果和现金流量。一般包括如下项目：

（1）企业的基本情况；

（2）财务报表编制基础；

（3）遵循企业会计准则的声明；

（4）重要会计政策和会计估计；

（5）会计政策和会计估计变更及差错更正的说明；

（6）重要报表项目的说明；

（7）其他需要说明的重要事项，如或有和承诺事项、资产负债表日后非调整事项，关联方关系及其交易等。

二、财务会计报告的作用

（一）可供企业领导和管理人员掌握企业经营管理情况

财务报表全面系统地揭示企业一定时期的财务状况、经营成果和现金流量，有利于经营管理人员者了解本单位各项任务指标的完成情况，评价管理人员的经营业绩，以便及时发现问题，调整经营方向，制定措施改善经营管理水平，提高经济效益，为经济预测和决策提供依据。

（二）可供国家经济管理部门了解国民经济的运行状况

通过对各单位提供的财务报表资料进行汇总和分析，了解和掌握各行业、各地区经济的经济发展情况，以便宏观调控经济运行，优化资源配置，保证国民经济稳定持续发展。

（三）可供企业投资者、债权人等掌握企业财务状况和偿债能力

有利于投资者、债权人和其他有关各方掌握企业的财务状况、经营成果和现金流量情况，进而分析企业的盈利能力、偿债能力、投资收益、发展前景等，为他们投资、贷款和贸易提供决策依据。

（四）可供财政、税收、银行、审计等部门掌握企业财务状况和经营成果

有利于满足财政、税务、工商、审计等部门监督企业经营管理。通过财务报表可以检查、监督各企业是否遵守国家的各项法律、法规和制度，有无偷税漏税的行为。

三、财务会计报告的种类

财务会计报告的种类（见图 10-1、表 10-1）。

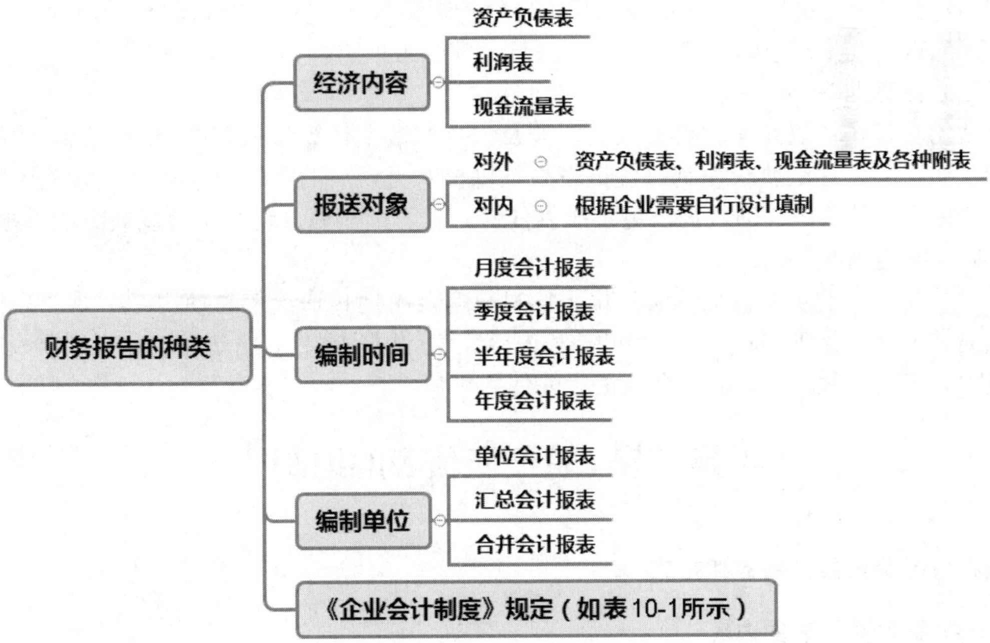

图 10-1　财务报告的种类

表 10-1 企业财务报告种类表

编号	会计报表名称	编表期	报送对象
1 会企 01 表	资产负债表	中期报告、年度报告	对外
2 会企 02 表	利润表	中期报告、年度报告	对外
3 会企 03 表	现金流量表	（至少）年度报告	对外
4 会企 01 附表 1	资产减值准备明细表	年度报告	对外
5 会企 01 附表 2	股东权益减值变动表	年度报告	对外
6 会企 01 表附表 3	应交增值税明细表	中期报告、年度报告	对外
7 会企 02 表附表 1	利润分配表	年度报告	对外
8 会企 02 表附表 2	分部报表（业务分部）	年度报告	对外
9 会企 02 表附表 3	分部报表（地区分部）	年度报告	对外
	内部报表		对内

四、财务会计报告的编制要求

（一）数字真实

财务报告中的各项数据必须真实可靠，如实地反映企业的财务状况、经营成果和现金流量。这是对会计信息质量的基本要求。

（二）内容完整

财务报表应当反映企业经济活动的全貌，全面反映企业的财务状况和经营成果，才能满足各方面对会计信息的需要。凡是国家要求提供的财务报表，各企业必须全部编制并报送，不得漏编、漏报。凡是国家统一要求披露的信息，都必须披露。

（三）计算准确

日常的会计核算以及编制财务报表，涉及大量的数字计算，只有准确地计算，才能保证数字的真实可靠。这就要求编制财务报表必须以核对无误后的账簿记录和其他有关资料为依据，不能使用估计或推算的数据，更不能以任何方式弄虚作假，玩数字游戏或隐瞒谎报。

（四）报送及时

及时性是信息的重要特征，财务报表信息只有及时地传递给信息使用者，才能为使用者的决策提供依据。否则，即使是真实可靠和内容完整的财务报告，由于编制和报送不及时，对报告使用者来说，就大大降低了会计信息的使用价值。

第二节 资产负债表的编制

一、资产负债表的内容和格式

（一）资产负债表的内容

资产负债表是反映企业在某一特定日期（如月末、季末、年末）全部资产、负债和所有者权益情况的会计报表，它表明企业在某一特定日期所拥有或控制的经济资源、所承担的现时义务和所有者对净资产的要求权。它是一张揭示企业在某一时点财务状况的静态报表，其理论依据为“资产=负债+所有者权益”这一基本会计等式。

资产负债表的作用为以下几方面：首先，资产负债表提供了企业所掌握的经济资源及其分布的情况，经营者据此可以分析企业的资产分布是否合理；其次，资产负债表总体反映了企业的资金的来源渠道和构成情况，投资者和债权人据此可以分析企业资本结构的合理性及其所面临的财务风险；再次，通过资产负债表的分析，可以了解企业的财务实力，偿债能力和支付能力，投资者和债权人据此可以作出相应的决策；最后，通过不同期资产负债表的对比分析，可以了解企业资本结构及其变化情况，经营者、债权人和投资者据此可以掌握企业财务状况的变化情况和变化趋势，预测企业的未来。

（二）资产负债表的格式

资产负债表一般有表首、正表两部分。其中，表首概括地说明报表名称、编制单位、编制日期、报表编号、货币名称、计量单位等。正表是资产负债表的主体，列示了用以说明企业财务状况的各个项目。资产负债表正表的格式一般有两种：报告式和账户式。目前我国企业会计准则采用的是账户式资产负债表。账户式资产负债表是左右结构，左边列示资产，右边列示负债和所有者权益，每个项目又分为“期末余额”和“期初余额”两栏分别填列。资产项目按其流动性排列，流动性大的排在前，流动性小的排在后；负债项目按其到期日的远近排列，到期日近的排在前，到期日远的排在后；所用者权益项目按其永久程度高低排列，永久程度高的排在前，永久程度低的排在后。不管采取什么格式，“资产=负债+所有者权益”这一恒等式不变。采用企业会计准则的非金融企业的资产负债表格式如表 10-2 所示。

表 10-2 非金融企业的资产负债表格式

资产负债表

会企 01 表

编制单位： 20××年×月×日 单位：元

资 产	期初余额	期末余额	负债和所有者权益（或股东权益）	期初余额	期末余额
流动资产：			流动负债：		
货币资金			短期借款		
交易性金融资产			交易性金融负债		
应收票据			应付票据		
应收账款			应付账款		
预付款项			预收款项		
应收利息			应付职工薪酬		
应收股利			应交税费		
其他应收款			应付利息		
存货			应付股利		
一年内到期的非流动资产			其他应付款		
其他流动资产			一年内到期的非流动负债		

续表

资 产	期初余额	期末余额	负债和所有者权益（或股东权益）	期初余额	期末余额
			其他流动负债		
流动资产合计	-	-	流动负债合计	-	-
非流动资产：			非流动负债：		
可供出售金融资产			长期借款		
持有至到期投资			应付债券		
长期应收款			长期应付款		
长期股权投资			专项应付款		
投资性房地产			预计负债		
固定资产			递延所得税负债		
减：累计折旧			其他非流动负债		
固定资产净值			非流动负债合计		
减：固定资产减值准备			负债合计		
固定资产净额					
在建工程			所有者权益（或股东权益）：		
工程物资			实收资本（或股本）		
固定资产清理			资本公积		
生产性生物资产			减：库存股		
无形资产			专项储备		
开发支出			盈余公积		
商誉			未分配利润		
长期待摊费用			所有者权益（或股东权益）合计		
递延所得税资产					
其他非流动资产					
非流动资产合计					
资产总计			负债和所有者权益（或股东权益）合计		

二、资产负债表的基本填列方法

（一）资产负债表“期初余额”填列方法

资产负债表的“期初余额”栏内各项数字，根据上期期末资产负债表“期末余额”栏内各项数字填列，“期末余额”栏内各项数字根据会计期末各总账账户及所属明细账户的余额填列。如果当期资产负债表规定的各个项目的名称和内容同上期不相一致，则按编报当期的口径对上期期末资产负债表各项目的名称和数字进行调整，填入本表“期初余额”栏内。

（二）资产负债表“期末余额”填列方法

（1）根据总账科目余额直接填列。资产负债表大部分项目的填列都是根据有关总账账户的余额直接填列，如“应收票据”项目，根据“应收票据”总账科目的期末余额直接填列；“短期借款”项目，根据“短期借款”总账科目的期末余额直接填列。“交易性金融资产”“工程物资”“递延所得税资产”“短期借款”“交易性金融负债”“应付票据”“应付职工薪酬”“应缴税费”“递延所得税负债”“预计负债”“实收资本”“资本公积”“盈余公积”等，都在此项之内。

（2）根据总账科目余额计算填列。如“货币资金”项目，根据“库存现金”“银行存款”“其他货币资金”科目的期末余额合计数计算填列。

（3）根据明细账科目余额计算填列。如“应收账款”项目，应根据“应收账款”“预收账款”两个科目所属的有关明细科目的期末借方余额扣除计提的减值准备后计算填列；“应付账款”项目，根据“应付账款”“预付账款”科目所属相关明细科目的期末贷方余额计算填列。

（4）根据总账科目和明细科目余额分析计算填列。如“长期借款”项目，根据“长期借款”总账科目期末余额，扣除“长期借款”科目所属明细科目中反映的、将于一年内到期的长期借款部分，分析计算填列。

两收两付的计算

（5）根据科目余额减去其备抵项目后的净额填列。如“存货”项目，根据“存货”科目的期末余额，减去“存货跌价准备”备抵科目余额后的净额填列；又如，“无形资产”项目，根据“无形资产”科目的期末余额，减去“无形资产减值准备”与“累计摊销”备抵科目余额后的净额填列。

三、资产负债表各项目具体填列方法

（一）资产项目的内容和填列方法

（1）“货币资金”项目，反映企业库存现金、银行存款、外埠存款、银行汇票存款、银行本票存款、信用卡存款、信用证保证金存款等的合计数。本项目应根据“现金”“银行存款”“其他货币资金”科目的期末余额合计填列。

（2）“短期投资”项目，反映企业购入的各种能随时变现，并准备随时变现的，持有时间不超过一年（含一年）的股票、债券和基金，以及不超过一年（含一年）的其他投资的可收回金额。本项目应根据“短期投资”科目的期末余额减去“短期投资跌价准备”科目的期末余额后的金额填列。

企业一年内到期的委托贷款，其本金和利息减去已计提的减值准备后的净额，也在本项目反映。

（3）“应收票据”项目，反映企业收到的尚未到期收款也未向银行贴现的应收票据，包括商业承兑汇票和银行承兑汇票。本项目应根据“应收票据”科目的期末余额填列。已向银行贴现和已背书转让的应收票据不包括在本项目内，其中已贴现的商业承兑汇票应在会计报表附注中单独披露。

（4）“应收股利”项目，反映企业因股权投资而应收取的现金股利，企业应收其他单位的利润，也包括在本项目内。本项目应根据“应收股利”科目的期末余额填列。

（5）“应收利息”项目，反映企业因债权投资而应收取的利息。企业购入到期还本付息债券应收的利息，不包括在本项目内。本项目应根据“应收利息”科目的期末余额填列。

（6）“应收账款”项目，反映企业因销售商品、产品和提供劳务等应向购买单位收取的各种款项，减去已计提的坏账准备后的净额。本项目应根据“应收账款”科目所属各明细科目的期末借方余额合计，减去“坏账准备”科目中有关应收账款计提的坏账准备期末余额后的金额填列。如果“应收账款”科目所属明细科目期末有贷方余额，应在本表“预收账款”项目内填列。

（7）“其他应收款”项目，反映企业对其他单位和个人的应收和暂付的款项，减去已计提的坏账准备后的净额。本项目应根据“其他应收款”科目的期末余额，减去“坏账准备”科目中有关其他应收款计提的坏账准备期末余额后的金额填列。

（8）“预付账款”项目，反映企业预付给供应单位的款项。本项目应根据“预付账款”科目所属各明细科目的期末借方余额合计填列。如果“预付账款”科目所属有关明细科目期末有贷方余额，应在本表“应付账款”项目内填列。如果“应付账款”科目所属明细科目有借方金额，也应包括在本项目内。

（9）“应收补贴款”项目，反映企业按规定应收的各种补贴款。本项目应根据“应收补贴款”科目的期末余额填列。

（10）“存货”项目，反映企业期末在库、在途和在加工中的各项存货的可变现净值，包括各种材料、商品、在产品、半成品、包装物、低值易耗品、分期收款发出商品、委托代销商品、受托代销商品等。本项目应根据“物资采购”“原材料”“低值易耗品”“自制半成品”“库存商品”“包装物”“分期收款发出商品”“委托加工物资”“委托代销商品”“受托代销商品”“生产成本”等科目的期末余额合计，减去“代销商品款”“存货跌价准备”科目期末余额后的金额填列。材料采用计划成本核算，以及库存商品采用计划成本或销价核算的企业，还应按加或减材料成本差异、商品进销差价后的金额填列。

（11）“待摊费用”项目，反映企业已经支出但应由以后各期分期摊销的费用。企业租入固定资产改良支出、大修理支出以及摊销期限在一年以上（不含一年）的其他待摊费用，应在本表“长期待摊费用”项目反映，不包括在本项目内。本项目应根据“待摊费用”科目的期末余额填列。“预提费用”科目期末如有借方余额，以及“长期待摊费用”科目中将于一年内到期的部分，也在本项目内反映。

（12）“其他流动资产”项目，反映企业除以上流动资产项目外的其他流动资产，本项目应根据有关科目的期末余额填列。如其他流动资产价值较大的，应在会计报表附注中披露其内容和金额。

（13）“长期股权投资”项目，反映企业不准备在一年内（含一年）变现的各种股权性质的投资的可收回金额。本项目应根据“长期股权投资”科目的期末余额，减去“长期投资减值准备”科目中有关股权投资减值准备期末余额后的金额填列。

（14）“长期债权投资”项目，反映企业不准备在一年内（含一年）变现的各种债权性质的投资的可收回金额。长期债权投资中，将于一年内到期的长期债权投资，应在流动资产类下“一年内到期的长期债权投资”项目单独反映。本项目应根据“长期债权投资”科目的期末余额减去“长期投资减值准备”科目中有关债权投资减值准备期末余额和一年内到期的长期债权投资后的金额填列。

企业超过一年到期的委托贷款，其本金和利息减去已计提的减值准备后的净额，也在本项目反映。

（15）“固定资产原价”和“累计折旧”项目，反映企业的各种固定资产原价及累计折旧。

融资租入的固定资产，其原价及已提折旧也包括在内。融资租入固定资产原价应在会计报表附注中另行反映。这两个项目应根据“固定资产”科目和“累计折旧”科目的期末余额填列。

（16）“固定资产减值准备”项目，反映企业计提的固定资产减值准备。本项目应根据“固定资产减值准备”科目的期末余额填列。

（17）“工程物资”项目，反映企业各项工程尚未使用的工程物资的实际成本。本项目应根据“工程物资”科目的期末余额填列。

（18）“在建工程”项目，反映企业期末各项未完工程的实际支出，包括交付安装的设备价值，未完建筑安装工程已经耗用的材料、工资和费用支出，预付出包工程的价款，已经建筑安装完毕但尚未交付使用的工程等的可收回金额。本项目应根据“在建工程”科目的期末余额，减去“在建工程减值准备”科目期末余额后的金额填列。

（19）“固定资产清理”项目，反映企业因出售、毁损、报废等原因转入清理但尚未清理完毕的固定资产的账面价值，以及固定资产清理过程中所发生的清理费用和变价收入等各项金额的差额。本项目应根据“固定资产清理”科目的期末借方余额填列。如“固定资产清理”科目期末为贷方余额，以“-”号填列。

（20）“无形资产”项目，反映企业各项无形资产的期末可收回金额。本项目应根据“无形资产”科目的期末余额减去“无形资产减值准备”科目期末余额后的金额填列。

（21）“长期待摊费用”项目，反映企业尚未摊销的摊销期限在一年以上（不含一年）的各种费用，如租入固定资产改良支出、大修理支出以及摊销期限在一年以上（不含一年）的其他待摊费用。长期待摊费用中在一年内（含一年）摊销的部分，应在本表“待摊费用”项目填列。本项目应根据“长期待摊费用”科目的期末余额减去一年内（含一年）摊销的数额后的金额填列。

（22）“其他长期资产”项目，反映企业除以上资产以外的其他长期资产。本项目应根据有关科目的期末余额填列。如其他长期资产价值较大的，应在会计报表附注中披露其内容和金额。

（23）“递延税款资产”项目，反映企业期末尚未转销的递延税款的借方余额。本项目应根据“递延税款”科目的期末借方余额填列。

（二）负债项目的内容和填列方法

（1）“短期借款”项目，反映企业借入尚未归还的一年期以下（含一年）的借款。本项目应根据“短期借款”科目的期末余额填列。

（2）“应付票据”项目，反映企业为了抵付货款等而开出并承兑的尚未到期付款的应付票据，包括银行承兑汇票和商业承兑汇票。本项目应根据“应付票据”科目的期末余额填列。

（3）“应付账款”项目，反映企业购买原材料、商品和接受劳务供应等而应付给供应单位的款项。本项目应根据“应付账款”科目所属各有关明细科目的期末贷方余额合计填列；如“应付账款”科目所属各明细科目期末有借方余额，应在本表“预付账款”项目内填列。

（4）“预收账款”项目，反映企业预收购买单位的账款。本项目应根据“预收账款”科目所属各有关明细科目的期末贷方余额合计填列。如“预收账款”科目所属有关明细科目有借方余额的，应在本表“应收账款”项目内填列；如“应收账款”科目所属明细科目有贷方余额的，也应包括在本项目内。

（5）“应付职工薪酬”项目，反映企业应付未付的职工工资。本项目应根据“应付职工薪酬”科目期末贷方余额填列。如“应付职工薪酬”科目期末为借方余额，以“-”号填列。

（6）“应付股利”项目，反映企业尚未支付的现金股利。本项目应根据“应付股利”科目的期末余额填列。

（7）“应交税费”项目，反映企业期末未交、多交或未抵扣的各种税金。本项目应根据“应交税费”科目的期末贷方余额填列。如“应交税费”科目期末为借方余额，以“-”号填列。

（8）“其他应交款”项目，反映企业应交未交的除税金、应付股利等以外的各种款项。本项目应根据“其他应交款”科目的期末贷方余额填列。如“其他应交款”科目期末为借方余额，以“-”号填列。

（9）“其他应付款”项目，反映企业所有应付和暂收其他单位和个人的款项。本项目应根据“其他应付款”科目的期末余额填列。

（10）“预计负债”项目，反映企业预计负债的期末余额。本项目应根据“预计负债”科目的期末余额填列。

（11）“其他流动负债”项目，反映企业除以上流动负债以外的其他流动负债。本项目应根据有关科目的期末余额填列，如“待转资产价值”科目的期末余额可在本项目内反映。如其他流动负债价值较大的，应在会计报表附注中披露其内容及金额。

（12）“长期借款”项目，反映企业借入尚未归还的一年期以上（不含一年）的借款本息。本项目应根据“长期借款”科目的期末余额填列。

（13）“应付债券”项目，反映企业发行的尚未偿还的各种长期债券的本息。本项目应根据“应付债券”科目的期末余额填列。

（14）“长期应付款”项目，反映企业除长期借款和应付债券以外的其他各种长期应付款。本项目应根据“长期应付款”科目的期末余额减去“未确认融资费用”科目期末余额后的金额填列。

（15）“专项应付款”项目，反映企业各种专项应付款的期末余额。本项目应根据“专项应付款”科目的期末余额填列。

（16）“其他长期负债”项目，反映企业除以上长期负债项目以外的其他长期负债。本项目应根据有关科目的期末余额填列。如其他长期负债价值较大的，应在会计报表附注中披露其内容和金额。

（17）“一年内到期的长期负债”项目，反映上述长期负债各项目中将于一年内（含一年）到期的长期负债。上述长期负债各项目均应根据有关科目期末余额减去将于一年内（含一年）到期的长期负债后的金额填列。

（18）“递延税款负债”项目，反映企业期末尚未转销的递延税款的贷方余额。本项目应根据“递延税款”科目的期末贷方余额填列。

（三）所有者权益项目的内容和填列方法

（1）“实收资本（或股本）”项目，反映企业各投资者实际投入的资本（或股本）总额。本项目应根据“实收资本（或股本）”科目的期末余额填列。

（2）“资本公积”项目，反映企业资本公积的期末余额。本项目应根据“资本公积”科目的期末余额填列。

（3）“库存股”项目，反映股份公司有权在市场上用公司资本或法定公积金收购自己发行的股票，或由股东赠给原公司发行的股票。

（4）“盈余公积”项目，反映企业盈余公积的期末余额。本项目应根据“盈余公积”科目的期末余额填列。其中，法定公益金期末余额，应根据“盈余公积”科目所属的“法定公益金”明细科目的期末余额填列。

（5）“未分配利润”项目，反映企业尚未分配的利润。本项目应根据“本年利润”科目和“利润分配”科目的余额计算填列。未弥补的亏损在本项目内以“-”号填列。

资产负债表的编制举例如下：

【例 10-1】华钢股份 20×6 年 12 月 31 日有关科目的年末余额如表 10-3 所示。

表 10-3 华钢股份 20×6 年 12 月 31 日试算平衡表

单位：元

会计科目	借方余额	贷方余额
库存现金	74 000	
银行存款	1 683 000	
应收账款	85 460	
坏账准备		6 500
原材料	665 000	
库存商品	1 012 000	
存货跌价准备		120 000
固定资产	4 680 000	
累计折旧		335 000
固定资产清理		560 000
长期待摊费用	14 500	
应付账款		93 000
预收账款		10 000
短期借款		400 000
应交税费		69 460
长期借款		2 000 000
实收资本		2 500 000
资本公积		120 000
盈余公积		500 000
未分配利润		1 500 000
合计	8 213 960	8 213 960

华钢股份 20×6 年 12 月 31 日的明细资料如下：

（1）应收账款有关明细账期末余额情况如下：

应收账款—长城公司　借方余额 98 000

应收账款—海天公司　贷方余额 12 540

（2）长期待摊费用中含一年内摊销金额 8 000 元。

（3）应付账款有关明细账期末余额情况如下：

应付账款—白云公司　借方余额 5 000

应付账款—文创公司　贷方余额 98 000

（4）预收账款有关明细账期末余额情况如下：

预收账款—方元公司　借方余额 2 000

预收账款—华容公司　贷方余额 12 000

（5）长期借款期末余额中含一年内到期的借款 1 000 000 元。

根据上述资料，编制华钢股份 20×6 年 12 月 31 日的资产负债表如表 10-4 所示。

表 10-4　资产负债表

会企 01 表

编制单位：华钢股份　　20×6 年 12 月 31 日　　单位：元

资　产	期初余额	期末余额	负债和所有者权益（或股东权益）	期初余额	期末余额
流动资产：	（略）		流动负债：	（略）	
货币资金		1 757 000	短期借款		400 000
交易性金融资产		-	交易性金融负债		-
应收票据		-	应付票据		-
应收账款		93 500	应付账款		98 000
预付款项		5 000	预收款项		24 540
应收利息		-	应付职工薪酬		-
应收股利		-	应交税费		69 460
其他应收款		-	应付利息		-
存货		1 557 000	应付股利		-
一年内到期的非流动资产		8 000	其他应付款		-
其他流动资产		-	一年内到期的非流动负债		1 000 000
			其他流动负债		-
流动资产合计	-	3 420 500	流动负债合计	-	1 592 000
非流动资产：			非流动负债：		
可供出售金融资产		-	长期借款		1 000 000
持有至到期投资		-	应付债券		-
长期应收款		-	长期应付款		-
长期股权投资		-	专项应付款		-
投资性房地产		-	预计负债		-
固定资产		4 680 000	递延所得税负债		-
减：累计折旧		335 000	其他非流动负债		-
固定资产净值		4 345 000	非流动负债合计		1 000 000
减：固定资产减值准备		-	负债合计		2 592 000

续表

资 产	期初余额	期末余额	负债和所有者权益（或股东权益）	期初余额	期末余额
固定资产净额		4 345 000			
在建工程		-	所有者权益（或股东权益）:		
工程物资		-	实收资本（或股本）		2 500 000
固定资产清理		-560 000	资本公积		120 000
生产性生物资产		-	减：库存股		-
无形资产		-	专项储备		-
开发支出		-	盈余公积		500 000
商誉		-	未分配利润		1 500 000
长期待摊费用		6 500	所有者权益（或股东权益）合计		4 620 000
递延所得税资产		-			
其他非流动资产		-			
非流动资产合计		3 791 500			
资产总计		7 212 000	负债和所有者权益（或股东权益）合计		7 212 000

资产负债表计算过程

第三节 利润表的编制

一、利润表的内容和结构

（一）利润表的内容

利润表是反映企业一定会计期间（如月度、季度、半年度或年度）生产经营成果的会计报表。企业一定会计期间的经营成果既可能表现为盈利，也可能表现为亏损，因此，利润表也被称为损益表。它全面揭示了企业在某一特定时期实现的各种收入、发生的各种费用、成本或支出，以及企业实现的利润或发生的亏损情况。

利润表是根据“收入−费用=利润”的基本关系来编制的，其具体内容取决于收入、费用、利润等会计要素及其内容，利润表项目是收入、费用和利润要素内容的具体体现。从反映企业经营资金运动的角度看，它是一种反映企业经营资金动态表现的报表，主要提供有关企业经营成果方面的信息，属于动态会计报表。

（二）利润表的结构

利润表一般有表首、正表两部分。其中表首说明报表名称编制单位、编制日期、报表编号、货币名称、计量单位等；正表是利润表的主体，反映形成经营成果的各个项目和计算过程，所以也将其称为损益表。利润表正表的格式有两种：单步式利润表和多步式利润表。单步式利润表是将当期所有的收入列在一起然后将所有的费用列在一起两者相减得出当期净损益。多步式利润表是通过对当期的收入、费用、支出项目按性质加以归类，按利润形成的主要环节列示一些中间性利润指标，如营业利润、利润总额、净利润，分步计算当期净利润。在我国企业会计准则中，利润表采用的是多步式。此外，为了财务报表使用者通过比较不同期间利润的实现情况，判断企业经营成果的未来发展趋势，企业需要提供比较利润表，利润表就各项目分为“上年同期累计”“本月数”和“本年累计数”分别填列，其基本格式如表 10-5 所示。

表 10-5 利润表格式

利 润 表

会企 02 表

编制单位： 20××年 单位：元

项 目	上年同期累计	本月数	本年累计数
一、营业收入			
减：营业成本			
营业税金及附加			
销售费用			
管理费用			
财务费用			
资产减值损失			
加：公允价值变动收益（损失以“-”号填列）			
投资收益（损失以“-”号填列）			
其中：对联营企业和合营企业的投资收益			
二、营业利润（亏损以“-”号填列）		-	-
加：营业外收入			
其中：非流动资产处置利得			
减：营业外支出			
其中：非流动资产处置损失			
三、利润总额（亏损总额以“-”号填列）		-	-
减：所得税费用			
四、净利润（净亏损以“-”号填列）		-	-
五、每股收益			
（一）基本每股收益			
（二）稀释每股收益			
六、其他综合收益			
七、综合收益总额		-	-

核心利润指标　　　　每股收益

二、利润表的填列方法

（1）“营业收入”项目，反映企业经营业务所得的收入总额。本项目应根据“主营业务收入”和“其他业务收入”账户的发生额分析填列。

（2）“营业成本”项目，反映企业经营业务发生的实际成本。本项目应根据“主营业务成本”和“其他业务成本”账户的发生额分析填列。

（3）“税金及附加”项目，反映企业经营业务应负担的消费税、城市维护建设税、资源税、土地增值税和教育费附加等。本项目应根据“税金及附加”账户的发生额分析填列。

（4）“销售费用”项目，反映企业在销售商品和商品流通企业在购入商品等过程中发生的费用。本项目应根据“销售费用”账户的发生额分析填列。

（5）“管理费用”项目，反映企业行政管理等部门所发生的费用。本项目应根据“管理费用”账户的发生额分析填列。

（6）“财务费用”项目，反映企业发生的利息费用等。本项目应根据“财务费用”账户的发生额分析填列。

（7）“资产减值损失”项目，反映企业发生的各项减值损失。本项目应根据“资产减值损失”账户的发生额分析填列。

（8）“公允价值变动损益”项目，反映企业交易性金融资产等公允价值变动所形成的当期利得和损失。本项目应根据“公允价值变动损益”账户的发生额分析填列。

（9）“投资收益”项目，反映企业以各种方式对外投资所取得的收益。本项目应根据“投资收益”账户的发生额分析填列；如为投资损失，以“-”号填列。

（10）“营业外收入”项目，反映企业发生的与其生产经营无直接关系的各项收入。本项目应分别根据“营业外收入”账户的发生额分析填列。

（11）“营业外支出”项目，反映企业发生的与其生产经营无直接关系的各项支出。本项目应分别根据“营业外支出”账户的发生额分析填列。

（12）“所得税费用”项目，反映企业按规定从本期损益中减去的所得税。本项目应根据“所得税费用”账户的发生额分析填列。

（13）“净利润”项目根据本年利润总额扣除所得税后填制。

（14）“其他综合收益”项目，其他综合收益，是指企业根据其他会计准则规定未在当期损益中确认的各项利得和损失。其他综合收益项目应当根据其他相关会计准则的规定分为下列两类列报：

1）以后会计期间不能重分类进损益的其他综合收益项目，主要包括重新计量设定受益计划净负债或净资产导致的变动、按照权益法核算的在被投资单位以后会计期间不能重分类进损益的其他综合收益中所享有的份额等。

2）以后会计期间在满足规定条件时将重分类进损益的其他综合收益项目，主要包括按照权益法核算的在被投资单位以后会计期间在满足规定条件时将重分类进损益的其他综合收益中所享有的份额、可供出售金融资产公允价值变动形成的利得或损失、持有至到期投资重分类为可供出售金融资产形成的利得或损失、现金流量套期工具产生的利得或损失中属于有效套期的部分、外币财务报表折算差额等。

【例 10-2】华钢股份 20×6 年度有关损益类账户的累计发生额如表 10-6 所示。

表 10-6 华钢股份 20×6 年有关损益类账户的累计发生额汇总表

单位：元

会计科目	借方发生额	贷方发生额
主营业务收入		12 500 000
其他业务收入		230 000
投资收益		3 200 000
主营业务成本	8 500 000	
其他业务成本	0	
营业税金及附加	550 000	
销售费用	200 000	
管理费用	1 050 000	
财务费用	1 000 000	
资产减值损失	20 000	
营业外收入		2 850 000
营业外支出	2 000 000	
所得税费用	1 800 000	

根据上述资料编制华钢股份 20×6 年利润表如表 10-7 所示。

表 10-7 利润表

会企 02 表

编制单位：华钢股份　　20×6 年　　单位：元

项　目	行次	本期金额	上期金额
一、营业收入	1	12 730 000	（略）
减：营业成本	2	8 500 000	
营业税金及附加	3	550 000	
销售费用	4	200 000	
管理费用	5	1 050 000	
财务费用	6	1 000 000	
资产减值损失	7	20 000	
加：公允价值变动收益（损失以“-”号填列）	11	-	

续表

项　目	行次	本期金额	上期金额
投资收益（损失以“-”号填列）	12	3 200 000	
其中：对联营企业和合营企业的投资收益	13	-	
二、营业利润（亏损以“-”号填列）	19	4 610 000	
加：营业外收入	20	2 850 000	
减：营业外支出	23	2 000 000	
其中：非流动资产处置损失	24	-	
三、利润总额（亏损总额以“-”号填列）	29	5 460 000	
减：所得税费用	30	1 800 000	
四、净利润（净亏损以“-”号填列）	33	3 660 000	
五、每股收益：		-	
（一）基本每股收益	34	-	
（二）稀释每股收益	35	-	

资产负债表 VS 利润表

第四节　财务会计报告的审核、报送、汇总

一、财务会计报告的审核

（1）审核“报告”种类、份数是否按规定填制。

（2）报告内项目指标填制是否齐全、真实，金额是否相符，项目之间勾稽关系是否相衔接一致。

（3）有关人员是否签章。

（4）有无重大变异项目，报告中有否说明。

二、财务会计报告的报送

（1）报告报送前，应复核报告全部内容，包括报表项目、补充资料、编制说明是否正确、齐全、完整、衔接。

（2）报告审核后，应编页加封，装订成册加盖公章。

（3）股份有限公司、外资企业、部分国有企业报告需经注册会计师审计鉴证。

（4）报告报送上级主管、财政、开户银行及董事会等有关部门。

（5）报告报送时间，月报于月度终了后 6 天报出，半年度报告在年度中期 60 天后报出，年度报告于年度结束后 4 个月报出。

三、财务会计报告的汇总

汇总财务会计报告是由上级管理部将所属企业的财务会计报告进行整理、汇总另行编制的财务会计报告，汇总时注意事项：

（1）以所属基层独立核算企业为编报范围。

（2）汇总财务会计报告一般以资产负债表、利润表和现金流量表为主。

（3）上级主管部门与所属企业之间的往来款项在汇编时应相互抵销。

名词互译

Financial Statements 财务报告

Balance Sheet 资产负债表

Income Statement 利润表

Statement of Cash Flows 现金流量表

Statement of Owner's Equity 所有者权益变动表

本章小结

本章简要介绍了财务会计报表体系，完整的财务会计报告体系包括资产负债表、利润表、现金流量表、所有者权益变动表和附注。资产负债表是反映企业某一特定时期全部资产、负债和所有者权益的会计报表，它是依据“资产=负债+所有者权益”为理论基础编制的。在我国资产负债表采用的是账户式，报表左边为资产，报表右边为负债和所有者权益。资产负债表中有些科目可以直接根据总账余额填列；有些科目需要根据明细账余额计算填列；有些科目需要综合分析计算填列。利润表是反映企业一定会计期间内生产经营成果的会计报表，它是依据“收入–费用=利润”为理论基础编制的。在我国利润表采用的是多步式，首先计算出营业利润；在此基础上加上营业外收入，减去营业外支出计算出利润总额；最后根据利润总额扣除所得税费后得出净利润。

导入案例分析

1．财务报告是企业对外提供的总括反映企业某一特定日期财产状况和某一会计期间经营成果，现金流量的书面报告。财务报告包括财务报表和其他应当在财务报告中披露的相关信息和资料。

2．金融机构作为债权人，之所以需要查阅华钢有限责任公司的财务报告，是因为财务报告提供了企业的财务状况、经营成果和现金流量等相关信息，债权人可以据此了解企业的经营情况、偿债能力并预测企业的未来，判断企业在未来是否能产生足够的现金流来支付贷款，据此决定是否对其贷款，以及贷款的额度和期限等。

知识测试与能力训练

一、单项选择题

1．下列有关财务会计报告的表述中，不正确的是（　　）。

A．财务会计报告是指单位根据经过审核的会计账簿记录和有关资料编制并对外提供的反映单位某一特定日期财务状况和某一会计期间经营成果、现金流量的文件

B．企业财务会计报告分为年度、半年度、季度和月度财务会计报告

C．会计报表附注是财务会计报告的重要组成部分

D．财务会计报告就是指会计报表

2．资产负债表是反映企业（　　）财务状况的财务报表。

A．某一特定日期　　B．一定时期内

C．某一年份内　　D．某一月份内

3．我国企业的资产负债表采用（　　）结构。

A．多步式　　B．报告式　　C．单步式　　D．账户式

4．2010年12月31日，某企业“预付账款”总账科目有借方余额350 000元，有关明细科目有贷方余额80 000元；“应付账款”总账科目有贷方余额400 000元。有关明细科目有借方余额50 000元，该企业在编制2010年资产负债表时，“预付款项”期末数一栏应填列的金额为（　　）元。

A．400 000　　B．350 000　　C．480 000　　D．320 000

5．某企业期末“工程物资”科目的借方余额为100万元，“库存商品”科目的借方余额为50万元，“原材料”科目的借方余额为55万元。假定不考虑其他因素，该企业资产负债表中“存货”项目的金额为（　　）万元。

A．105　　B．115　　C．205　　D．215

6．在编制资产负债表时，“货币资金”项目的填制依据不包括（　　）。

A．库存现金　　B．银行存款　　C．基金　　D．其他货币资金

7．利润表中，与计算“营业利润”有关的项目是（　　）

A．所得税费用　　B．投资收益

C．营业外收入　　D．营业外支出

8．企业本月利润表中的营业收入为450 000元，营业成本为216 000元，营业税金及附加为9 000元，管理费用为10 000元，财务费用为5 000元，销售费用为8 000元，营业外收入为800元，则其营业利润为（　　）元。

A．217 000　　B．225 800　　C．202 800　　D．202 000

二、多项选择题

1．企业财务报表的内容包括（　　）。

A．附注　　B．现金流量表　　C．资产负债表　　D．利润表

2．下列各项中，属于财务会计报告编制基本要求的有（　　）。

A．相关可比　　B．全面完整　　C．真实可靠　　D．历史成本

3．资产负债表中的应付账款项目应根据（　　）计算填列。

A．应付账款总账余额

B．应付账款所属明细账借方余额合计

C．应付账款所属明细账贷方余额合计

D．预付账款所属明细账贷方余额合计

4．下列项目中，可以根据其总账科目余额直接在资产负债表中填列的是（　　）。

A．应收票据　　B．货币资金

C．应付账款　　D．短期借款

5．资产负债表中所有者权益是企业资产扣除负债后的剩余权益，反映企业在某一特定日期股东（投资者）拥有的净资产的总额，它一般按照（　　）分项列示。

A．实收资本　　B．资本公积

C．盈余公积　　D．未分配利润

6．下列各项中，属于利润表上的项目有（　　）。

A．营业利润　　B．财务费用

C．所得税费用　　D．应交税费

三、计算题

2012 年 4 月 30 日，甲公司有关账户期末余额及相关经济业务如下：

（1）“库存现金”账户借方余额 2 000 元，“银行存款”账户借方余额 350 000 元，“其他货币资金”借方余额 500 000 元。

（2）“应收账款”总账借方余额 350 000 元，其所属明细账户借方余额合计为 480 000 元，其所属明细账户贷方余额合计为 130 000 元，“坏账准备”账户贷方余额 30 000 元（均为应收账款计提）。

（3）“固定资产”账户借方余额 8 700 000 元，“累计折旧”账户贷方余额 2 600 000 元，“固定资产减值准备”账户贷方余额 600 000 元。

（4）“应付账款”总账贷方余额 240 000 元，其所属明细账户贷方余额合计为 350 000 元，所属明细账户借方余额合计为 110 000 元。

（5）“预计付款”总账借方余额 130 000 元，其所属明细账户借方余额合计 160 000 元，其所属明细账户贷方余额合计为 30 000 元。

（6）本月实现营业收入 2 000 000 元，营业成本 1 500 000 元，营业税金及附加 240 000 元，期间费用 100 000 元，营业外收入 20 000 元，适用的所得税率为 25%。

要求：根据上述资料，计算下列有关金额：

（1）甲公司 4 月 30 日资产负债表中“货币资金”项目 “期末余额”栏填列的金额是（　　）

（2）甲公司 4 月 30 日资产负债表中“应收账款”项目和“预付账款”项目“期末余额”栏分别填列的金额是（　　）和（　　）

（3）甲公司 4 月 30 日资产负债表中“固定资产”项目“期末余额”栏填列的金额是（　　）

（4）甲公司 4 月 30 日资产负债表中“应付账款”项目“期末余额”栏填列的金额是（　　）

（5）甲公司 4 月 30 日利润表中的利润总额“本期金额”栏填列的金额是（　　）

（6）甲公司 4 月 30 日利润表中的净利润“本期金额”栏填列的金额是（　　）

四、综合题

1．某企业年末总账、明细账余额如下：

总账：

账户	借或贷	余额	账户	借或贷	余额
库存现金	借	8 000	短期借款	贷	50 000
银行存款	借	330 000	应付账款	贷	10 000
应收票据	借	6 000	应付职工薪酬	贷	36 000
应收账款	借	123 000	应交税费	贷	12 000
原材料	借	100 000	实收资本	贷	1 090 000
库存商品	借	120 000	盈余公积	贷	77 000
固定资产	借	870 000	利润分配	贷	70 000
累计折旧	贷	210 000			

明细账分类账：

应收账款的坏账准备贷方余额 2000 元。

其他明细账户：

账户	借或贷	余额
应收账款-A 公司	借	82 000
应收账款-B 公司	借	75 000
应收账款-C 公司	贷	34 000
应付账款-D 公司	借	2 000
应付账款-E 公司	贷	12 000

要求：填制资产负债简表。

2．某公司 2013 年 12 月 31 日有关损益类账户全年累计发生额资料如下：

“主营业务收入”账户贷方发生额为 720 000 元

“其他业务收入”账户贷方发生额为 11 700 元

“营业外收入”账户贷方发生额为 9 700 元

“投资收益”账户贷方发生额 3 000 元

“主营业务成本”账户借方发生额为 530 000 元

“其他业务成本”账户借方发生额为 11 000 元

“营业税金及附加”账户借方发生额为 36 000 元

“营业外支出”账户借方发生额为 7 000 元

“销售费用”账户借方发生额为 24 000 元

“管理费用”账户借方发生额为 50 000 元

“财务费用”账户借方发生额为 12 000 元

“所得税费用”账户借方发生额为 23 562 元

要求：根据上述资料编制利润表。

· 应用型高等院校校企合作创新示范教材 ·

YINGYONGXING
GAODENG YUANXIAO XIAOQI HEZUO
CHUANGXIN SHIFAN JIAOCAI

会计学原理

实训部分

主 编 杨怀宏 副主编 李雪芬 粟 恒

销售分类：财务管理 / 会计学原理

ISBN 978-7-5170-5732-1

9 787517 057321 >

定价：38.00 元

中国水利水电出版社
www.waterpub.com.cn

目　　录

上篇　会计实训概要

一、会计模拟实训目的

会计是一门实践性很强的综合性学科，对学生动手能力的培养非常重要。本次会计模拟实训是从实践教学出发，以工业模拟企业“华钢有限责任公司”为背景，以具有代表性的经济业务为主线，让学生模拟企业一个月所发生经济业务的会计处理。通过实训，学生可以认识到企业生产经营活动中所涉及的各种原始凭证，并了解它们之间的关系，提高审核原始凭证的能力。填制记账凭证、登记账簿、成本计算、财务清查、编制会计报表等各项实验，有助于熟悉会计处理程序和方法，掌握会计核算的整个过程。同时，通过会计综合实训，可以培养学生的分工协作意识，熟悉会计工作岗位之间的业务传递流程，加深对会计工作、会计职业的认识，帮助学生实现理论知识向实践技能的转化，为学生将来能尽快胜任本职工作打下良好的基础。

二、会计模拟实训程序

（1）期初建账。根据期初模拟资料建立模拟企业 2016 年 11 月初的总账、日记账和明细账。

（2）填制原始凭证。按照真实可靠、内容完整、数字准确、填制及时、书写清楚等要求来填写原始凭证。

（3）审核原始凭证。对外来或自制的原始凭证或原始凭证汇总表进行合法性、合规性、合理性审核。

（4）填制记账凭证。企业采用专用记账凭证，会计凭证按月分“收付转”三种类别连续编号。会计根据审核无误的原始凭证填制记账凭证，然后在记账凭证的“制单”处签名或盖章。将已填制完成的记账凭证及所附原始凭证传递给负责记账凭证审核的会计主管。

（5）审核记账凭证。稽核会计接受会计转来的记账凭证及所附原始凭证，进行认真审核，经审核无误后，应在记账凭证的“审核”处签名或签章，以示负责。将审核后的记账凭证，再传递给相关人员，据以登记账簿。

（6）登记日记账。出纳根据与现金、银行存款业务有关的记账凭证（收款凭证和付款凭证）及所附原始凭证，登记“现金日记账”，或“银行存款日记账”，登记日记账完成后，在记账凭证的记账符号栏内打勾，注明已过账，并且在“记账”处签名或盖章。

（7）登记明细账。相关会计人员根据记账凭证或原始凭证，逐笔登记所属明细分类账；完成登账工作后，在记账作证的记账符号栏内打勾，注明已过账，并且在“记账”处签名或盖章。

（8）编制科目汇总表。模拟企业采用科目汇总表账务处理程序，记账凭证一个月汇总一次，编制科目汇总表。

（9）登记总账。根据科目汇总表登记总分类账。

（10）期末对账。分别对总账、明细账和日记账进行核对，并编制试算平衡表，检查是否相符。

（11）期末结账。记账人员分别对相关的总账、明细账和日记账进行期末结账工作。

（12）编制财务会计报告。由会计主管编制财务会计报告，包括资产负债表和利润表。

三、会计模拟实训组织

专项实训在会计课程课堂教学讲解过程中配套完成，教师根据课堂内容给学生布置相应的实验。

大致可作如下安排：

（1）准备阶段，主要工作如下：

1）指导教师讲述实验的目的和意义，使学生对实训有一个正确的认识和积极的态度。

2）介绍模拟企业的基本情况及有关的会计核算制度。

3）讲解会计实训的操作程序和要求，使学生熟悉和掌握在会计实训中所运用的理论和方法。

4）说明实训的时间安排及实训所用的工具，如凭证、账簿、报表等，让学生做好准备。

（2）实训阶段，每位学员应在老师指导下，独立完成实验任务，完整地做出一份企业的会计凭证、账簿和财务报告。

（3）整理小结阶段，对会计资料进行整理，并按要求装订成册。全部实训结束后，要求每人写出一份实训报告，主要总结在操作中的体会，并结合实训的内容提出实训课需要改进和注意的问题。

中篇　实训业务资料

一、企业背景资料

（一）企业基本情况

（1）企业名称：华钢有限责任公司

（2）企业类型：工业企业

（3）企业负责人：周华

（4）开户银行：工商银行星城支行

（5）开户银行账号：789091267880987

（6）纳税人识别号：431302320698036

（7）纳税人类型：一般纳税人

（8）经营范围：从事钢坯、无缝钢管、线材、螺纹钢、热轧超薄带钢卷、冷轧板卷、镀锌板、中小型材、热轧中板等黑色和有色金属产品的生产和经营；兼营外商投资企业获准开展的相关附属产品

（9）经营地址：娄底市经济开发区大汉路 15 号

（10）联系电话：0738-8576260

（11）银行预留印鉴

财务专用章

法人章

（二）企业相关人员情况

企业负责人：周华

财务总监：张小清

生产经理：赵晨

采购经理：王力

销售经理：王磊

会计主管：杨洋

会计：李梅

出纳：李丽

审核员：赵翔

仓库保管员：李明

（三）主要会计政策和会计估计

（1）会计期间。

本企业会计年度采用公历年度，即每年自 1 月 1 日起至 12 月 31 日止。

（2）营业周期。

正常营业周期是指本企业从购买用于加工的资产起至实现现金或现金等价物的期间。本企业以 12 个月作为一个营业周期，并以其作为资产和负债的流动性划分标准。

（3）记账本位币。

以人民币为记账本位币。

（4）计量属性。

以历史成本计量为主，对特定交易事项可以采用其他计量属性。

（5）存货计量。

存货的收发和结存按实际成本核算，采用先进先出法计算领用材料或发出商品的成本。

（6）应收账款的计量。

采用应收账款余额百分比法计提坏账准备，计提比例为年末应收账款余额的 5%；其他应收款不计提坏账准备，发生坏账时，采用“直接核销法”核销。

（7）适用税率。

增值税税率为 17%，城市维护建设税税率为 7%，教育费附加费的缴纳比例为 3%，企业所得税税率为 25%。

（8）企业利润分配按全年净利润的 10%提取盈余公积，每年的利润分配依据股东决议进行。

（9）银行存款余额调节表每月末编制 1 次。

（10）采用科目汇总表核算形式，每月汇总一次并登记总分类账。

（11）企业定于每月16日发放上月员工工资。

（四）内部控制要求

库存现金限额核定为3000元。公司资金使用在10 000元以内由财务总监审核签字，分管主管签字即可；在10 000元以上需提交单位负责人审核。

（五）往来单位基本资料

鑫锐冶金有限公司：
纳税人识别号：43130209293335
地址：新星北路12号
电话：0738-8567362
开户银行：建设银行开发区支行
开户银行账号：513890387894738

泰瑞科技有限公司：
纳税人识别号：43130235286042
地址：大汉路31号
电话：0738-8568790
开户银行：工商银行桃源支行
开户银行账号：789091267878960

洞口矿业有限公司：
纳税人识别号：431302058005621
地址：群乐街16号
电话：0738-8568067
开户银行：招商银行开发区支行
开户银行账号：6225786094590646

鸿远焦化有限公司：
纳税人识别号：43130232934090
地址：新星路52号
电话：0738-8568693
开户银行：中国银行涟滨支行
开户银行账号：40966689076546

二、实训企业期初模拟资料

（一）期初建账资料

设置与登记账簿，在实际工作中，一般都是在年初进行，即每年年初结转旧账，建立新账。本实训是模拟华钢有限责任公司2016年11月份的经济业务，需要以该企业11月1日账户期初余额为基础资料，完成总账、日记账及相关明细账的建账工作。

1．华钢有限责任公司 2016 年 11 月 1 日总账期初资料。

总分类账户期初余额表

2016 年 11 月 1 日　　单位：元

账户名称	借方	贷方
库存现金	2 800.00	
银行存款	7 096 350.00	
应收票据	3 763 870.00	
应收账款	2 094 000.00	
预付账款	574 119.00	
其他应收款	244 258.00	
坏账准备		104 700.00
原材料	6 308 199.00	
在途物资		
库存商品	2 976 000.00	
固定资产	46 380 000.00	
累计折旧		10 206 387.00
在建工程	4 751 000.00	
无形资产	3 886 830.00	
累计摊销		460 800.00
短期借款		2 579 000.00
应付账款		6 747 000.00
应付票据		6 408 010.00
预收账款		1 332 332.00
应付职工薪酬		1 330 534.87
应交税费		254 902.62
应付利息		137 631.00
应付股利		267 366.00
长期借款		41 000 000.00
实收资本		17 015 650.00
资本公积		34 027 745.00
其他综合收益		
盈余公积		838 325.83
本年利润		515 700.00
利润分配		-35 328 658.32
生产成本	9 820 000.00	
合　计	87 897 426.00	87 897 426.00

2．华钢有限责任公司 2016 年 11 月 1 日有关明细账期初资料。

"应收账款"明细账户期初余额

2016 年 11 月 1 日

明细账户	金额
鑫锐冶金有限公司	1 094 000.00
泰瑞科技有限公司	1 000 000.00

"应付账款"明细账户期初余额

2016 年 11 月 1 日

明细账户	金额
洞口矿业有限公司	3 007 000.00
鸿远焦化有限公司	3 740 000.00

"原材料"明细账户期初余额

2016 年 11 月 1 日

明细账户	计量单位	数量	单位成本	金额
A01	吨	17 216	250.00	4 304 000.00
A02	吨	2 980	672.55	2 004 199.00

"库存商品"明细账户期初余额

2016 年 11 月 1 日

明细账户	计量单位	数量	单位成本	金额
甲产品	件	1 610	1 200	1 932 000.00
乙产品	件	1 000	1 044	1 044 000.00

"生产成本"明细账户期初余额

2016 年 11 月 1 日

在产品名称	成本项目			合计
	直接材料	直接人工	制造费用	
甲产品	3 100 000	1 000 000	420 000	4 520 000
乙产品	4 000 000	1 080 000	220 000	5 300 000
合计	7 100 000	2 080 000	640 000	9 820 000

（二）期初会计报表资料

1．资产负债表年初有关资料。

资产负债表年初资料

资产	年初余额	负债及所有者权益	年初余额
流动资产：		流动负债：	
货币资金	7 099 150.00	短期借款	2 579 000.00
交易性金融资产		交易性金融负债	
应收票据	3 763 870.00	应付票据	6 408 010.00
应收账款	1 989 300.00	应付账款	6 747 000.00
预付款项	574 119.00	预收款项	1 332 332.00
应收利息		应付职工薪酬	1 330 534.87
应收股利		应交税费	254 902.62
其他应收款	244 258.00	应付利息	137 631.00
存货	19 104 199.00	应付股利	267 366.00
一年内到期的非流动资产		其他应付款	
其他流动资金		一年内到期的长期负债	
流动资产合计	32 774 896.00	其他流动负债	
非流动资产：		流动负债合计	19 056 776.49
可供出售金融资产		非流动负债：	
持有至到期投资		长期借款	41 000 000.00
长期应收款		应付债券	
长期股权投资		长期应付款	
投资性房地产		专项应付款	
固定资产	36 173 613.00	预计负债	
在建工程	4 751 000.00	递延所得税负债	
工程物资		其他非流动负债	
固定资产清理		非流动负债合计	41 000 000.00
生产性生物资产		负债合计	60 056 776.49
油气资产		所有者权益：	
无形资产	3 426 030.00	实收资本（或股本）	17 015 650.00
开发支出		资本公积	34 027 745.00
商誉		减：库存股	
长摊待摊费用		专项储备	
递延所得税资产		盈余公积	838 325.83
其他非流动资产		未分配利润	-34 812 958.32
非流动资产合计	44 350 643.00	所有者权益合计	17 068 762.51
资产总计	77 125 539.00	负债及所有者权益总计	77 125 539.00

2．利润表有关资料。

损益类账户 2016 年 1～10 月份发生额及上年累计数

账户名称	2016 年 1～10 月累计发生额	2015 年度累计发生额
主营业务收入	46 394 480.00	49 708 000.00
其他业务收入	231 902.00	248 500.00
公允价值变动损益	4 200.00	4 500.00
投资收益	10 900.00	9 000.00
营业外收入	15 000.00	16 000.00
主营业务成本	40 460 900.00	42 908 000.00
其他业务成本	202 000.00	220 900.00
税金及附加	160 210.00	171 000.00
销售费用	624 190.00	668 770.00
管理费用	1 126 000.00	1 353 000.00
财务费用	1 120 000.00	1 690 000.00
资产减值损失	50 901.00	55 608.00
营业外支出	2 700.00	2 880.00
所得税费用		

三、实训企业 2016 年 11 月份经济业务资料

1．11 月 1 日，从洞口矿业有限公司购入 A01 材料 2 000 吨，每吨 250 元，增值税进项税额为 85 000 元。材料已由仓库验收入库，货款尚未支付。（增值税专用发票，收料单）

湖南省增值税专用发票

全国统一发票监制章 湖南 国家税务总局监制

发票代码：18990448

发票号码：00217388

开票日期：　　年　月　日

购货单位	名　　称： 纳税人识别号： 地址、电话： 开户行及账号：	密码区	2489—1<9—7—615962848<032/52>9/29533—49741626<8—3024>82906—2—47—6<7>2*—/>*>6/　加密板本：01　4301094332　00217388

货物或应税劳务名称	规格型号	单位	数量	单价	金额	税率	税额
合　计							
价税合计（大写）	（小写）						

销货单位	名　　称： 纳税人识别号： 地址、电话： 开户行及账号：	备注	湖口矿业有限公司 发票专用章

收款人：　　复核：　　开票人：　　销货单位（章）

第二联 发票联 购货方记账凭证

收料单

收料部门：　　年　月　日　　字第　号

种类	编号	名称	规格	单位	数量	单价	成本总额
合计							

负责人：　　验收：　　填制：

第三联：财务记账

2．11月2日，收到长安公司捐赠生产用机器设备一台，确认价值为800 000元。（捐赠协议，假设不考虑增值税税额）

捐赠协议

为支持华钢有限责任公司（乙方）的发展，湖南长安钢铁制造有限公司（甲方）经协商决定，由甲方向乙方无偿捐赠机器设备一台，价值人民币捌拾万元整，并提供相关单据。本协议一式三份，自双方签字之日起生效。

甲方（捐赠人）：（公章）

甲方代表：张理（签字）

乙方（受赠人）：（公章）

乙方代表：姜志鹏（签字）

2015年11月2日

3．11月4日，销售部经理王磊到北京出差，预借差旅费5000元，以现金支票支付。（借据、现金支票）

借款单

年 月 日

借款部门		职别		出差人姓名	
借款事由					
借款金额人民币（大写）					
批准人		部门负责人		财务负责人	

第三联 财务

收款人：

中国工商银行

现金支票存根（湘）

VIV 20105632

附加信息

出票日期 年 月 日

收款人：	
金 额：	
用 途：	

单位主管 会计

中国工商银行 现金支票（湘） VIV 20105632

本支票付款期限十天

出票日期（大写） 年 月 日 付款行名称：

收款人： 出票人账号：

	千	百	十	万	千	百	十	元	角	分
人民币（大写）										

用途

上列款项请从

我账户内支付

出票人签章

科目借

对方科目贷

付讫日期 年 月 日

出纳 复核 记账

4. 11 月 6 日，生产车间生产甲产品和乙产品分别领用 A01 材料 9 000 吨，A02 材料 2 000 吨。（领料单）

领料单

发货仓库：

领料部门：　　　　　　　　　　　年　月　日　　　　　　　　　　第　号

类别	编号	名称型号	单位	应发数量	实发数量	单位成本	金额
合计							

第三联：财务记账

负责人：　　　　　　　　保管：　　　　　　　　填单：

5. 11 月 9 日，销售部经理王磊从北京出差回来，经批准报销差旅费 4 000 元，余款退回公司。（差旅费报销单、原始凭证粘贴单）

差旅费报销单

年　月　日

姓名部门　出差事由　　　　　　　　　　　　　　单据张数　张

起止日期				起止地点		火车费	市内车费	住宿费	途中伙食补助			住勤费		其他	合计
月	日	月	日	起	止				标准	天数	金额	天数	金额		
合　计															
原预借金额：报销金额（大写）应退（补）：															

审核：　　　　　　　部门主管：　　　　　　　账务主管：　　　　　　　报销人：

6．11 月 12 日，开出转账支票，偿还前欠鸿远焦化有限公司货款 3 740 000 元。（转账支票）

中国工商银行
转账支票存根
DH 25841004
附加信息

出票日期　年　月　日

收款人：	
金　额：	
用　途：	

单位主管　　会计

中国工商银行转账支票（湘）　DH 25841004

出票日期（大写）　年　月　日　付款行名称：

收款人：　出票人账号：

本支票付款期限十天

人民币（大写）	百	十	万	千	百	十	元	角	分

用途

上列款项请从
我账户内支付

出票人签章　复核　　记账

7．11 月 16 日，发放上月工资 1 300 000 元，通过开户行将其直接划转到职工工资卡中。（转账支票）

中国工商银行
转账支票存根
DH 25841004
附加信息

出票日期　年　月　日

收款人：	
金　额：	
用　途：	

单位主管　　会计

中国工商银行转账支票（湘）　DH 25841004

出票日期（大写）　年　月　日　付款行名称：

收款人：　出票人账号：

本支票付款期限十天

人民币（大写）	百	十	万	千	百	十	元	角	分

用途

上列款项请从
我账户内支付

出票人签章　复核　　记账

8. 11 月 18 日，开出现金支票，从银行提取现金 3 000 元。（现金支票）

中国工商银行 现金支票存根（湘） VIV 20105632 附加信息 __________ __________ 出票日期　年　月　日 收款人： 金　额： 用　途： 单位主管　　会计	本支票付款期限十天	**中国工商银行 现金支票**（湘）　VIV 20105632 出票日期（大写）　年　月　日　付款行名称： 收款人：　出票人账号： 人民币（大写）　千 百 十 万 千 百 十 元 角 分 用途________ 上列款项请从 我账户内支付 出票人签章 科目借________ 对方科目贷________ 付讫日期　年　月　日 出纳　复核　记账

9. 11 月 19 日，企业行政管理部门购买办公用品 2 000 元，生产车间购买办公用品 1 500 元，以现金支付。（增值税普通发票）

湖南省增值税普通发票

发票代码：18990449

发票号码：00217389

开票日期：　　年　月　日

购货单位	名　称： 纳税人识别号： 地址、电话： 开户行及账号：	密码区	2489－1<9－7－ 615962848<032/ 52>9/29533－ 49741626<8－3024 >82906－2－47－6 <7>2*－/>*>6/	加密板本：01 4301094332 00217389

货物或应税劳务名称	规格型号	单位	数量	单价	金额	税率	税额
合　计							
价税合计（大写）	（小写）						

销货单位	名　称： 纳税人识别号： 地址、电话： 开户行及账号：	备注	发票专用章

第二联 发票联 购货方记账凭证

收款人：　　复核：　　开票人：　　销货单位（章）

10．11 月 23 日，收到泰瑞科技有限公司销售商品款 1 000 000 元。（进账单）

中国工商银行**进账单**（收账通知）

委托日期　　年　月　日　　　　　　　　第　　号

<table>
<tr><td rowspan="3">汇款人</td><td>全　称</td><td colspan="2"></td><td rowspan="3">收款人</td><td>全　称</td><td colspan="10"></td></tr>
<tr><td>账　号</td><td colspan="2"></td><td>账　号</td><td colspan="10"></td></tr>
<tr><td>开户银行</td><td colspan="2"></td><td>开户银行</td><td colspan="10"></td></tr>
<tr><td colspan="2" rowspan="2">人民币
（大写）</td><td colspan="4" rowspan="2"></td><td>千</td><td>百</td><td>十</td><td>万</td><td>千</td><td>百</td><td>十</td><td>元</td><td>角</td><td>分</td></tr>
<tr><td></td><td></td><td></td><td></td><td></td><td></td><td></td><td></td><td></td><td></td></tr>
<tr><td colspan="2">票据种类</td><td colspan="4"></td><td colspan="10" rowspan="3">收款人开户银行盖章</td></tr>
<tr><td colspan="2">票据张数</td><td colspan="4"></td></tr>
<tr><td colspan="6">单位主管　　会计　　复核　　记账</td></tr>
</table>

此联由收款人开户行交给收款人的收账通知

11．11 月 24 日，向鑫锐冶金有限公司销售甲产品 1 000 件，每件售价 2 400 元，发票上注明该批产品的价款为 2 400 000 元，增值税额 408 000 元，收到一张 3 个月到期的商业承兑汇票。（增值税专用发票、商品出库单、商业承兑汇票）

湖南省增值税专用发票

全国统一发票监制章 湖南 国家税务总局监制

发票代码：18990448

发票号码：00217388

开票日期：　　　年　月　日

购货单位	名　　称： 纳税人识别号： 地址、　电话： 开户行及账号：	密码区	2489−1<9−7− 615962848<032/ 52>9/29533− 49741626<8−3024 >82906−2−47−6 <7>2*−/>*>6/ 加密板本：01 4301094332 00217388

货物或应税劳务名称	规格型号	单位	数量	单价	金额	税率	税额
合　计							
价税合计（大写）	（小写）						

销货单位	名　　称： 纳税人识别号： 地址、　电话： 开户行及账号：	备注	华钢有限责任公司 发票专用章

收款人：　　　复核：　　　开票人：　　　销货单位（章）

第一联 发票联 销货方记账凭证

出库单

发货仓库：

购货单位：　　　　　年　月　日　　　　　第　号

类别	编号	名称型号	单位	应发数量	实发数量	单位成本	金额
合计							

负责人：　　　保管：　　　填单：

第三联：财务记账

商业承兑汇票　　汇票号码：23688899

出票日期（大写）　　年　　月　　日

<table>
<tr><td rowspan="3">付款人</td><td>全称</td><td></td><td rowspan="3">收款人</td><td>全称</td><td colspan="10"></td><td rowspan="8">此联出票人自查</td></tr>
<tr><td>账号</td><td></td><td>账号</td><td colspan="10"></td></tr>
<tr><td>开户行</td><td></td><td>开户行</td><td colspan="10"></td></tr>
<tr><td colspan="2" rowspan="2">出票金额</td><td colspan="3" rowspan="2">人民币
（大写）</td><td>千</td><td>百</td><td>十</td><td>万</td><td>千</td><td>百</td><td>十</td><td>元</td><td>角</td><td>分</td></tr>
<tr><td></td><td></td><td></td><td></td><td></td><td></td><td></td><td></td><td></td><td></td></tr>
<tr><td colspan="2">汇票到期日</td><td></td><td colspan="2">交易合同号码</td><td colspan="10"></td></tr>
<tr><td colspan="3">承兑人签章
承兑日期　　年　　月　　日</td><td colspan="12">出票人签章</td></tr>
</table>

12．11月30日，本月发生水费4 000元，电费30 000元，分配情况如下表（其中，车间发生水费2 800元，行政管理部门发生水费1 200元；车间发生电费24 000元，行政管理部门发生电费6 000元。预交电费通过“预付账款”科目核算）。（水电费分配表）

水电费分配表

年　　月　　日

部门	水费分配金额（元）	电费分配金额（元）	水电费分配金额合计（元）
生产车间			
公司行政管理部门			
合计			

审核：　　　　　　　　记账：　　　　　　　　制单：

13．11月30日，计提本月短期借款利息12 895元。其中短期贷款本金2 579 000元，月利率0.5%，期限6个月。（短期借款利息计算表）

短期借款利息计算表

借款种类	本金	利率	期限	利息

审核：　　　　　　　　记账：　　　　　　　　制单：

14．11 月 30 日，计提本月固定资产折旧。假定房屋折旧年限为 20 年，设备折旧年限为 5 年，汽车折旧年限为 8 年，均无净残值，均用年限平均法计提折旧。（固定资产折旧费用分配表）

固定资产折旧费用分配表

年　月　日　　　　　　单位：元

使用部门	类别	折旧	
		原值	折旧额
生产车间	房屋	12 000 000	
	机器设备	24 000 000	
	小计	36 000 000	
管理部门	房屋	6 000 000	
	汽车	2 880 000	
	办公设备	1 500 000	
	小计	10 380 000	
合计		46 380 000	

单位主管：　　　会计：　　　复核：　　　记账：　　　制单：

15．11 月 30 日，根据工资结算汇总表分配本月职工工资 1 250 000 元，其中：生产部门工人工资 1 000 000 元（生产甲产品工人工资 600 000 元，生产乙产品工人工资 400 000 元），生产车间管理人员工资 150 000 元，行政管理人员工资 100 000 元。（工资分配汇总表）

工资分配汇总表

年　月　日　　　　　　单位：元

项目	应付职工薪酬	合计
生产工人工资		
其中：甲产品		
乙产品		
车间管理人员工资		
行政管理人员工资		
合计		

单位主管：　　　会计：　　　复核：　　　记账：　　　制单：

16．11 月 30 日，按产品生产工时比例来分配结转本月制造费用（生产甲产品占用机器工时数 60 000 个工时，生产乙产品占用机器工时数 40 000 个工时）。（制造费用分配表）

制造费用分配表

年　月　日　　　　　　单位：元

分配对象	分配标准（工时）	分配率	分配金额
合　计			

单位主管：　　会计：　　复核：　　记账：　　制单：

--------------------✂--------------------✂--------------------

17．11 月 30 日，计算并结转本月生产完毕的甲产品和乙产品，并验收入库（本月投产的产品全部生产完毕，其中甲产品 5 000 件，乙产品 5 000 件，月末无在产品）。（产品成本计算单、完工产品入库单）

产品成本计算单

年　月　日　　　　　　单位：元

成本项目	甲产品				乙产品			
	期初在产品	本月发生额	总成本	单位成本	期初在产品	本月发生额	总成本	单位成本
直接材料								
直接人工								
制造费用								
合计								

负责人：　　记账：　　验收：　　填制：

入库单

存放仓库：　　　　年　月　日　　　　第　号

种类	编号	名称	规格	单位	数量	单价	成本总额
合计							

第三联：财务记账

负责人：　　记账：　　验收：　　填制：

--------------------✂--------------------✂--------------------

18．11 月 30 日，根据本月销售商品出库单计算并结转本月产品的销售成本。（产品销售成本计算表）

产品销售成本计算表

年　月　日　　　　单位：元

产品名称	计量单位	销售数量	单位成本	金额
合计				

审核：　　　　制表：

--------------------✂--------------------✂--------------------

19．11 月 30 日，计算本月应负担的城建税、教育费附加和地方教育费附加，城建税税率为 7%，教育费附加率为 3%，地方教育费附加为 2%。（应交城建税、教育费附加计算表）

税费计提表

年　月　日　　　　金额单位：元

税费项目	计税依据及金额		税率	应交税费
城市维护建设税	计税依据		7%	
教育费附加			3%	
地方教育费附加			2%	
合　　计				

--------------------✂--------------------✂--------------------

20．结转本月损益类账户发生额至“本年利润”。（损益类账户发生额表）

损益类账户发生额表

年　月　　　　单位：元

账户名称	借方发生额	贷方发生额	净发生额
合计			

主管：　　　　审核：　　　　制表：

下篇　实训材料

一、会计凭证

收款凭证

借方科目　　　　　　　　　　　　年　月　日　　　　　　　　　　字第　号

摘要	贷方			金额										过账页次
	科目	子目	细目	千	百	十	万	千	百	十	元	角	分	
附原始凭证　张			合计											

会计　　主管　　记账　　审核　　出纳　　制单

付款凭证

贷方科目　　　　　　　　　　　　年　月　日　　　　　　　　　　字第　号

摘要	借方			金额										过账页次
	科目	子目	细目	千	百	十	万	千	百	十	元	角	分	
附原始凭证　张			合计											

会计　　主管　　记账　　审核　　出纳　　制单

转账凭证

年　月　日　　　　字第　号

摘要	会计科目	明细科目	借方金额										贷方金额										登记
			千	百	十	万	千	百	十	元	角	分	千	百	十	万	千	百	十	元	角	分	讫
附原始凭证　张		合计																					

会计　主管　记账　审核　出纳　制单

记账凭证

年　月　日　　　　字第　号

摘要	会计科目	明细科目	借方金额										贷方金额										登记
			千	百	十	万	千	百	十	元	角	分	千	百	十	万	千	百	十	元	角	分	讫
附原始凭证　张		合计																					

会计　主管　记账　审核　出纳　制单

二、会计账簿

1. 账簿启用表

账簿启用及交接表

<table>
<tr><td>单位名称</td><td colspan="2"></td><td>印　　鉴</td></tr>
<tr><td>账簿名称</td><td colspan="2">（第　　册）</td><td rowspan="4"></td></tr>
<tr><td>账簿编号</td><td colspan="2"></td></tr>
<tr><td>账簿页数</td><td colspan="2">本账簿共计　　页（本账簿页数
检点人盖章）</td></tr>
<tr><td>启用日期</td><td colspan="2">公元　　年　　月　　日</td></tr>
</table>

<table>
<tr><td rowspan="3">经管人员</td><td colspan="2">负责人</td><td colspan="2">主办会计</td><td colspan="2">复　核</td><td colspan="2">记　账</td></tr>
<tr><td>姓　名</td><td>盖章</td><td>姓　名</td><td>盖章</td><td>姓　名</td><td>盖章</td><td>姓　名</td><td>盖章</td></tr>
<tr><td></td><td></td><td></td><td></td><td></td><td></td><td></td><td></td></tr>
</table>

<table>
<tr><td rowspan="6">接交记录</td><td colspan="2">经　管　人　员</td><td colspan="4">接　管</td><td colspan="4">交　出</td></tr>
<tr><td>职　别</td><td>姓　名</td><td>年</td><td>月</td><td>日</td><td>年</td><td>月</td><td>日</td><td>盖章</td><td></td></tr>
<tr><td></td><td></td><td></td><td></td><td></td><td></td><td></td><td></td><td></td><td></td></tr>
<tr><td></td><td></td><td></td><td></td><td></td><td></td><td></td><td></td><td></td><td></td></tr>
<tr><td></td><td></td><td></td><td></td><td></td><td></td><td></td><td></td><td></td><td></td></tr>
<tr><td></td><td></td><td></td><td></td><td></td><td></td><td></td><td></td><td></td><td></td></tr>
<tr><td>备注</td><td colspan="10"></td></tr>
</table>

2．账簿目录

目　录

编号	科目	页码	编号	科目	页码	编号	科目	页码

3．总分类账

总 分 类 账

总第__________页

分第__________页

会计科目或编号__________

年		凭证		摘要	借方										√	贷方										√	借或贷	金额										√
月	日	字	号		千	百	十	万	千	百	十	元	角	分		千	百	十	万	千	百	十	元	角	分			千	百	十	万	千	百	十	元	角	分	

4．三栏式明细分类账

明 细 分 类 账

总第________页

分第________页

会计科目或编号________

年		凭证		摘要	借方										√	贷方										√	借或贷	金额										√
月	日	字	号		千	百	十	万	千	百	十	元	角	分		千	百	十	万	千	百	十	元	角	分			千	百	十	万	千	百	十	元	角	分	

5. 多栏式明细分类账

明 细 分 类 账

总第________页

分第________页

会计科目或编号________

年		凭证		摘 要	合 计										（ ）方																													
月	日	字	号		千	百	十	万	千	百	十	元	角	分	千	百	十	万	千	百	十	元	角	分	千	百	十	万	千	百	十	元	角	分	千	百	十	万	千	百	十	元	角	分

6．明细账

明 细 账

总第______页

分第______页

金额分析																																																						
百	十	万	千	百	十	元	角	分	百	十	万	千	百	十	元	角	分	百	十	万	千	百	十	元	角	分	百	十	万	千	百	十	元	角	分	百	十	万	千	百	十	元	角	分	百	十	万	千	百	十	元	角	分	√

7．数量金额式明细分类账

明细分类账

总第______页

分第______页

编号______

年		凭证		摘要	借（增加）方											贷（减少）方											金额											√
年	日	字	号		数量	平均单价	金额									数量	平均单价	金额									数量	平均单价	金额									
							百	十	万	千	百	十	元	角	分			百	十	万	千	百	十	元	角	分			百	十	万	千	百	十	元	角	分	

8．库存现金日记账

库存现金　日　记　账

年		凭证号数	对方科目	摘　　要	总页	收入（借方）										支出（贷方）										结　　存									
月	日					千	百	十	万	千	百	十	元	角	分	千	百	十	万	千	百	十	元	角	分	千	百	十	万	千	百	十	元	角	分

9．银行存款日记账

银行存款 日 记 账

总第＿＿＿＿页

分第＿＿＿＿页

年		凭证		银行凭证		摘要	对应科目	借（增加）方										√	贷（减少）方										√	借或贷	金额									
月	日	字	号	名称	号数			千	百	十	万	千	百	十	元	角	分		千	百	十	万	千	百	十	元	角	分			千	百	十	万	千	百	十	元	角	分

10．科目汇总表

科目汇总表

年　月　日至　年　月　日

科目代码	科目名称	借方发生额	贷方发生额

三、试算平衡表

总分类账户发生额及余额试算平衡表

年　　月　　日

账户名称	期初余额		本期发生额		期末余额	
	借方	贷方	借方	贷方	借方	贷方

四、财务报表

资产负债表

会企 01 表

编制单位：　　　　　　　　　　　　　年　月　日　　　　　　　　　　　单位：元

资产	期末余额	期初余额	负债和所有者权益（或股东权益）	期末余额	期初余额
流动资产：			流动负债：		
货币资金			短期借款		
交易性金融资产			交易性金融负债		
应收票据			应付票据		
应收账款			应付账款		
预付款项			预收款项		
应收利息			应付职工薪酬		
应收股利			应交税费		
其他应收款			应付利息		
存货			应付股利		
一年内到期的非流动资产			其他应付款		
其他流动资产			一年内到期的非流动负债		
流动资产合计			其他流动负债		
非流动资产：			流动负债合计		
可供出售金融资产			非流动负债：		
持有至到期投资			长期借款		
长期应收款			应付债券		
长期股权投资			长期应付款		
投资性房地产			专项应付款		
固定资产			预计负债		
在建工程			递延税得税负债		
工程物资			其他非流动负债		
固定资产清理			非流动负债合计		
生产性生物资产			负债合计		
油气资产			所有者权益（或股东权益）：		
无形资产			实收资本（或股本）		
开发支出			资本公积		
商誉			减：库存股		
长期待摊费用			盈余公积		
递延所得税资产			未分配利润		
其他非流动资产			所有者权益（或股东权益）合计		
非流动资产合计					
资产总计			负债及所有者权益（或股东权益）总计		

利润表

会企 02 表

编制单位：　　　　　　　　　　　　　　年　月　　　　　　　　　　　　　单位：元

项目	行次	本月数	本年累计数
一、营业收入	1		
减：营业成本	2		
营业税金及附加	3		
销售费用	4		
管理费用	5		
财务费用	6		
资产减值损失	7		
加：公允价值变动损益（损失以“-”号填列）	8		
投资收益（损失以“-”号填列）	9		
二、营业利润（亏损以“-”号填列）	10		
加：营业外收入	11		
减：营业外支出	12		
其中：非流动资产处置损失	13		
三、利润总额（亏损总额以“-”号填列）	14		
减：所得税费用	15		
四、净利润（净亏损以“-”号填列）	16		
五、每股收益：	17		
（一）基本每股收益	18		
（二）稀释每股收益	19		